IL N'Y A PAS QUE LE VÉLO DANS LA VIE

LANCE ARMSTRONG
avec
SALLY JENKINS

Il n'y a pas que le vélo dans la vie

TRADUIT DE L'AMÉRICAIN PAR DOMINIQUE RINAUDO

ALBIN MICHEL

Titre original :

IT'S NOT ABOUT THE BIKE

Publié avec l'accord de G.P. Putnam's Sons,
Penguin Putnam Inc.

Je dédie ce livre à :

Ma mère, Linda, qui m'a montré quelle était l'étoffe d'un vrai champion.

Kik, qui a achevé de faire de moi un homme.

Luke, le plus beau cadeau que m'ait fait la vie, en comparaison de qui le Tour de France est bien petit.

Tous mes médecins et toutes mes infirmières.

Jim Ochowicz, pour les beignets aux pommes... jour après jour.

Mes coéquipiers, Kevin, Frankie, Tyler, George et Christian.

Mes sponsors.

Chris Carmichael.

Bill Stapleton, qui a toujours été là.

Steve Wolff, qui a toujours parlé pour moi.

Bart Knaggs, un homme, un vrai.

J.T. Neal, le malade le plus coriace que le cancer ait jamais rencontré.

Kelly Davidson, une jeune personne vraiment à part.

Jeff Garvey.

Le personnel de la Fondation Lance Armstrong.

Les villes d'Austin, Boone, Santa Barbara, Nice.

Sally Jenkins : nous nous sommes rencontrés pour écrire un livre, mais elle est devenue une amie.

1.

Avant et après

Je veux mourir à cent ans, le drapeau américain sur le dos et l'étoile du Texas sur mon casque, après avoir pris mon pied dans une descente alpine à plus de cent kilomètres à l'heure. Je veux franchir une dernière fois la ligne d'arrivée sous les applaudissements de ma femme super-canon et de mes dix enfants, et ensuite aller m'allonger dans un champ de ces célébrissimes tournesols français pour expirer avec grâce, en contradiction totale avec le scénario poignant de ma fin prématurée.

La mort lente, ce n'est pas pour moi. Je ne fais rien lentement, pas même respirer. Je fais tout vite, je mange vite, je dors vite, je parle vite. En voiture, quand c'est ma femme qui conduit, ça me rend dingue. Elle ralentit à l'orange, et moi je me tortille d'impatience sur le siège du passager.

« Enfin, Kristin, arrête de conduire comme une nana !

— Lance, me répond-elle, épouse un homme. »

J'ai passé ma vie entière à pédaler à toute allure sur les petites routes, en commençant à Austin, Texas, pour finir sur les Champs-Élysées, et je me suis toujours dit que si je mourais avant l'âge, ce serait parce qu'un rancher m'aurait envoyé valdinguer tête la première dans un fossé avec son 4 x 4 Dodge. Croyez-moi, ces choses-là, ça arrive. Les cyclistes vivent dans un état de guerre culturelle permanente avec les types au volant des gros camions. Je ne compte plus le nombre de fois ni de pays où je me suis fait faucher par un véhicule. J'ai appris à m'enlever moi-même mes fils. Il suffit d'avoir une bonne pince à ongles et le cœur bien accroché.

Si vous voyiez à quoi je ressemble sous mon maillot de course, vous comprendriez de quoi je parle. J'ai des cicatrices marbrées sur les deux bras et des marques blanches un peu partout sur les jambes, qui se remarquent parce que je me rase. C'est peut-être à cause de ça que les camionneurs essaient d'avoir ma peau. En voyant mes mollets de petite pédale, ils décident de ne pas freiner. Mais les cyclistes sont bien obligés de se raser, parce que les gravillons sous la peau c'est plus facile à nettoyer et à panser quand il n'y a pas de poils.

On pédale tranquillement sur une nationale et tout d'un coup, *boum*, on se retrouve le nez dans la poussière. Un souffle d'air brûlant sur la figure, un goût de gaz d'échappement gras et aigre sur le palais, et la seule consolation qu'il nous reste, c'est de brandir le poing en direction des feux qui s'éloignent.

Le cancer c'est la même chose. On se fait renverser par un camion : j'ai toutes les cicatrices pour le prouver. J'en ai une ronde et boursouflée sur la poitrine, juste au-dessus du cœur, là où on m'a posé le cathéter. Une autre tout en longueur qui court sur mon aine droite, jusqu'au haut de ma cuisse, là où on m'a enlevé mon testicule. Mais mes petits joyaux, ce sont les deux demi-lunes imprimées en creux sur mon crâne, qui ressemblent à deux marques de fer à cheval. Les souvenirs de mon opération du cerveau.

À l'âge de vingt-cinq ans, j'ai eu un cancer des testicules et j'ai failli mourir. On m'a donné moins de quarante pour cent de chances de m'en tirer et, honnêtement, ce chiffre était optimiste ; mes médecins ne voulaient pas m'accabler. La mort n'est pas vraiment le sujet de conversation préféré aux soirées mondaines, je sais. Pas plus que le cancer, la chirurgie du cerveau ou ce qui se passe au-dessous de la ceinture. Mais je ne suis pas là pour tenir une conversation de salon, je suis là pour dire la vérité. Vous avez sûrement envie de savoir comment Lance Armstrong est devenu un Américain célèbre, un exemple pour le monde entier, comment il a vaincu son cancer et gagné le Tour de France, une course de 3 686 kilomètres considérée comme l'événement sportif le plus exténuant de la planète. Vous voulez que je vous parle de foi et de mystère, de mon come-back miraculeux, vous voulez savoir comment je suis allé rejoindre des personnages mythiques tels que Greg LeMond et Miguel Indurain dans le livre des records. Vous avez envie que je vous raconte mon ascension lyrique des cols alpins, ma conquête poétique des Pyrénées, que je vous livre tout ce que j'ai ressenti. Mais le Tour, dans tout ça, c'est la petite histoire.

Parce que le reste n'est pas facile à raconter et risque de choquer les oreilles sensibles. Alors je vous demande dès maintenant, dès le début, d'oublier vos rêves de héros et de miracles. Un sujet comme le cancer, ça ne fait pas des histoires romanesques. Je ne suis pas un personnage de Disneyland ni d'Hollywood. Un exemple : on a dit que je m'étais *envolé* à la conquête des collines et des montagnes de France. Mais une ascension n'est jamais une envolée. On mord l'asphalte, un tour de roue après l'autre, dans la douleur, et alors, peut-être, si on a peiné sans relâche, on arrivera en haut avant les autres.

Le cancer c'est pareil. Le cancer frappe des gens bien, des gens forts, qui font tout ce qu'il faut pour le vaincre. Ils meurent quand même. C'est ça la grande vérité qu'il nous apprend. On meurt. Une fois qu'on le sait, tout le reste est hors sujet. Peccadille.

Pourquoi suis-je toujours en vie ? Je l'ignore. Je n'ai aucune certitude. Je peux hasarder quelques hypothèses tout au plus. J'ai une solide constitution, et mon métier m'a appris à me battre contre tout espoir de gagner, à surmonter des obstacles insurmontables. J'aime m'entraîner. J'aime donner le maximum, à l'entraînement comme en compétition. Ça m'a aidé. C'était un bon début, mais ça n'a certainement pas constitué le facteur décisif. Honnêtement, je pense plutôt que ma victoire contre la maladie a été un phénoménal coup de chance.

À seize ans, j'ai été invité à passer des tests par la Cooper Clinic de Dallas, un laboratoire de recherche prestigieux qui avait lancé l'aérobic, une gymnastique révolutionnaire pour l'époque. Un médecin voulait mesurer ma VO_2 max, soit le volume d'oxygène qu'on est capable d'inspirer et d'utiliser. Aujourd'hui encore, mes résultats sont les plus élevés jamais obtenus chez eux. Je produis également moins d'acide lactique que la plupart des gens. L'acide lactique est généré au cours de l'effort physique. C'est lui qui donne cette sensation de poumons qui brûlent et de courbatures quand on s'essouffle et qu'on se fatigue.

Bref, je suis capable d'endurer plus de souffrances physiques que la moyenne des gens tout en me fatiguant moins. J'imagine que c'est ce qui m'a permis de survivre. J'ai eu de la chance. Je suis né avec une capacité respiratoire exceptionnelle. Malheureusement, cela ne m'a pas empêché de passer une grande partie de ma maladie dans une léthargie désespérée.

De ce cancer, qui m'a révélé de manière crue à moi-même et m'a forcé à poser sur ma vie un regard impitoyable, je suis sorti plus humble. Je ne suis pas fier de tout ce qu'il a révélé en moi : j'ai connu des périodes de méchanceté, de faiblesse, de regrets, je n'ai pas terminé toutes les tâches que je m'étais assignées. J'ai été forcé de me demander : « Si je vis, quel homme ai-je l'intention de devenir ? » Et j'ai découvert que, par bien des côtés, j'étais encore un petit garçon.

Honnêtement, le cancer est la meilleure chose qui me soit arrivée. Je ne sais pas pourquoi je suis tombé malade, mais je sais que cette maladie a opéré des merveilles, et pour rien au monde je ne voudrais avoir été épargné. Pourquoi aurais-je envie de renier, ne serait-ce qu'un seul jour, l'épisode le plus important et le plus formateur de ma vie ?

Mais que ce soit bien clair : il y a deux Lance Armstrong. Avant et après. Tout le monde me demande : « En quoi le cancer vous a-t-il changé ? » La véritable question, c'est : « En quoi ne m'a-t-il pas changé ? » Le Lance Armstrong qui est parti de chez lui le 2 octobre 1996 n'était pas celui qui y est revenu trois mois plus tard. J'étais un athlète international, heureux propriétaire d'une maison de rêve au bord d'un lac, d'une Porsche et d'une fortune que je ne devais qu'à moi-même. Je comptais parmi les plus grands cyclistes mondiaux : ma carrière grimpait en flèche. Je suis revenu transformé. Littéralement. D'une certaine manière, le Lance Armstrong d'autrefois est mort et, en échange, il a reçu une seconde vie. Même mon corps est différent ; ma musculature a fondu, ravagée par les séances de chimiothérapie. Après ma guérison, je n'ai plus jamais retrouvé ma morphologie d'autrefois.

On meurt. Cette vérité est si décourageante, parfois, que le simple fait de l'énoncer m'est insupportable. Dans ce cas, me direz-vous, pourquoi continuer ? Pourquoi ne pas arrêter tout de suite et baisser les bras ? Eh bien, c'est qu'il existe une autre vérité : on vit. Cette vérité égale et opposée brille comme un rayon de soleil entre deux nuages. On vit, et on vit des choses admirables. Pendant ma maladie, il m'a été donné de voir en une seule journée davantage de beauté, de triomphe, de vérité que dans une course entière — mais c'étaient des moments simplement humains, pas des moments miraculeux. J'ai rencontré un type en jogging élimé qui était un brillant chirurgien. J'ai vu des hommes d'affaires blasés se comporter comme des saints. Je me suis lié d'amitié avec une infirmière, LaTrice, qui croulait sous le travail et les responsabilités ; pour se dévouer comme elle le faisait à ses malades, il fallait qu'elle soit liée à eux par une profonde empathie. J'ai vu des enfants sans cils, sans sourcils et sans cheveux qui luttaient avec un cœur digne d'un Indurain.

Je n'ai pas encore tout à fait compris.

Tout ce que je peux faire, c'est vous raconter ce qui m'est arrivé.

Bon, d'accord. J'aurais dû me douter que quelque chose clochait. Mais pour les sportifs, et en particulier les cyclistes, le déni est vital. On nie tous ses bobos, toutes ses douleurs, parce que si on veut terminer la course, on n'a pas le choix. Le cyclisme est un sport de maso. On passe des journées entières, des six ou sept heures d'affilée, sur la selle, par tous les temps, dans toutes les conditions possibles, sur les pavés et sur les gravillons, dans la boue, dans le vent et la pluie, dans la grêle même, et pas question de s'écouter.

On a mal partout. On a mal au dos, aux pieds, aux mains, au cou, au derrière, et, naturellement, on a mal aux jambes.

Alors, non, quand j'ai senti que je n'étais pas tout à fait dans mon assiette, en 1996, je ne me suis pas alarmé. Quand j'ai vu que mon testicule droit était légèrement enflé, cet hiver-là, je me suis dit, tu vas faire avec. J'ai pensé que je m'étais blessé sur ma selle, ou que mon corps compensait des trucs de la physiologie masculine. J'avais la pêche, une pêche d'enfer, et je ne voyais aucune raison de m'arrêter.

Le cyclisme est un sport qui requiert un peu de bouteille. Il exige des champions une endurance physique qui se bâtit au fil des années, et une certaine maturité d'esprit pour élaborer une stratégie. Cette maturité ne vient qu'avec l'expérience. En 1996, cependant, je sentais que j'en approchais enfin. Ce printemps-là, je remporte la Flèche wallonne, une course terriblement éprouvante à travers les Ardennes, qu'aucun Américain n'avait jamais gagnée. Je termine deuxième dans Liège-Bastogne-Liège, une épreuve de la Coupe du Monde absolument exténuante, 264 kilomètres en une seule journée. Aux États-Unis, je gagne le Tour DuPont, 1 960 kilomètres en douze jours dans le sud des Appalaches, en ajoutant encore cinq places de second à ce palmarès. Pour la première fois de ma carrière, j'allais devenir l'un des cinq meilleurs mondiaux.

Mais, à l'arrivée du Tour DuPont, les fans remarquent quelque chose d'anormal. D'habitude, quand je franchis la ligne d'arrivée, j'exprime ma joie par un mouvement de piston, poings serrés. Ce jour-là, j'étais trop exténué pour extérioriser quoi que ce soit. J'avais les yeux injectés de sang et les joues en feu.

Après cette superbe saison, j'aurais dû respirer la confiance en moi et me sentir gonflé à bloc. Au lieu de quoi j'étais crevé. Mes tétons étaient sensibles. Si j'avais ouvert les yeux, j'aurais tout de suite compris que j'étais malade. Ce symptôme voulait dire que mon taux de gonadotropine chorionique, une hormone normalement sécrétée par les femmes enceintes, était trop élevé. L'homme en produit, mais à doses infinitésimales, sauf en cas d'activité testiculaire accrue.

J'ai tout mis sur le compte de l'épuisement. Je me suis dit, *arrête tes jérémiades, la fatigue, c'est bon pour les autres.* Les deux événements les plus importants de la saison, le Tour de France et les Jeux Olympiques d'été à Atlanta, se dressaient à l'horizon. Tous mes entraînements, toutes les autres courses n'étaient qu'une préparation à ces deux épreuves.

J'ai dû abandonner le Tour de France au bout de cinq jours. Pendant un entraînement, je me suis laissé surprendre par un orage, et juste après j'ai fait une angine et une bronchite. Je toussais, j'avais mal aux reins et j'étais tout bonnement incapable de me remettre en selle. « Je ne pouvais plus respirer », ai-je dit à la presse. Des mots prémonitoires, quand j'y pense.

À Atlanta, mon corps me lâche à nouveau. Je termine sixième dans le contre-la-montre, et douzième dans l'épreuve sur route. Des performances honorables, mais décevantes compte tenu des espoirs que je suscitais.

De retour à Austin, je me persuade que j'ai attrapé la grippe. Je dormais beaucoup, j'étais toujours patraque, j'avais la tête dans du coton, mal partout. Je décide d'ignorer. Je me dis que la saison a été longue et pénible.

Je fête mon vingt-cinquième anniversaire le 18 septembre. Deux jours plus tard, je loue une machine à faire les margaritas et j'invite mes amis à une grande soirée chez moi. Après, nous allions tous à un concert de Jimmy Buffett. Ma mère, Linda, fait le voyage de Plano. En pleine soirée, je lui dis : « Je suis l'homme le plus heureux de la terre. » J'avais une vie dorée sur tranche. Je sortais avec une jolie étudiante de l'Université du Texas qui s'appelait Lisa Shiels. Je venais de signer un nouveau contrat avec Cofidis, une prestigieuse équipe professionnelle française qui m'assurait 2,5 millions de dollars sur deux ans. Après un chantier qui avait duré de longs mois, je venais d'emménager dans une maison superbe, dont l'architecture et la décoration correspondaient jusqu'au moindre détail à mes goûts. C'était une villa de style méditerranéen située au bord du lac Austin, avec d'immenses baies vitrées ouvrant sur une piscine et un patio italien ; de là, on accédait à un ponton où étaient amarrés mon hors-bord et mon scooter des mers.

Une seule ombre au tableau ce soir-là : au milieu du concert, je sens venir un mal de tête qui commence par des pulsations sourdes. J'avale de l'aspirine, ça ne me fait aucun effet. La douleur empire plutôt.

J'essaie de l'ibuprofène. Quatre cachets et le mal de tête ne fait que s'amplifier. Aussitôt, je me dis que j'y suis vraiment allé un peu fort sur les margaritas, et je me jure de ne jamais, jamais plus toucher à un verre. Mon ami et agent, Bill Stapleton, tape Laura, sa femme, de quelques comprimés contre la migraine. Elle en avait un flacon dans son sac. J'en prends trois. La douleur est toujours aussi forte.

J'en étais au point où, comme au cinéma, je me serais pris la tête entre les deux mains pour me la taper contre les murs.

Je finis par baisser les bras ; je rentre chez moi. Là, j'éteins toutes les lumières et je m'allonge sur le canapé, parfaitement immobile. La douleur ne s'en va pas, mais je suis tellement exténué — sans compter que j'ai tout de même, en plus, la gueule de bois — qu'enfin, je m'endors.

Le lendemain matin, la douleur est partie. Dans la cuisine, pendant que je me prépare un café, je m'aperçois que ma vision est un peu trouble. Les contours des choses sont flous. Je me dis, *je vieillis ; j'ai peut-être besoin de lunettes.*

J'avais toujours une explication toute prête.

Quelques jours plus tard, j'étais dans ma salle de séjour, au téléphone avec Bill Stapleton. Tout d'un coup, je suis pris d'une quinte de toux incoercible. J'ai des haut-le-cœur, et je sens une sorte de saumure, un goût métallique, qui monte dans ma gorge. Je dis à Bill : « Quitte pas une minute, j'ai un problème. » Je me précipite dans la salle de bains, je crache dans le lavabo.

Il était constellé de sang. Je regarde ça les yeux hagards. Je tousse de nouveau, de nouveau je crache rouge. Je n'arrivais pas à croire que cette glaire sanguinolente était sortie de moi.

Pris de panique, je retourne dans le séjour et j'attrape le téléphone : « Bill, je te rappelle. » Je raccroche, et je compose aussitôt le numéro de mon voisin, le Dr Rick Parker, un ami fidèle qui est mon médecin personnel pendant les périodes où je suis chez moi. Sa maison est au bas de la colline.

« Tu pourrais passer me voir ? Je crache du sang. »

En attendant qu'il arrive, je retourne dans la salle de bains, je regarde mes saletés dans le lavabo. Tout d'un coup, j'ouvre le robinet. Il faut que je rince, c'est plus fort que moi. Parfois, je fais des choses sans savoir pourquoi. Je ne voulais pas que Rick voie ça. Ça me gênait. Il fallait tout faire disparaître.

Rick arrive, il m'examine la bouche et le nez. Il m'inspecte la gorge à la lampe électrique et demande à voir le sang. Je lui montre les éclaboussures que j'ai laissées sur la porcelaine. *Mon Dieu, je ne peux pas lui avouer tout ce que j'ai craché, c'est trop dégoûtant.* À voir ce qui restait dans le lavabo, il n'y avait pas de quoi s'affoler.

Rick avait l'habitude de m'entendre me plaindre de mes sinus et de mes allergies. À Austin, il y a beaucoup de pollens de fleurs et de graminées et, même quand je suis au supplice, je ne peux pas prendre d'antihistaminiques à cause de la réglementation antidopage, qui est très stricte. Je dois souffrir en silence.

« C'est peut-être un sinus, me dit Rick. Ça saigne quand c'est très irrité.

— Super. Donc, c'est pas grave. »

J'étais soulagé. Je m'étais accroché à la première perche qu'on me tendait pour me rassurer, et je m'en tenais là. Rick a éteint sa lampe. En repartant, il m'a invité à dîner pour la semaine suivante.

Quelques jours plus tard, j'ai enfourché mon scooter pour descendre chez Rick et sa femme Jenny. J'ai un faible pour les jouets motorisés de luxe, et ce scooter était un de mes préférés. Mais ce soir-là, j'avais tellement mal aux testicules que je n'ai pas pu m'asseoir sur la selle. À table, impossible de trouver une position confortable. La croix et la bannière. La douleur était tellement insupportable que je n'osais plus bouger.

J'ai failli en parler à Rick, mais vraiment, non, j'étais trop gêné. Je ne me voyais pas amener la conversation là-dessus en plein dîner, sans compter que je l'avais déjà dérangé une fois. Je me suis dit, *il va me prendre pour une mauviette*, et j'ai gardé mes problèmes pour moi.

Mais au réveil, le lendemain, j'avais le testicule droit horriblement enflé ; il était presque aussi gros qu'une orange. Je me suis habillé, je suis allé dans le garage, j'ai décroché mon vélo du porte-vélo et je suis parti pour mon entraînement habituel. Mais je n'ai jamais pu m'asseoir sur la selle. J'ai fait tout le circuit debout sur les pédales. En rentrant chez moi, en début d'après-midi, j'ai décroché mon téléphone à contrecœur et j'ai composé le numéro des Parker.

« Rick, j'ai un testicule qui m'inquiète sérieusement. Il est enflé et, de toute ma séance d'entraînement, je n'ai pas pu m'asseoir sur la selle.

— Tu vas consulter, et tout de suite », m'a répondu Rick d'une voix ferme.

Il a absolument tenu à m'obtenir un rendez-vous avec un spécialiste le jour même. Il avait à peine raccroché qu'il contactait le Dr Jim Reeves, un éminent urologue d'Austin. Il lui a décrit mes symptômes, et Reeves a insisté pour me recevoir immédiatement. Il me prendrait dès que j'arriverais. Rick m'a rappelé pour me dire que Reeves soupçonnait une simple torsion et voulait m'examiner, mais que si je n'y allais pas tout de suite, je risquais de perdre mon testicule.

J'ai pris une douche, je me suis habillé et je suis monté dans ma Porsche. C'est drôle, je me souviens exactement de ce que je portais : un pantalon sport et une chemise habillée verte. Le service d'urologie était situé dans un bâtiment en brique pas trop impressionnant, dans le centre-ville, près du campus de l'Université du Texas.

Le Dr Reeves était un monsieur âgé à la voix grave et sonore qui semblait monter des profondeurs d'un puits ; il avait des manières de médecin rassurant pour qui tout n'est que routine. Si ce qu'il a découvert en m'examinant l'a vivement alarmé, il n'en a rien laissé paraître.

Mon testicule était trois fois plus gros que la normale, et dur et douloureux au palper. Reeves a pris quelques notes, puis il m'a dit : « J'ai un petit doute. Pour être sûr, je vais vous envoyer passer une échographie. C'est juste en face. »

Je me suis rhabillé et j'ai gagné ma voiture. Le service de radiologie était de l'autre côté de l'avenue, dans un autre bâtiment de brique, qui respirait comme le premier l'institution médicale. J'ai décidé d'y aller en voiture. À l'intérieur, j'ai trouvé un véritable labyrinthe de bureaux et de salles remplis d'appareils médicaux compliqués. On m'a fait m'allonger sur une table d'examen.

Une manipulatrice en radiologie est entrée ; elle s'est mise à me passer la sonde sur le corps ; c'était une sorte de baguette avec un lecteur qui envoyait une image sur un écran. Je m'imaginais que je serais bientôt dehors, que c'était l'affaire de quelques minutes. Une petite vérification de routine, histoire de confirmer au médecin que tout allait bien.

Une heure plus tard, j'étais toujours sur la table d'examen.

La technicienne m'examinait sur toutes les coutures. Moi je me laissais faire patiemment, silencieux, en essayant de prendre l'air décontracté. Pourquoi me gardait-elle si longtemps ? Avait-elle trouvé quelque chose ?

Enfin, elle a posé son instrument. Sans un mot, elle a quitté la salle d'examen.

J'ai essayé de la retenir : « Eh, une minute ! »

Je me suis dit, *qu'est-ce qu'ils m'embêtent avec ça, c'est juste une formalité !* Au bout d'un moment, elle est revenue avec un homme que j'avais vu dans le bureau. C'était le chef de service. Il a pris l'appareil et il s'est mis à m'examiner les testicules lui-même. Il y a passé encore un bon quart d'heure. Moi je subissais, en silence. *Pourquoi, mais pourquoi est-ce que c'est si long ?*

« Bon, vous pouvez vous rhabiller, je vous attends dehors. »

J'enfile mes vêtements en vitesse. Dans le couloir, il me dit :

« Nous allons prendre des radios des poumons. »

Ça me refroidit, tout d'un coup. « Pourquoi ?

— L'examen a été demandé par le Dr Reeves. »

Pourquoi les poumons ? Je n'avais pas mal aux poumons. Je vais dans une autre salle, je me déshabille une fois de plus. Une autre technicienne prend les clichés.

Je sentais la colère monter en moi, et je ne savais pas bien pourquoi. Je me rhabille pour la énième fois et je me dirige vers le bureau du chef de service. Dans le couloir, je l'aperçois.

Je me jette sur lui. « Hé ! Qu'est-ce qui se passe ? C'est pas normal tout ça.

— Le Dr Reeves vous en parlera.

— Non. Je veux savoir ce qui se passe.

— Eh bien, sans vouloir empiéter sur les plates-bandes du Dr Reeves, j'ai l'impression qu'il recherche des signes d'activité cancéreuse. »

J'encaisse, parfaitement immobile.

« Merde...

— Vous allez retourner le voir avec vos radios. Il vous attend dans son bureau. »

Un nœud de glace s'est formé au creux de mon estomac ; il grossissait, durcissait. J'ai pris mon téléphone portable et j'ai composé le numéro de Rick.

« Rick, je suis en radiologie. Il se passe des trucs pas normaux, et on me cache des choses.

— Lance, je ne peux rien te dire, je ne sais rien. Mais j'aimerais bien t'accompagner chez Reeves. On s'y retrouve, le temps que j'arrive ?

— D'accord. »

Je me suis assis dans la salle d'attente pendant qu'on me préparait mes radios. Enfin, le radiologue est venu vers moi ; il m'a tendu une grande enveloppe kraft en me répétant que Reeves m'attendait. J'ai regardé fixement l'enveloppe. Mes poumons étaient enfermés là-dedans. J'ai commencé à comprendre.

C'est grave. Je suis monté dans ma voiture. J'ai baissé les yeux sur l'enveloppe. Le cabinet du médecin était de l'autre côté de la rue, à deux cents mètres à peine. Mais, bizarrement, il me paraissait beaucoup plus loin... Deux kilomètres. Vingt.

J'ai parcouru cette petite distance et garé ma voiture. La nuit était tombée et les horaires de consultation dépassés depuis longtemps. Si le Dr Reeves m'avait attendu tout ce temps, il devait y avoir une bonne raison. *Et cette raison, c'est que je suis dans une sacrée merde !*

En entrant dans le bâtiment, j'ai remarqué qu'il n'y avait plus personne. Tout le personnel était parti.

Rick est arrivé, la mine sinistre. Je me suis laissé tomber dans un fauteuil pendant que Reeves ouvrait l'enveloppe et sortait mes radios. Une radio est comme le négatif d'une photo. Les anomalies y apparaissent en blanc. Une image noire, c'est bon signe ; ça veut dire que les organes sont sains. Noir : bon, blanc : mauvais.

Le Dr Reeves a affiché mes radios au mur, sur un panneau lumineux.

J'avais un blizzard dans la poitrine.

« Bon, a dit le médecin. Je n'irai pas par quatre chemins. Tout me porte à conclure que vous avez un cancer des testicules avec des métastases importantes au poumon. »

Le cancer.

« Vous en êtes sûr ?

— Je ne pense pas me tromper. »

J'ai vingt-cinq ans. Le cancer, moi ? mais pourquoi ?

« Vous ne croyez pas que je devrais demander un deuxième avis ?

— Naturellement, m'a répondu Reeves, c'est votre droit le plus strict. Cependant je dois vous dire que je suis sûr de mon diagnostic. J'ai pris rendez-vous pour vous avec un chirurgien, demain matin, sept heures, pour ablation du testicule. »

J'ai le cancer, et c'est remonté dans mes poumons.

Il m'a donné de plus amples détails. Le cancer des testicules était une maladie rare — sept mille cas par an seulement aux États-Unis — qui touchait plutôt les hommes jeunes, entre dix-huit et vingt-cinq ans. Grâce aux progrès de la chimiothérapie, il se soignait relativement bien, mais à condition de faire un diagnostic précoce et d'intervenir tôt. On ignorait à quelle vitesse il se propageait. Reeves se disait certain de son diagnostic, mais la question restait d'évaluer l'étendue des dégâts. Il m'a recommandé de consulter le Dr Dudley Youman, un cancérologue renommé d'Austin. Il fallait agir vite. Chaque jour comptait. Enfin, il s'est tu.

Je me taisais moi aussi.

« Bon, je vous laisse une minute tous les deux », a dit Reeves.

Une fois seul avec Rick, j'ai posé la tête sur le bureau : « J'arrive pas à y croire. »

Mais j'étais malade, autant l'admettre. Les maux de tête, le sang craché, les angines, l'évanouissement sur le canapé, l'envie de dormir tout le temps. Je ne me sentais vraiment, vraiment pas bien, et ça durait depuis un moment.

« Écoute-moi, Lance. Le traitement du cancer a fait d'énormes progrès, m'a dit Rick. C'est curable. Tout ce qui pourra être tenté, on le tentera, on foncera.

— D'accord, d'accord. »

Rick est allé rechercher le Dr Reeves.

Je lui ai demandé : « Qu'est-ce que je dois faire ? On démarre tout de suite. On attaque. Je ferai tout ce qu'il faudra. »

Je voulais me soigner sans attendre. Là, à l'instant. J'étais prêt à passer sur le billard le soir même. À me faire hospitaliser, à attraper la source à radiations et à la braquer sur moi, si ça pouvait aider. Mais Reeves m'a patiemment expliqué la procédure à suivre le lendemain matin. Je devrais me présenter de bonne heure à l'hôpital, où je subirais une série de tests et de prises de sang pour que l'oncologiste puisse déterminer l'étendue de mon cancer. Ensuite seulement, on m'enlèverait mon testicule.

Je me suis levé. J'avais des coups de fil à passer. Entre autres, à ma mère. Pour lui annoncer que son fils unique avait le cancer.

Je suis monté dans ma voiture et, en empruntant les rues sinueuses bordées d'arbres, j'ai repris le chemin de ma villa au bord de l'eau. Pour la première fois de ma vie, j'ai conduit lentement. J'étais en état de choc. *Oh ! mon Dieu, le vélo c'est fini*. Pas, *oh ! mon Dieu, je vais mourir*. Pas, *oh ! mon Dieu, je n'aurai jamais d'enfants*. Ces pensées-là étaient tapies quelque part, enfouies sous le fatras informe de mes sentiments. Mais la première qui me soit venue à l'esprit a été : *Oh ! mon Dieu, je ne pourrai plus jamais courir*. J'ai attrapé mon téléphone mobile et j'ai appelé Bill Stapleton.

« Bill, j'ai une très mauvaise nouvelle.

— Quoi ? » Je l'ai senti préoccupé.

« Je suis malade. Ma carrière est foutue.

— Quoi ?

— Finie, foutue. Je suis malade. Je ne pourrai plus jamais courir, je vais tout perdre. »

J'ai raccroché.

Je me traînais en première ; je n'avais même pas l'énergie nécessaire pour accélérer. J'allais au pas, remettant tout en question, mon univers, mon métier, ma personne. Tout à l'heure, j'étais parti de chez moi jeune et indestructible. Blindé. Le cancer allait tout changer, je m'en rendais compte. Il ne se contenterait pas de faire dérailler ma carrière, il me priverait de mon identité. J'étais parti de rien. Ma mère était secrétaire dans une petite ville du Texas, mais, grâce à mon vélo, j'étais devenu quelqu'un. Pendant que les autres gosses nageaient dans la piscine du country club, moi je bouffais du kilomètre, tous les soirs après l'école, parce que c'était ma seule et unique chance. Chaque trophée, chaque dollar gagné dégoulinait de ma sueur. Qu'est-ce que j'allais faire ? Qu'est-ce que j'allais devenir, si je n'étais plus Lance Armstrong, cycliste de niveau international ?

Un malade.

Je me suis engagé dans mon allée. Chez moi, le téléphone sonnait. Je suis entré, j'ai balancé mes clefs sur la paillasse de la cuisine. Le téléphone sonnait toujours. J'ai décroché ; c'était mon ami Scott MacEachern, que Nike avait délégué pour travailler avec moi.

« Hé, Lance, quoi de neuf ?

— Un tas de choses. » J'étais en colère. « Ah, ça, pour du nouveau, il y a du nouveau.

— Mais encore ?

— Je... euh. » La voix m'a manqué.

Je n'avais pas encore prononcé le mot tout haut.

« Quoi ? » s'impatiente Scott.

J'ouvre la bouche, je la referme. Je la rouvre : « J'ai le cancer. »

Je me suis mis à pleurer.

Et à ce moment-là, enfin, j'ai pensé : je risque de perdre ma vie aussi. Pas seulement le cyclisme, la compétition.

Ma vie.

2.

La ligne de départ

Que nous le voulions ou non, nous sommes ce que notre passé nous a faits. Chaque rencontre, chaque expérience a laissé sur nous ses empreintes, et nous a façonnés comme le vent des plaines façonne un prosopis.

La principale chose à savoir sur mon enfance, c'est que je n'ai jamais véritablement eu de père, mais que je n'ai pas non plus passé mon temps à le regretter. Ma mère m'a eu à dix-sept ans. À compter du jour de ma naissance, tout le monde s'est acharné à lui prédire les pires échecs ; mais elle, elle voyait la vie d'un autre œil. Elle m'a élevé forte d'une implacable volonté. Elle me disait : « Fais de chaque obstacle une chance nouvelle. » Et c'est ainsi que nous avons vécu.

J'étais un bébé gros modèle, surtout pour une femme qui, elle, est un petit modèle. Ma mère, Linda Mooneyham, mesure un mètre cinquante-sept et ne doit pas peser plus de cinquante kilos. Je ne sais pas comment quelqu'un d'aussi menu a pu me mettre au monde. Je pesais quatre kilos quatre à la naissance ; après un accouchement aussi éprouvant, elle a déliré de fièvre pendant vingt-quatre heures, à tel point que les infirmières lui interdisaient de me prendre dans ses bras.

Je n'ai jamais connu mon soi-disant père. Il a été

un non-événement total — à moins de considérer son absence comme un événement en soi. Ce n'est pas parce qu'il m'a transmis ses gènes qu'il peut se dire mon père ; en ce qui me concerne, il n'y a rien entre nous, rien, aucun lien. Je ne sais absolument pas qui il est. Je ne sais pas où il vit. Je ne sais pas où il travaille. Je ne sais pas ce qu'il aime ou ce qu'il n'aime pas.

Je n'ai jamais rien demandé. Je n'ai jamais parlé de lui avec ma mère, jamais. En vingt-huit ans, pas une seule fois elle n'a amené la conversation sur lui. Moi non plus. Ça peut paraître bizarre mais c'est la vérité. Du reste, je m'en moque. Et ma mère aussi. Elle me dit aujourd'hui qu'elle aurait volontiers répondu à mes questions, mais franchement, il était tellement insignifiant pour moi que, si j'avais posé une question, j'aurais eu l'impression de jouer au Trivial Pursuit. Ma mère m'aimait d'un amour total et inconditionnel, et je le lui rendais. Ça nous suffisait.

Mais quitte à prendre le temps de coucher ma vie sur papier, autant aller fouiller un peu dans les archives. Malheureusement, l'an dernier un journal texan a retrouvé mon père biologique et publié un article sur lui, donnant les renseignements suivants : nom, Gunderson, profession, employé au service de routage du *Dallas Morning News*, domicile, Cedar Creek Lake, Texas, marié, père de deux autres enfants. Ma mère était son épouse légitime au moment de ma naissance, mais ils ont divorcé quand je n'avais pas deux ans. Le journal le décrit comme un père fier de son fils ; ses autres enfants me considèrent comme leur frère, paraît-il. Moi, il m'apparaît plutôt comme un opportuniste, et je ne vois vraiment pas pourquoi je le rencontrerais. Étant donné que ma mère était en classe de première quand elle est tombée enceinte et qu'il a disparu peu après, il me fait plutôt l'effet d'avoir été un accident de parcours.

Ma mère s'est retrouvée seule. Ses parents étaient divorcés. À l'époque, son père, Paul Mooneyham, mon grand-père, noyait dans l'alcool un difficile retour du Vietnam ; il était employé des postes et vivait dans une caravane. Sa mère, Elizabeth, tirait le diable par la queue pour élever trois enfants. Linda a donc dû se débrouiller sans l'aide de sa famille ; mais ils ont fait ce qu'ils ont pu. Le jour de ma naissance, mon grand-père a cessé de boire ; depuis, c'est-à-dire depuis vingt-huit ans, il n'a plus touché à une bouteille. Le frère cadet de ma mère, Al, me gardait le soir quand j'étais petit. Plus tard, il a fait comme tous les hommes de la famille qui voulaient s'en sortir : il s'est engagé dans l'armée. Il y a fait carrière et a terminé lieutenant-colonel, la poitrine bardée de décorations. Il a une femme et un fils, Jessie, que j'adore. Dans la famille, nous sommes fiers les uns des autres.

J'ai été un bébé désiré. Fermement décidée à mener sa grossesse jusqu'au bout, ma mère a réussi à échapper aux importuns et à leurs reproches en cachant son ventre sous des chemisiers amples et froncés, qui étaient à la mode à l'époque. Quand j'étais tout bébé, il lui arrivait de m'emmener à l'épicerie où elle faisait ses courses avec sa sœur. Un jour, ma tante m'a pris dans ses bras et les caissières ont commencé à roucouler : « Comme il est mignon ce bébé ! » Ma mère s'est interposée en disant : « C'est *mon* bébé. »

Nous habitions un deux-pièces lugubre à Oak Cliff, une lointaine banlieue de Dallas avec des chemises qui battaient au vent sur les cordes à linge et un Kentucky Fried Chicken au coin de la rue. Ma mère travaillait à mi-temps tout en suivant ses cours de terminale. Elle prenait les commandes au Kentucky, dans sa blouse à rayures roses, et tenait la caisse au Kroger, l'épicerie juste en face de chez nous. À un moment, elle a occupé un emploi temporaire à la poste, au service des rebuts, puis un autre comme employée. Le tout en plus du lycée et de mon éducation. Sur ses 400 dollars de salaire mensuel, elle en déboursait 200 pour son loyer et 25 par semaine pour mes frais de nourrice. Mais j'ai toujours eu tout ce qu'il me fallait, et plus encore. Elle avait un don pour m'offrir des petits luxes.

Quand j'étais tout petit, elle m'emmenait à la supérette du coin et m'achetait un Slurpee qu'elle me faisait boire à la paille. Elle aspirait un peu de milk-shake, je renversais la tête en arrière et elle laissait couler la boisson fraîche et sucrée dans ma bouche. Elle me gâtait avec une gourmandise à 50 cents.

Tous les matins elle accueillait mon réveil avec un sourire, et tous les soirs elle me lisait une histoire. Même si j'étais trop petit pour en comprendre un traître mot, elle me prenait sur ses genoux et elle me faisait la lecture, quel que soit son état de fatigue. « Vivement que tu puisses me lire des histoires à ton tour », me disait-elle. Il ne faut pas s'étonner si, à deux ans, je récitais des vers. J'étais en avance pour tout. J'ai marché à neuf mois.

Peu après, elle a réussi à décrocher un emploi de secrétaire à 12 000 dollars par an ; ça nous a permis de déménager à Richardson, une banlieue proche au nord de Dallas, dans un appartement plus agréable. Ensuite, elle s'est fait engager chez Ericsson, un groupe de télécommunications où, peu à peu, elle a gravi les échelons. De secrétaire, elle est maintenant passée comptable. À côté de son boulot, elle a une licence d'agent immobilier. Voilà résumé en quelques lignes à peu près tout ce qu'il faut que vous sachiez sur elle. Elle est maligne comme un singe et, quand il s'agit de retrousser ses manches, elle ne craint personne. Pour ne rien gâter, elle est restée si jeune et si blonde qu'elle passerait facilement pour ma sœur.

Après Oak Cliff, les faubourgs de Dallas étaient le paradis. Dallas s'étend vers le nord en une chaîne ininterrompue de banlieues toutes identiques, qui s'étire presque jusqu'à la limite de l'Oklahoma. Sur des kilomètres, lotissements et petits centres commerciaux mordent sur le paysage plat et brun du Texas. Mais à Richardson, il y avait de bonnes écoles, et plein de terrains vagues où on pouvait jouer.

La galerie marchande en face de chez nous abritait, tout au bout, un magasin de cycles qui s'appelait Richardson Bike Mart et qui était tenu par un certain Jim Hoyt, un petit gars musclé aux yeux très vifs. Jim aimait jouer les sponsors ; il cherchait toujours des jeunes à mettre en selle. Un jour par semaine, ma mère m'emmenait dès le matin acheter des doughnuts qui sortaient du four, et nous passions devant ce magasin. Jim savait qu'elle avait du mal à joindre les deux bouts, mais il avait remarqué qu'elle était toujours bien habillée, et que j'étais propre et ne manquais de rien. Il s'est intéressé à nous : il lui a consenti une ristourne sur mon premier vélo digne de ce nom. C'était un Schwinn Mag Scrambler d'un marron abominable, avec des roues jaunes, mais que j'adorais. J'avais sept ans. Pourquoi les gosses aiment tant les vélos ? Ces premières roues sont synonymes d'indépendance et de liberté. La liberté d'aller partout, d'échapper aux règles et à la surveillance des adultes.

Mais, de tous les cadeaux que m'a offerts ma mère, il y en a eu un dont je me serais bien passé : un beau-père. J'avais à peine trois ans quand elle s'est remariée, à un certain Terry Armstrong. Terry était un petit homme affublé d'une grande moustache et de la sale habitude de se vanter d'exploits plus grands que lui. Ce grossiste en épicerie était à lui seul un condensé de toutes les caricatures du représentant de commerce ; à la maison, évidemment, il rapportait un salaire supplémentaire et payait sa part de factures. Entre-temps, ma mère accumulait les augmentations ; bientôt, elle a pu nous acheter un toit à Plano, une banlieue d'un standing tout à fait correct.

J'étais encore tout gosse quand Terry m'a adopté légalement et m'a transmis son nom. Je ne me souviens pas d'en avoir été particulièrement heureux ou malheureux. Tout ce que je sais c'est que le donneur d'ADN, Gunderson, a abandonné tous ses droits sur moi. Pour que l'adoption puisse avoir lieu, il a fallu son autorisation, son accord. Il a pris un stylo et il a signé les papiers.

Terry Armstrong se disait chrétien, ce qui n'empêchait pas sa famille de donner des leçons à ma mère sur la meilleure façon de m'élever. Et ce qui ne l'empêchait pas, lui qui avait toujours la religion à la bouche, d'être violent. Terry me fouettait. Il me battait comme plâtre, et pour des trucs idiots. Des trucs de gosse. Parce que je ne rangeais pas mes affaires.

Un jour, j'avais laissé un tiroir ouvert dans ma chambre, avec une chaussette qui dépassait. Terry a sorti sa vieille pagaie, de l'époque où il était étudiant. C'était une grosse pagaie en bois massif et il fallait être dingue — je le dis tout net — pour avoir l'idée de l'abattre sur un gosse. Il m'a obligé à me pencher et il m'a tabassé avec.

Sa pagaie c'était sa manière préférée de m'inculquer

la discipline. Si je rentrais tard, *vlan*, j'avais droit à la pagaie. Si je répondais, *vlan*, la pagaie. Ce châtiment me blessait autant psychiquement que physiquement. Voilà pourquoi je n'aimais pas Terry Armstrong. Très vite, je me suis dit que ce type était un macho agressif, et la religion organisée un complot d'hypocrites.

Les sportifs ont autre chose à faire que d'aller remuer les cendres de leur enfance : dans une course, l'introspection ne mène nulle part. Quand on trime pour grimper un col à deux mille mètres avec un détachement d'Italiens et d'Espagnols dans sa roue, ce n'est vraiment pas le moment de ressasser les griefs de l'adolescence. Ce qu'il faut, c'est se concentrer sans penser à rien d'autre. Cela dit, tout est là, enfoui en soi, et les braises ne demandent qu'à être attisées. « De tout élément négatif, fais quelque chose de positif », dit ma mère. Rien ne se perd, tout se transforme, les vieilles blessures et les humiliations anciennes forgent l'esprit de compétition. Mais à l'époque, j'étais un gamin. Quand il y avait quelque chose que je n'avais pas digéré, je me disais, *peut-être qu'en pédalant un peu plus vite, un peu plus loin, je m'en sortirai.*

Plano aussi a exercé son influence sur moi. C'était la banlieue américaine par excellence, avec ses galeries marchandes, son quadrillage de rues à angle droit, ses terrains vagues désolés qu'entrecoupaient des country clubs style *Autant en emporte le vent*. Sa population se composait d'hommes en chemises de golf et pantalons Sansabelt, de femmes croulant sous de clinquants bijoux en toc et d'adolescents mal dans leur tête et dans leur peau. À Plano, tout était neuf, rien n'était réel. C'était un endroit sans âme, ce qui explique peut-être que les problèmes d'héroïne et les suicides d'adolescents y aient atteint des taux parmi les plus élevés de tout le pays. Le lycée de Plano East, dont l'architecture moderne et les portes dignes d'un dock de chargement ne sont pas sans rappeler un bâtiment ministériel, est l'un des plus grands du Texas, et aussi l'un des plus dévoués aux dieux du football américain. C'est là que j'ai fait mes études secondaires.

À Plano, Texas, si on ne joue pas au football américain, on n'existe pas. Et si on n'appartient pas à la bourgeoisie aisée... autant dire qu'on n'existe pas non plus. Ma mère était secrétaire, alors j'ai essayé le football. Mais je manquais de coordination. Dès qu'il fallait avoir un bon déplacement latéral, ou coordonner la main et l'œil, et même, disons-le, dès qu'il s'agissait de toucher un ballon, je ne valais rien.

J'étais fermement décidé à me trouver un sport où je pourrais montrer ce dont j'étais capable. Un jour, pendant ma dernière année de primaire, mon école a organisé une course de fond. La veille au soir, j'ai dit à ma mère : « Je serai un champion. » Elle m'a regardé, et elle est allée farfouiller dans ses affaires. Elle est revenue avec un dollar d'argent de 1972 dans la main. « Tu vois cette pièce ? c'est un porte-bonheur. Alors écoute-moi bien, tu n'as qu'une seule chose à faire : aller plus vite que la montre. » J'ai gagné la course.

Quelques mois plus tard, je me suis inscrit au club municipal de natation. C'était une tentative comme une autre pour me faire accepter par les gosses de mon âge, qui faisaient des longueurs dans la piscine du Los Rios Country Club dont leurs parents étaient membres. Le premier jour, j'étais tellement nul qu'on m'a mis avec les benjamins, des mômes de sept ans. Dans le groupe, j'ai aperçu la petite sœur d'un de mes copains. Je ne savais plus où me mettre. De nul en football, voilà que je passais à nul en natation.

Mais j'avais de la bonne volonté à revendre. S'il fallait nager avec les petits pour acquérir de la technique, eh bien d'accord, j'étais partant. Aujourd'hui encore, ma mère ne reparle pas sans émotion de mes plongeons dans l'eau et de mes traversées barbotantes, bras en moulinet comme si je voulais vider toute l'eau du bassin. « Tu y mettais vraiment tout ton cœur », dit-elle. Je ne suis pas resté longtemps chez les débutants.

La natation exige beaucoup d'un enfant de douze ans. Au club municipal de Plano, la barre était placée particulièrement haut. Rien à voir avec deux ou trois longueurs au country club pour se détendre les muscles. Mon maître nageur s'appelait Chris McCurdy ; c'est l'un des meilleurs coaches que j'ai jamais eus. En l'espace d'un an, il m'a transformé. J'ai terminé quatrième dans le mille cinq cents mètres nage libre de l'État du Texas. Il prenait notre entraînement très au sérieux. Nous étions dans l'eau tous les matins de cinq heures et demie à sept heures. Quand j'ai été un peu plus vieux, j'ai commencé à venir à la piscine à vélo. Je pédalais sur quinze kilomètres dans la demi-obscurité des rues matinales, je nageais mes quatre mille mètres, j'allais faire ma journée d'école, après quoi je retournais travailler ma technique pendant deux heures et je terminais sur un six mille mètres. Tous les jours, je totalisais dix kilomètres dans l'eau et trente à vélo. Ma mère me laissait faire, pour deux raisons : elle ne pouvait pas me conduire à la piscine en voiture parce qu'elle travaillait, et elle savait qu'il fallait me permettre de canaliser mon énergie.

Un après-midi, je devais avoir treize ans, je traînais du côté du Richardson Bike Mart. J'ai vu une affichette pour une compétition qui s'appelait Iron Kids. C'était un triathlon junior, une épreuve qui combinait vélo, natation et course à pied. Je ne savais pas ce qu'était un triathlon, mais comme ça réunissait apparemment tous les sports où j'étais bon, je me suis inscrit. Ma mère m'a emmené dans une boutique pour m'acheter une tenue spéciale, un short de cross et une chemise taillés dans une matière qui séchait très vite et qui permettait de courir toutes les épreuves sans se changer. Elle m'a aussi acheté mon premier vrai vélo de course, un Mercier, une machine fine et racée.

J'ai gagné, et de loin. Sans entraînement. Peu après, il y a eu un autre triathlon à Houston. Je l'ai gagné aussi. En revenant de Houston, je débordais de confiance en moi. En natation junior, j'étais parmi les bons sans jamais avoir été le meilleur. Mais en triathlon, j'étais le meilleur de Plano, et même le meilleur du Texas. Je battais tout le monde, et j'y prenais un plaisir fou.

Ce qui forge les grands sportifs d'endurance, c'est un amour-propre pas trop chatouilleux et la capacité de souffrir en silence. Je découvrais que, tant qu'il s'agissait de serrer les dents, de me moquer du qu'en-dira-t-on et de tenir plus longtemps que les autres, j'étais sûr de gagner. Peu importait la discipline : dans une course de fond où il suffisait de foncer, j'étais capable de battre n'importe qui.

Au festival de la souffrance, je savais tenir mon rang.

J'aurais pu supporter la pagaie de Terry Armstrong. Mais il y avait autre chose que je n'ai pas pu supporter.

Quand j'avais quatorze ans, ma mère a dû se faire hospitaliser pour subir une hystérectomie. C'est déjà une épreuve très rude pour n'importe quelle femme, physiquement et psychologiquement, mais pour ma mère, qui était très jeune au moment de l'opération, ç'a dû être épouvantable. Comme j'étais inscrit dans une épreuve de natation à San Antonio, j'ai dû me séparer d'elle alors qu'elle était encore en convalescence. Terry a décidé de me chaperonner. Je n'avais vraiment pas besoin de lui. Je détestais le voir jouer au papa modèle qui accompagne fiston en compétition. Pour moi, sa place était à l'hôpital, pas ailleurs. Mais il a insisté.

Dans la salle d'embarquement, en attendant le vol, j'ai regardé Terry et j'ai pensé, *qu'est-ce que tu fiches ici ?* À un moment, il s'est mis à gribouiller sur un bloc-notes. Il écrivait, ensuite il arrachait sa page, il la roulait en boule et la jetait à la poubelle. Et il recommençait. J'ai trouvé ça bizarre. Au bout d'un moment, il s'est levé pour aller aux toilettes. J'en ai profité pour aller récupérer les papiers ; je les ai fourrés dans mon sac.

Plus tard, une fois seul, je les ai défroissés. C'étaient des lettres destinées à une autre femme. Je les ai lues, une par une. Il écrivait à une autre femme alors que ma mère était à l'hôpital et venait de subir une hystérectomie.

J'ai fait le vol de retour sur Dallas avec les lettres en vrac dans le fond de mon sac. Une fois à la maison, je suis allé dans ma chambre, j'ai pris sur l'étagère mon *Livre Guinness des records*, j'ai attrapé une paire de ciseaux, j'ai découpé un trou dans les pages du milieu. J'ai caché les lettres dedans et j'ai remis le livre sur l'étagère. Je voulais les garder. Pourquoi ? Je ne sais pas très bien. C'était une sorte d'assurance, peut-être. Une cartouche. Au cas où. Au cas où la pagaie reprendrait du service.

Moi qui n'aimais déjà pas Terry avant, à partir de

ce moment-là, il a cessé d'exister à mes yeux. Je n'avais plus aucun respect pour lui et je me suis mis à contester son autorité.

Voici un exemple qui résume ma jeunesse turbulente : quand j'étais gamin, j'avais inventé un jeu qui s'appelait la boule de feu ; on trempait une balle de tennis dans du carburant, on l'enflammait, et ensuite on jouait à se la lancer en se protégeant les mains avec des gants de jardinage.

Je remplissais d'essence une bassine en plastique et je versais une boîte de balles de tennis dedans. Je les laissais bien tremper. Ensuite, j'en prenais une et j'en approchais une allumette. Avec mon meilleur copain Steve Lewis, on se lançait la balle jusqu'à ce que nos gants commencent à fumer. Imaginez deux gamins se jetant des boules de feu au milieu d'un champ balayé par un vent sec et chaud. Il arrivait que les gants prennent feu, d'ailleurs. Alors on les frappait contre nos jeans et on envoyait des gerbes d'étincelles dans l'air : on aurait dit des nuées de lucioles.

Un jour, par mégarde, j'ai envoyé la balle sur le toit ; les bardeaux ont commencé à brûler et j'ai dû grimper pour éteindre le feu avant qu'il se propage à toute la maison et à celle des voisins. Et puis il y a eu la fois où une balle a atterri en plein milieu de la bassine d'essence : tout a explosé. C'est parti, *boum*, en une colonne de flammes et en volutes de fumée noire. Dans ma panique, j'ai renversé la bassine d'un coup de pied en voulant éteindre le feu. La bassine s'est mise à fondre. On se serait cru dans *Le Syndrome chinois*.

Mon comportement s'expliquait en grande partie par le fait que je savais ma mère malheureuse. Je ne comprenais pas pourquoi elle restait avec Terry alors qu'ils s'entendaient si mal. Mais pour elle, sans doute, ça valait mieux que d'élever son fils seule, sur un salaire unique.

Quelques mois après le voyage à San Antonio, ils ont enfin rompu. Un soir où j'appelais ma mère pour lui dire que je serais en retard pour dîner, elle m'a répondu : « Mon fils, j'ai besoin de toi à la maison.

— Qu'est-ce qui se passe ?

— Il faut que je te parle. »

J'ai enfourché mon vélo et je suis rentré. Je l'ai trouvée assise dans la salle de séjour.

« J'ai dit à Terry de faire ses bagages. Je demande le divorce. »

J'ai poussé un grand soupir de soulagement, que je n'ai pas essayé de lui cacher. J'étais même carrément fou de joie. Rayonnant, j'ai répondu : « Super.

— Mais écoute-moi, Lance, je ne veux pas une seule incartade de ta part. Je n'aurais pas la force de le supporter en ce moment. Je t'en supplie, pas d'accroc.

— D'accord. Promis. »

J'ai attendu plusieurs semaines avant d'aborder le sujet avec elle. Et puis tout d'un coup, un jour où nous étions assis dans la cuisine, de but en blanc, c'est sorti : « Ce type-là ne t'arrivait pas à la cheville. » Je ne lui ai pas parlé des lettres, elle était bien assez malheureuse comme ça. Mais un jour, plusieurs années après, elle les a trouvées en faisant le ménage. Elle n'a pas été surprise.

Pendant un moment, Terry a essayé de garder le contact avec moi. Il m'envoyait des cartes d'anniversaire, des petits cadeaux et des moins petits. Un jour, j'ai reçu une enveloppe dans laquelle il avait mis cent billets de un dollar. Je l'ai apportée à ma mère en lui disant : « Tu peux lui renvoyer ça, s'il te plaît ? J'en veux pas. » J'ai fini par lui écrire pour lui dire que, si je pouvais, je changerais de nom. Je ne me sentais aucun lien ni avec lui ni avec sa famille.

Après la rupture, ma mère et moi sommes devenus très proches. Je crois qu'il y avait un bout de temps qu'elle n'allait pas bien. Dans ces cas-là, on n'est pas soi-même. Son divorce l'a transformée. Elle s'est détendue ; on aurait dit qu'elle se sentait libérée d'une pression. Naturellement, elle en subissait une autre en se retrouvant célibataire avec un gosse sur les bras, mais ce n'était pas la première fois. Elle est restée seule pendant les cinq années suivantes.

J'ai essayé de lui montrer qu'elle pouvait compter sur moi. Je montais sur le toit installer les décorations de Noël — et si j'ai montré mon cul aux voitures qui passaient dans l'avenue, ma foi, c'est un crime mineur, et il n'y a pas eu de victimes. Quand elle rentrait du travail, on se mettait à table. On éteignait la télé et on parlait. Elle m'a appris les dîners aux chandelles et les bonnes manières. Elle préparait une salade aux tacos ou un plein saladier d'assaisonnement tout prêt pour hamburger, elle allumait les bougies et elle me racontait sa journée. Parfois, elle me parlait de ses déceptions, elle se disait méprisée par ses collègues parce qu'elle n'était qu'une simple secrétaire.

« Pourquoi tu ne démissionnes pas ?

— Mon fils, on ne démissionne jamais. Je tiendrai bon. »

Il lui arrivait de rentrer dans un tel état qu'au premier coup d'œil, je comprenais que sa journée avait été pénible. Si, par exemple, j'écoutais Guns N'Roses à fond sur la chaîne stéréo, il me suffisait de la regarder deux secondes pour tout couper. « Tiens, maman, écoute ça : c'est pour toi. » Je lui mettais Kenny G. Et croyez-moi, c'était un sacrifice.

J'ai essayé de la soutenir moralement, elle qui faisait tant de petites choses pour moi. Des riens. Tous les samedis, par exemple, elle lavait et repassait cinq chemises pour que j'en aie toujours une propre à me mettre pour aller à l'école. Elle savait que je m'entraînais dur et que je mourais de faim en rentrant l'après-midi. Elle me laissait un pot de sauce spaghetti faite maison au frigo pour que j'aie quelque chose à me mettre sous la dent. Elle m'avait appris à me préparer des pâtes et à bien surveiller la cuisson.

Je commençais à gagner un peu d'argent. En 1987, je me suis inscrit au Triathlon du Président, qui se tenait à Lake Lavon. J'allais affronter des athlètes mûrs et endurcis. J'ai terminé trente-deuxième, à la grande stupéfaction des autres concurrents et des spectateurs, qui n'arrivaient pas à croire qu'un gosse de quinze ans ait pu tenir toute la course sans abandonner. Mon exploit m'a valu quelques lignes dans la presse ; j'ai dit à un reporter : « Vous verrez, dans quelques années j'approcherai du sommet, et dans dix ans j'y serai. » Mes amis, Steve Lewis entre autres, m'ont trouvé d'une suffisance désopilante. (L'année suivante, je terminais cinquième.)

Les triathlons payaient bien. Tout d'un coup, je me suis retrouvé avec un portefeuille plein de chèques à plusieurs zéros, et je me suis inscrit dans toutes les épreuves que j'arrivais à dénicher. Les compétitions senior imposaient une limite d'âge minimum de seize ans, alors je falsifiais ma date de naissance sur les documents que j'envoyais avec mon inscription. Je n'ai jamais gagné de course professionnelle ; mais je me plaçais dans les cinq premiers. Les autres concurrents se sont mis à m'appeler « Junior ».

Je vous donne peut-être l'impression que tout s'est

fait facilement : ne vous y trompez pas. Par exemple, j'ai commis l'erreur de me présenter à l'une de mes premières compétitions professionnelles en ayant avalé n'importe quoi juste avant. J'avais mangé deux roulés à la cannelle et bu deux Coca, et je l'ai payé en foirant ma course. J'étais le premier à sortir de l'eau, le premier à descendre de vélo, mais au beau milieu de la course à pied, j'ai failli m'écrouler sur place. Habituée à me voir arriver dans les premiers, ma mère m'attendait dans l'aire d'arrivée. Elle n'a pas compris pourquoi je tardais tant. Elle a fini par remonter le parcours, et elle a trouvé son fils en train de se traîner péniblement.

« Allez, Lance. Tu ne vas pas flancher, tout de même.

— Je suis vanné. C'est la panne sèche.

— Peut-être, mais tu ne peux pas abandonner non plus. Même si tu dois terminer en marchant. »

J'ai terminé en marchant.

En même temps, j'ai commencé à me faire un nom dans les courses cyclistes locales. Tous les mardis soir, une épreuve se tenait sur un vieux circuit aménagé dans l'un des terrains vagues de Richardson. Les critériums du mardi soir étaient très prisés des bons coureurs des clubs locaux, et attiraient une grande foule. Je courais pour Jim Hoyt, qui sponsorisait une équipe aux couleurs de sa boutique. Ma mère m'avait offert une boîte à outils pour ranger tout mon matériel de vélo. Elle me revoit encore, dit-elle, pédaler sur le circuit, enfilant les tours les uns après les autres, dépassant à toute allure les autres gosses. Elle n'en revenait pas de me voir si fort. La prime n'était que de cent dollars ? Aucune importance. Pour la rafler, j'aurais arraché les jambes des autres concurrents.

La compétition cycliste se divise en plusieurs niveaux, qui sont hiérarchisés en quatre séries ; la série 1 correspond au niveau le plus élevé, la série 4 au plus bas. Les critériums du mardi soir étaient des épreuves de série 4 ; je n'avais qu'une envie, prendre du galon. Pour ça, il faut engranger les résultats, remporter un certain nombre d'épreuves. Moi, j'étais trop impatient. J'ai réussi à convaincre les organisateurs de faire une exception, de me laisser courir en série 3 et me mesurer au groupe le plus mûr et le plus expérimenté. Ils m'ont répondu : « D'accord, fais ce que tu veux mais, surtout, ne gagne pas. » Si j'attirais trop l'attention sur moi, la fédération risquait de venir fourrer son nez dans nos magouilles.

J'ai gagné la course. C'était plus fort que moi. J'ai ratatiné les autres concurrents. Après, ça a discuté ferme pour savoir ce qu'on allait faire de moi. L'une des options était de me suspendre. Au lieu de quoi on m'a fait monter en grade. Il y avait trois ou quatre sportifs qui couraient en série 1 pour le Richardson Bike Mart, des héros dans notre petit monde. J'ai commencé à m'entraîner avec eux ; à seize ans, je roulais avec des types qui approchaient de la trentaine.

Dès l'âge de seize ans, j'étais devenu le nouvel espoir de l'année en triathlon ; ma mère et moi commencions à voir se profiler devant moi une carrière sportive. Je gagnais 20 000 dollars par an et mon carnet d'adresses se remplissait. Il me fallait des sponsors et des supporters prêts à payer mes frais de déplacement et d'hébergement quand je courais loin de chez moi. Ma mère m'a dit : « Écoute-moi, Lance, si tu veux arriver à quelque chose, ne compte que sur toi-même, jamais sur les autres. »

Ma mère était devenue ma meilleure amie et ma plus

fidèle alliée. Elle organisait ma vie, me motivait, bref, elle était ma dynamo. « Si tu n'es pas prêt à te donner à cent dix pour cent, tu n'y arriveras jamais », me disait-elle. J'étais fier d'elle, et fier de voir combien nous nous ressemblions ; il y avait entre nous une entente parfaite ; quand nous étions ensemble, nous n'avions pas besoin de parler beaucoup. Nous savions. Elle trouvait toujours un moyen de m'offrir le dernier vélo que je convoitais ou les équipements qui allaient avec. D'ailleurs, elle a gardé tous mes anciens dérailleurs, tous mes anciens pédaliers : ils lui avaient coûté si cher qu'elle n'a jamais pu se résigner à les jeter.

Elle m'accompagnait partout, elle m'inscrivait dans des courses et des triathlons à 10 000 dollars. Nous commencions même à envisager les JO. J'avais toujours sur moi le dollar d'argent porte-bonheur ; elle y a bientôt ajouté un porte-clefs avec « 1988 » gravé dessus. C'était l'année des prochains Jeux Olympiques d'été.

Tous les jours, en sortant du lycée, je courais un dix kilomètres. Ensuite, je sautais sur mon vélo et je pédalais jusqu'au soir. C'est comme ça que j'ai appris à aimer le Texas. Le paysage avait un côté morne et désert qui ne manquait pas de beauté. On pouvait faire des kilomètres sur les petites routes, dans l'immensité des pâturages et des champs de coton, sans rien voir d'autre à l'horizon que des châteaux d'eau, des silos à grain et des granges à moitié en ruine. De l'herbe broutée par le bétail, il ne restait que quelques maigres touffes ; la couleur de la terre évoquait un résidu de café au fond d'une vieille tasse. Parfois, je débouchais sur des champs de fleurs sauvages qui s'étendaient à l'infini, ponctués d'un prosopis solitaire que le vent avait sculpté au gré de ses caprices. Mais parfois aussi,

c'était la plaine, avec, entre quelques rares stations-
service, des prairies desséchées, des champs d'un brun
jaunâtre, des champs partout, des champs de coton,
plats, affreux, fouettés par les vents. Question vent,
Dallas arrive en troisième position au classement des
villes américaines. Mais c'est un bon entraînement. Ça
développe la résistance.

Un après-midi, je me suis fait serrer de si près par
un camion que je suis sorti de la route. J'avais découvert l'usage de mon majeur, et je l'ai brandi sous le
nez du chauffeur. Il s'est arrêté, il m'a jeté un bidon
d'essence et s'est avancé vers moi, prêt à cogner. J'ai
pris mes jambes à mon cou en abandonnant mon
magnifique Mercier à terre. Le type l'a sauvagement
piétiné.

Avant qu'il démarre, j'avais eu le temps de relever
son numéro ; ma mère lui a fait un procès, qu'elle a
gagné. Entre-temps, grâce au remboursement de l'assurance, elle m'a acheté un nouveau vélo : c'était un
Raleigh de course.

À l'époque, je n'avais pas de compteur sur ma
machine ; si je voulais connaître la distance d'un tracé,
il fallait que ma mère me suive en voiture. Je n'avais
qu'à demander, elle s'installait aussitôt au volant, à
n'importe quelle heure de la soirée. C'est clair, si un
entraînement de cinquante kilomètres est une broutille
pour moi, pour une femme qui vient d'abattre une journée de boulot c'est exténuant. Elle ne se plaignait
jamais. Elle ne descendait de voiture que quand nous
connaissions exactement la longueur du parcours.

Elle avait la fibre organisatrice, dont je manquais
cruellement. « Écoute, je ne sais pas ce qu'il te faut
pour t'entraîner, me disait-elle. Mais à mon avis, tu
devrais prendre cinq minutes pour réfléchir à ton maté-

riel, parce qu'il ne faudrait pas que ça te manque au moment où tu en auras le plus besoin. »

Elle et moi, nous parlions très ouvertement. Elle avait une confiance aveugle en moi. Je faisais ce que je voulais, et le plus intéressant c'est que je lui racontais tout, même mes bêtises. Je ne lui ai jamais menti. Si j'avais envie de sortir, personne ne m'en empêchait. Quand la plupart des autres gosses faisaient le mur en douce, moi je franchissais la porte la tête haute.

J'étais sans doute laissé un peu trop à moi-même... car j'étais un casse-cou, et il aurait pu m'arriver toutes sortes d'accidents. À Plano, il y avait plein de boulevards très larges et de terrains vagues, autant de pépins potentiels pour un ado perché sur son vélo ou accroché à la roue d'une voiture. Je slalomais entre les véhicules, les évitant de justesse, grillant les feux, parfois jusque dans le centre de Dallas. J'aimais la circulation en ville, le défi que ça représentait.

Mon Raleigh tout neuf était une superbe machine haut de gamme ; malheureusement, je ne lui ai pas laissé le temps de s'user. J'ai failli me tuer dessus. C'est arrivé un après-midi où je faisais une course contre les feux de circulation. Je les enfilais les uns derrière les autres, à toute allure, en essayant toujours de devancer d'une seconde les programmateurs. J'en ai eu cinq. Le sixième était une intersection gigantesque, à trois voies de chaque côté. Je m'y engage. Je franchis les trois premières files à l'orange. Je continue — c'était mon habitude, ça l'est resté.

Le feu passe au rouge. En franchissant la quatrième voie, du coin de l'œil je remarque une dame dans une Ford Bronco. Elle ne me voit pas. Elle accélère... et c'est la collision.

J'ai valsé en l'air, tête la première ; je me suis

retrouvé de l'autre côté du carrefour. Pas de casque. Atterrissage sur la tête, et je continue en roulé-boulé jusqu'au bord du trottoir.

Je roulais seul, sans papiers, sans rien sur moi. J'ai voulu me relever. Tout d'un coup il y a eu un attroupement autour de moi ; quelqu'un a dit : « Non, non, ne bouge pas ! » Je me suis rallongé par terre et j'ai attendu l'ambulance. La dame qui m'avait renversé était en pleine crise de nerfs. L'ambulance est arrivée, et en route pour l'hôpital. Comme je n'étais pas totalement inconscient, j'ai pu donner mon numéro de téléphone. Ils ont appelé ma mère : elle aussi, crise de nerfs.

J'avais un traumatisme crânien ; on m'a fait quelques points de suture au crâne, et aussi au pied, que je m'étais sérieusement entamé. La voiture m'avait frappé plein travers. J'avais aussi une entorse ouverte au genou, qu'il a fallu immobiliser dans une grosse attelle. Quant à mon Raleigh, il était en miettes.

J'ai expliqué au médecin qui s'est occupé de moi que j'avais l'intention d'aller disputer un triathlon à Louisville six jours plus tard. Il m'a dit : « C'est hors de question. Interdiction de bouger pendant trois semaines. Interdiction formelle de courir et même de poser le pied par terre. »

J'ai quitté l'hôpital le lendemain ; je boitais, j'avais mal partout et je me voyais sur la touche pour un moment. Mais après deux jours chez moi, à passer d'un fauteuil à l'autre, j'ai commencé à m'ennuyer. La jambe toujours bloquée dans son attelle, je suis allé faire quelques trous au petit club de golf du coin. Ça faisait du bien de sortir et de bouger un peu. J'ai enlevé mon attelle. Je me suis dit, *bof, c'est pas si terrible que ça.*

Le quatrième jour, je me dis, tout va bien, où est le problème ? Je me sentais en pleine forme. Je m'inscris au triathlon. Le soir, j'annonce à ma mère : « Ce truc, je le fais. Je le cours. »

Et elle : « D'accord. Super. »

J'ai appelé un ami : « Faut que je t'emprunte ton vélo. » Ensuite, je suis allé dans la salle de bain enlever les fils qu'on m'avait mis dans le pied. Je commençais à toucher ma bille avec la pince à ongles : *tac*, on coupe, et on tire. J'ai laissé les fils du crâne, puisque de toutes manières j'allais porter un bonnet pour la compétition de natation. Après ça, j'ai été chercher mes chaussures de course à pied et de cyclisme et j'y ai découpé un trou pour éviter que ça frotte sur ma blessure.

Le lendemain de bonne heure, je prenais le départ avec les autres concurrents. J'étais le premier hors de l'eau, le premier descendu de vélo. Je me suis fait larguer par deux types sur la course de fond, un dix kilomètres, et j'ai terminé troisième. Le lendemain, il y avait un grand article dans le journal sur ce jeune qui s'était classé troisième après avoir été fauché par une voiture moins d'une semaine avant. Huit jours plus tard, ma mère et moi recevions une lettre du médecin, qui écrivait : « Je n'en crois pas mes yeux. »

Rien ne semblait pouvoir me freiner. L'accélération, j'adore. Sous toutes ses formes. Adolescent, j'étais fasciné par les voitures puissantes. J'avais à peine empoché les sommes gagnées en triathlon que je m'achetais une petite Fiat rouge d'occasion. Je la conduisais à toute blinde dans les rues de Plano... sans permis.

Un après-midi — j'étais en classe de première —

j'ai réussi un exploit dont mes anciens copains n'ont pas encore fini de s'étonner. Je me baladais sur une route à deux voies avec des camarades de classe ; à un moment, j'ai rattrapé une voiture, qui roulait lentement et allait en croiser une autre. Je ne suis pas patient.

J'ai appuyé sur le champignon.

Avec ma petite Fiat, je me suis faufilé entre les deux voitures. Je remplissais tout l'espace : par la vitre baissée, on aurait pu fourrer son doigt dans la bouche grande ouverte des conducteurs.

Je sortais souvent dans ma Fiat après la tombée de la nuit, ce qui est illégal si on n'est pas accompagné d'un adulte. Aux vacances de Noël, une année, j'ai trouvé un job à mi-temps chez Toys' R' Us. Je devais transporter les achats des clients jusqu'à leurs voitures. Steve Lewis avait trouvé un boulot chez Target. Comme on travaillait le soir, nos parents nous laissaient y aller en voiture. Décision malheureuse : Steve et moi, on rentrait en faisant la course à cent vingt, cent trente, en pleine ville.

Steve avait une Pontiac TransAm. Quant à moi, j'avais revendu ma Fiat pour une Camaro IROC Z28, un véritable bolide. Je traversais une phase disco plutôt ingrate ; cette bagnole, je la voulais, je ne rêvais que d'elle. Jim Hoyt m'a aidé à l'acheter en prenant le crédit à son nom, et il est revenu avec ; j'en ai honoré toutes les traites et j'ai payé l'assurance. C'était une voiture très, très rapide. Certains soirs, on descendait à Forest Lane, où les jeunes venaient essayer leurs voitures, qu'ils conduisaient comme des dragsters ; on faisait des pointes à cent quatre-vingts sur des routes limitées à soixante-dix.

J'avais deux groupes de copains ; d'un côté des lycéens fils à papa qui sortaient beaucoup et avec qui je faisais la fête, et de l'autre les sportifs, les cyclistes, les coureurs à pied et les triathlètes, parmi lesquels des adultes. Au lycée de Plano, la pression sociale était grande ; mais comme ma mère et moi ne pouvions pas songer à rivaliser avec nos voisins, nous n'avons même pas essayé. Quand mes copains s'étaient fait offrir leurs voitures nerveuses par papa-maman, moi j'avais payé la mienne avec mon fric.

Pourtant, je me sentais parfois mis à l'écart. J'avais un certain succès auprès de mes camarades, mais je me sentais tout de même isolé sur une île déserte. Je restais le type qui pratique des sports bizarres et qui ne porte pas les bonnes étiquettes. Mes copains les plus chics disaient des trucs du genre : « Si j'étais toi, j'aurais honte de me balader dans ces shorts en Lycra. » Je haussais les épaules. Ils obéissaient à un code vestimentaire tacite : les gens socialement corrects arboraient le petit joueur de polo rouge sur leurs T-shirts et leurs polos. Autrement dit, l'uniforme. Sans le savoir peut-être, mais c'était bien de ça qu'il s'agissait : mêmes pantalons, mêmes brodequins, mêmes ceintures, mêmes portefeuilles, mêmes casquettes. Dans leur totale conformité, ils représentaient tout ce que j'abhorrais.

À l'automne de mon année de terminale, je me suis inscrit à un contre-la-montre important qui se tenait à Moriarty, Nouveau-Mexique. Cette épreuve révélait les jeunes cyclistes parce qu'il était facile d'y réaliser de bons temps : dix-huit kilomètres en plaine, quasiment sans vent, elle se disputait sur une portion de route nationale où passaient plein de gros camions. Ils vous enveloppaient d'un courant d'air chaud qui vous propulsait en avant. Les jeunes y allaient pour essayer de battre des records et de se faire remarquer.

Nous étions en septembre ; il faisait encore chaud quand nous avons quitté le Texas, et j'ai mis des vêtements légers dans ma valise. Mais le jour de la course, quand je me suis levé à six heures pour sortir m'échauffer, j'ai été fouetté en pleine figure par l'air froid des montagnes. J'avais sur moi, en tout et pour tout, un short cycliste et un maillot à manches courtes. J'ai roulé cinq minutes et je me suis dit, *je n'y arriverai jamais*. Il faisait un froid glacial.

J'ai fait demi-tour et je suis revenu dans la chambre d'hôtel. « Maman, il fait tellement froid que je suis incapable de faire trois tours de roue. Il me faut un blouson, quelque chose. » On a fouillé dans tous nos bagages. Je n'avais pas un seul vêtement chaud, rien. J'étais venu les mains dans les poches : un vrai boulot d'amateur.

Ma mère m'a dit : « Il y a bien ce petit coupe-vent que j'ai apporté... » Et elle me sort un minuscule K-way rose. Je vous ai déjà dit qu'elle est très menue et délicate. J'avais l'impression qu'elle me proposait un vêtement de poupée.

« Donne. » Je n'avais vraiment pas le choix.

Je suis ressorti. Les manches m'arrivaient au coude, j'étais serré de partout, mais j'ai fait tout mon échauffement, quarante-cinq minutes, avec ce truc-là sur le dos. Je l'avais encore dans l'aire de départ. Ne pas attraper froid c'est absolument essentiel dans un contre-la-montre, parce que quand on crie go ! il faut être prêt à foncer, *vroum*, sans faiblir, pendant dix-huit kilomètres. Mais je grelottais toujours.

J'ai joué ma dernière carte. « Maman, saute dans la voiture et mets le chauffage plein pot, je te rejoins. »

Elle a démarré le moteur et l'a laissé tourner ; elle a monté le chauffage au maximum, soufflerie et tout. Je me suis assis à côté d'elle en me recroquevillant devant les bouches d'air chaud. Je lui ai dit : « Tu me préviendras quand il faudra que j'y aille. » Voilà pour mon échauffement.

Enfin, ç'a été mon tour. Je suis descendu de la voiture, j'ai enfourché mon vélo, je me suis positionné sur la ligne de départ et *hop*, j'étais parti. J'ai pulvérisé le record de quarante-cinq secondes.

Les choses qui comptaient pour les habitants de Plano perdaient peu à peu leur importance à mes yeux. Mes études et les relations sociales passaient au second plan, derrière mon ambition de devenir un sportif international. Je ne rêvais pas, comme eux, d'une maison dans un lotissement près d'un centre commercial. Si j'avais un petit bolide, et des billets verts dans mon portefeuille, c'était parce que je commençais à m'imposer dans des sports auxquels mes camarades de classe ne comprenaient rien ou qui ne les intéressaient pas.

Je m'entraînais seul, et j'allongeais les distances. Il arrivait qu'on parte en bande camper ou faire du ski nautique. Au lieu de rentrer en voiture avec les autres, je grimpais sur mon vélo et je refaisais le chemin en sens inverse, tout seul. Un jour, en revenant d'une virée à Texoma avec des copains, j'ai avalé comme ça cent kilomètres.

Personne ne comprenait ce que j'avais dans le ventre. Mes professeurs, pour ne citer qu'eux, ne brillaient pas par leur imagination. Pendant le deuxième semestre de mon année de terminale, j'ai été invité par la Fédération de cyclisme à m'entraîner à Colorado Springs avec l'équipe nationale junior, et à aller disputer à Moscou ma première course internationale, les Championnats du monde juniors 1990. Depuis ma performance au Nouveau-Mexique, les clubs s'étaient donné le mot.

Mais l'administration du lycée n'a rien voulu entendre. La politique était stricte : aucune absence non justifiée n'était tolérée. N'importe qui pourrait penser qu'un voyage à Moscou serait de nature à rapporter un plus dans un cursus. Qu'un lycée serait fier de compter un espoir olympique parmi ses élèves. Eux, non : ils s'en fichaient éperdument.

Ça ne m'a pas empêché d'aller à Colorado Springs, et ensuite à Moscou. Aux Championnats du monde, j'ai fait n'importe quoi. J'étais une boule d'énergie brute ; il ne me serait même pas venu à l'esprit que je puisse m'économiser, adopter une tactique. J'ai couru avec les meilleurs temps pendant plusieurs tours, et ensuite, épuisé d'avoir attaqué trop tôt, ç'a été la panne sèche. J'ai tout de même réussi à impressionner les dirigeants de la fédération américaine, et le coach russe a dit à qui voulait l'entendre que j'étais le meilleur jeune cycliste qu'il ait vu depuis des années.

J'étais parti six semaines. À mon retour, en mars, je me suis découvert des zéros dans toutes les matières. Oui, on m'avait collé des zéros pour absence sans motif. Un jury de six administrateurs nous a convoqués, ma mère et moi, pour nous annoncer que si je ne rattrapais pas toutes les matières en quelques semaines, je n'aurais pas mon diplôme à la fin de l'année. Nous étions stupéfaits. J'ai protesté :

« Mais ce que vous me demandez est impossible ! »

Les costards-cravates m'ont regardé sans répondre. L'un d'eux a fini par me dire :

« Vous n'êtes pas du genre à abandonner, n'est-ce pas ? » Je les ai dévisagés. Je savais pertinemment que si j'avais fait partie de l'équipe de football américain, si j'avais porté la bonne marque de chemises et si mes parents avaient été membres du Los Rios Country Club, on m'aurait parlé un autre langage.

J'ai dit : « L'entretien est clos » ; sur ce, nous nous sommes levés et nous avons quitté la pièce.

Nous avions déjà payé les frais de publication de diplôme, la toge et le chapeau plat à pompon, ainsi que le bal de fin d'études. Ma mère m'a dit : « Finis ta journée normalement ; quand tu rentreras à la maison, j'aurai trouvé une solution. »

Elle est retournée à son travail ; elle s'est assise à son bureau, elle a décroché son téléphone et elle a appelé toutes les écoles privées qu'elle a pu trouver dans l'annuaire de Dallas. Tout d'abord, elle essayait de les persuader de m'accepter, puis elle leur annonçait qu'elle ne pouvait pas payer mes frais de scolarité et demandait une dérogation. Elle a fait toutes les écoles de la région nord de Dallas en expliquant notre dilemme. « Ce n'est pas un mauvais élément. Il ne touche pas à la drogue. Vous ne le regretterez pas. Il ira loin. »

À la fin de la journée, elle avait trouvé une école privée, Bending Oaks, qui voulait bien de moi à condition que je suive quelques cours de rattrapage. Nous avons fait transférer tous mes résultats de Plano East et j'ai évité le redoublement. À la cérémonie de remise des diplômes, tous mes camarades arboraient un pompon bordeaux sur leur toque. Le mien était doré, mais ça ne m'a pas gêné le moins du monde.

J'ai décidé d'assister à mon bal de promotion au lycée de Plano East. Il était payé d'avance, donc pas question de rater ça. J'ai acheté un petit bouquet pour le corsage de ma cavalière, j'ai loué un smoking et réservé une limousine. Ce soir-là, en enfilant mon smoking et en nouant mon nœud papillon, j'ai eu une idée. Ma mère n'était jamais montée dans une limousine.

Je ne pouvais pas lui refuser ce plaisir. Comment faire comprendre à ses parents tout ce qu'on ressent pour eux, tout ce qu'on sait leur devoir ? Ma mère m'avait donné plus qu'aucun professeur ou aucune figure paternelle ne m'avait jamais donné ; elle l'avait distillé sur de longues et dures années, des années qui avaient dû, parfois, lui paraître aussi désertes que les champs parcheminés du Texas. Chaque fois qu'il me fallait serrer les dents, tenir bon, jusqu'au bout, sans avoir peur du ridicule, pousser jusqu'au finish, je ne souhaitais qu'une chose : avoir l'endurance et la force d'âme de ma mère, qui élevait seule son jeune fils avec un petit salaire, sans aucun espoir de récompense à la fin de la journée, sans trophée, sans gros chèque à la fin du mois. Elle vivait persuadée qu'on pouvait évoluer par l'effort et l'honnêteté, et que son amour me sauverait de tout. Chaque fois qu'elle me disait : « Fais de chaque obstacle une chance, transforme le négatif en positif », je me rendais compte qu'elle parlait de moi, de sa décision de me mettre au monde et de la façon dont elle m'avait élevé.

« Allez, maman, saute dans ta robe de soirée. »

Elle possédait une jolie robe d'été qu'elle appelait sa robe de soirée. Elle l'a enfilée, elle s'est installée dans la voiture à côté de ma cavalière, et, tous les trois, nous nous sommes baladés dans la ville pendant plus d'une heure, riant et trinquant à mon succès, en attendant l'heure de nous faire déposer devant la salle de bal.

Ma mère était de nouveau heureuse. Elle venait de rencontrer quelqu'un. J'avais dix-sept ans. John Walling était un type bien qu'elle a fini par épouser. Je l'aimais bien, John ; nous sommes même devenus amis. Je l'ai regretté quand ils se sont séparés en 1998.

C'est drôle. Il y a toujours quelqu'un qui me dit : « Tiens, j'ai vu ton père l'autre jour. » Et moi il faut que je me creuse la cervelle pour savoir de qui on parle. J'ai le choix entre trois pères : honnêtement, je serais incapable de faire la différence entre mon père génétique et le caissier de la banque du coin ; quant à Terry, je n'ai rien à lui dire. De temps en temps, un des Armstrong se réveille et essaie de me contacter, comme si j'étais de la famille. Ils racontent à des gens qu'ils ne connaissent ni d'Ève ni d'Adam que je suis un parent à eux. Non seulement nous ne sommes pas parents mais je me fiche royalement de ce qu'ils deviennent ; et j'aimerais bien qu'ils respectent mes sentiments. Ma famille, ce sont les Mooneyham. Quant à Armstrong, j'ai l'impression que c'est un nom que je me suis inventé. Voilà comment je le ressens.

Je suis sûr qu'ils ont bien cinquante mille arguments tout prêts pour démontrer que j'avais besoin d'un père et qu'ils ont fait du bon boulot. Moi, je ne suis pas d'accord. C'est ma mère qui m'a tout donné. Tout ce qu'ils m'ont transmis, c'est de la froideur, un manque de confiance.

Pendant les quelques mois qui ont suivi ma sortie du lycée, j'ai traîné mes guêtres à Plano. La plupart de mes camarades ont poursuivi leur chemin dans la filière universitaire de l'État du Texas : mon copain Steve, par exemple, a obtenu sa licence à North Texas State en 1993. Moi, je ne suis jamais allé en fac. À la place, j'ai été champion du monde cette même année. Récemment, les anciens élèves de ma terminale ont fêté leur dixième anniversaire. Je n'ai pas été invité.

À Plano, d'ailleurs, je commençais à ronger mon frein. Je disputais des compétitions aux quatre coins des États-Unis pour une équipe professionnelle co-sponsorisée par Subaru et Montgomery Sports, mais je savais que les épreuves sérieuses se disputaient en Europe ; je sentais que ma place était là-bas. Sans compter que, depuis le sale coup que m'avait fait le lycée de Plano East, j'avais pris la ville en grippe.

Je vivais dans un état de grâce. Je collectionnais les victoires, que ce soit dans les triathlons, les courses à 10 000 dollars ou les critériums du mardi soir sur le petit circuit de Plano. Pour tuer le temps, je traînais du côté du Richardson Bike Mart, le magasin de Jim Hoyt.

Tout jeune, Hoyt avait fait beaucoup de vélo ; envoyé au Vietnam à dix-neuf ans, il avait passé deux ans dans l'infanterie, affecté à des missions épouvantables. À son retour, il n'avait eu qu'une envie, se remettre en selle. Il avait commencé comme distributeur pour Schwinn, et avait ensuite ouvert son propre magasin avec sa femme. Il y a maintenant des années que Jim et Rhonda aident les jeunes coureurs de la région de Dallas en leur fournissant des vélos et de l'équipement, et en leur versant de petits subsides. Hoyt a toujours cru à la vertu de la carotte au bout du bâton. Nous, les mômes, on se disputait ses faveurs en liquide ou en nature, et on appuyait encore plus fort sur les pédales. Pendant toute mon année de terminale, j'ai gagné 500 dollars par mois en courant pour lui.

Il avait un petit bureau à l'arrière de son magasin, où nous allions le retrouver pour bavarder. Les principaux et les proviseurs ne m'avaient jamais beaucoup attiré ; les beaux-pères non plus, d'ailleurs. Mais de temps en temps, je ne crachais pas sur une petite conversation avec Jim. « Je me crève le cul, disait-il, mais au moins je n'ai pas à rougir de moi. Si tu juges les gens en fonction de leur fric, tu vas avoir des paquets de choses à apprendre dans la vie. Parce que moi, j'ai des amis qui sont propriétaires de leur société, et j'en ai aussi qui tondent les pelouses. » Mais Hoyt était dur, il ne fallait pas jouer au plus malin avec lui. J'avais un sain respect pour son caractère.

Un soir, à un critérium du mardi, je me retrouve dans un duel au sprint avec un senior, un type que je n'appréciais pas beaucoup. Dans les derniers mètres, un final au coude à coude, tout d'un coup nos vélos se touchent. On franchit la ligne d'arrivée en se bousculant. On n'était pas encore arrêtés qu'on échangeait des coups. À peine descendus, on roulait l'un sur l'autre dans la poussière. Aidé de quelques autres, Hoyt nous sépare. Tout le monde se payait ma tronche parce que je voulais continuer de régler ça à coups de poing. Mais Hoyt était furieux. Il trouvait ce genre de comportement inadmissible. Il s'est avancé vers moi, il a ramassé mon vélo et il est parti en le poussant à côté de lui. Ça m'a fendu le cœur.

C'était un Schwinn Paramount, une super-machine qui m'avait accompagné à Moscou pour le Championnat du monde, et que j'avais l'intention d'utiliser dès la semaine suivante dans une course par étapes. Un peu plus tard dans la soirée, je suis allé trouver Jim chez lui. Il est sorti dans le jardin.

« Je peux récupérer mon vélo ?

— Non, monsieur. Si tu veux me parler, tu viens demain dans mon bureau. »

J'ai reculé de quelques pas. Il était tellement en colère que j'avais peur qu'il me frappe. Il faut dire qu'il avait plusieurs sujets de mécontentement : il savait à quoi je jouais dans ma Camaro.

Quelques jours plus tard, cette voiture, il me l'a confisquée elle aussi. J'étais fou de rage. Je l'avais payée jusqu'au dernier cent, et elle valait environ 5 000 dollars. D'un autre côté, je l'avais financée en partie grâce aux subventions qu'il m'accordait pour courir pour lui. Mais je n'étais pas très objectif. J'étais bien trop furax. Un type qui confisque une Camaro IROC Z à un gosse de dix-sept ans, c'est normal qu'il se retrouve sur sa liste des mecs à abattre. Voilà pourquoi je ne suis jamais allé voir Jim dans son bureau. Je lui en voulais à mort, et j'avais une trouille bleue de lui.

Nous ne nous sommes plus adressé la parole pendant des années.

J'ai préféré quitter la ville. Après mon premier séjour à Colorado Springs et mon voyage à Moscou, j'ai intégré l'équipe nationale amateurs. Un jour, je reçois un coup de fil de Chris Carmichael, le nouveau directeur. Chris me connaissait de réputation : j'étais tout en force, mais question tactique, j'étais plutôt bouché. Il m'explique qu'il veut injecter du sang neuf dans le cyclisme américain. Aux États-Unis, ce sport stagnait, et il recherchait de jeunes talents. Il me cite les noms de certains jeunes en qui il voit du potentiel, des types comme Bobby Julich et George Hincapie. Il voulait que je fasse partie de la nouvelle équipe. Il termine en me demandant si ça me plairait d'aller en Europe.

Il était temps de quitter la maison.

3.

« C'est avec ma mère ou pas du tout »

La vie d'un « routier », ça consiste à avoir les pieds calés sur ses pédales en moulinant à quatre-vingt-dix tours par minute pendant des heures et des heures, des jours et des jours, à traverser des continents entiers à une vitesse variant de trente à soixante-cinq kilomètres à l'heure. Ça veut dire qu'on a du mal à respirer, qu'on avale des litres d'eau et des barres nutritionnelles sur le vélo parce qu'à un rythme pareil, on sue dix à douze litres et on brûle six mille calories par jour, ça veut dire qu'on ne s'arrête jamais, pas même pour pisser, pas même pour enfiler un imper, parce que rien n'interrompt la bataille à grande vitesse qui se livre au sein du peloton, cette masse grouillante qui file comme l'éclair dans la pluie, peine à l'assaut des montagnes glaciales, dérape sur les chaussées glissantes et encaisse les cahots des pavés, tout en sachant qu'il suffit d'un coureur un peu nerveux — un freinage trop brutal, un coup de guidon trop brusque — pour que tout le monde se retrouve en tas au milieu d'un amas de ferraille tordue et de chairs écorchées.

Je n'avais aucune idée de ce qui m'attendait. Quand je suis parti de chez moi, à dix-huit ans, je croyais que courir, c'était sauter sur la selle et pédaler. Dès mes débuts, on m'a collé le qualificatif de « fougueux » et il ne m'a pas lâché depuis, à juste titre sans doute. J'étais très jeune, j'avais tout à apprendre, et si j'ai dit et fait des choses que je n'aurais pas dû dire ou faire, ce n'était pas par provocation mais tout simplement parce que j'étais texan. « *El toro de Texas* », comme m'avait baptisé la presse espagnole.

Lors de ma première grande course internationale, j'ai fait tout ce que mon coach m'avait recommandé de ne pas faire. C'était aux Championnats du monde amateurs de 1990, à Utsunomiya, au Japon, une course sur route de 185 kilomètres. Le parcours, difficile, comprenait une bosse longue et pénible ; pour compliquer encore les choses, il faisait une canicule terrible, avec des températures dans les trente-cinq, quarante degrés. Je défendais les couleurs de l'équipe américaine amateurs, sous la houlette de Chris Carmichael, ce jeune entraîneur aux cheveux blonds et aux taches de rousseur, que je ne connaissais pas encore très bien... et que je n'écoutais pas.

Chris m'a donné des instructions strictes. Je devais rester en queue de peloton pendant la majeure partie de la course et attendre son signal pour attaquer. Il faisait trop chaud, l'épreuve était trop ardue pour que je roule en première ligne, en plein vent, m'a-t-il expliqué. La stratégie intelligente, c'était de me laisser encadrer et de conserver mon énergie pour la fin.

« Je veux que tu attendes. Je ne veux pas te voir devant, à te prendre tout le vent dans la figure. »

J'ai hoché la tête, et je me suis approché de l'aire de départ. Au premier tour de circuit, j'ai fait comme il m'avait dit, j'ai roulé en queue. Mais après, ç'a été plus fort que moi, j'avais envie de tester mes jambes. J'ai commencé à remonter le peloton. Au deuxième tour, j'ai pris la tête ; au point de chronométrage j'étais loin devant, avec quarante-cinq secondes d'avance. En filant à toute allure devant Chris, je lui ai jeté un coup d'œil. Il avait les bras écartés à l'horizontale, l'air de dire : « Mais qu'est-ce que tu fabriques ? »

Un grand sourire aux lèvres, je lui ai fait les cornes du longhorn texan, majeur et auriculaire tendus en l'air, *Attrape-moi si tu peux*.

Chris s'est mis à hurler au staff de l'équipe : « Mais qu'est-ce qu'il fout ? »

Eh bien c'était tout simple, je courais. Ce coup-là est bientôt devenu légendaire, typique d'Armstrong à ses débuts — n'en faire qu'à sa tête, attaquer en bafouant les règles tactiques les plus élémentaires. J'ai continué en solo pendant les trois tours suivants, et j'ai réussi à prendre environ une minute trente aux autres concurrents. J'étais bien, j'étais content de moi, et puis, peu à peu, je me suis senti incommodé par la chaleur. Sans savoir comment, tout d'un coup je me suis retrouvé avec trente types aux trousses. Nous n'en étions qu'à la moitié de la course, et je souffrais déjà. J'ai essayé de conserver la tête mais je n'avais plus grand-chose sous la pédale. Sapé par la chaleur et l'ascension, j'ai terminé onzième.

C'était néanmoins la première place américaine ; à la fin de la course, Chris avait ravalé sa colère et son mécontentement. Il m'a emmené au bar de l'hôtel boire une bière et bavarder un peu. Je ne savais pas trop quoi penser de Chris. Quand j'avais quitté Plano pour le rejoindre, il avait divisé l'équipe nationale en deux et m'avait placé dans le groupe « B ». Je ne lui avais pas tout à fait pardonné cet affront. Cependant, je ne savais pas encore que ses manières décontractées allaient de pair avec une loyauté fraternelle et une grande sagesse cycliste : il était ancien coureur olympique et, à ses débuts, il s'était frotté à Greg LeMond.

Nous buvions notre Kirin en commentant les événements du jour, qui nous mettaient en joie. Tout d'un coup, Chris est devenu sérieux. Il m'a félicité pour ma onzième place et m'a dit que ma course lui avait bien plu. « Tu n'as pas eu peur de l'échec. Tu n'étais pas là, à trembler en te disant : "Et si je me fais prendre ?" » Son compliment m'a flatté.

Mais ensuite, il a ajouté : « Naturellement, si tu avais su ce que tu faisais, si tu t'étais économisé, tu serais monté sur le podium. »

Et voilà. J'avais fait mieux que tous les Américains qui étaient passés par là avant moi, et Chris me laissait entendre que ce n'était pas assez bien. Avec toute la subtilité dont il savait faire preuve, il me disait que j'avais loupé ma course. Il poursuivait : « Je ne plaisante pas, tu peux faire beaucoup mieux. Je suis persuadé qu'un jour, tu seras champion du monde. Mais il y a du boulot ! »

Il m'a fait remarquer que les grands champions, les Marco Pantani, les Miguel Indurain, étaient tous aussi forts, sinon plus forts que moi : « À ce niveau, tous les types à qui tu vas te mesurer sont bâtis sur le même modèle. » Ce qui ferait la différence, ce serait ma connaissance du sport.

Il fallait que j'apprenne l'art de la compétition ; pour ça, une seule école, le vélo. Cette première année, j'ai dû passer deux cents jours à cavaler sur les routes d'Europe, parce que le véritable test c'était la route : on ne pouvait pas se protéger sur une course de 260 kilomètres. On était à l'arrivée ou on n'y était pas.

Au Texas, j'avais élu domicile à Austin, au cœur d'un pays de collines et de lacs aux rives vert sombre coupées d'à-pics rocailleux, qu'alimentaient les eaux troublées du puissant Colorado. À Austin, tout le monde se fichait de savoir si j'avais adopté le bon code vestimentaire ou si j'avais les bonnes fréquentations. Il n'y avait pas deux personnes habillées pareil, et je connais même certains gros bonnets à qui on aurait volontiers fait l'aumône. Cette ville semblait faite pour les jeunes ; les bars et les boîtes changeaient sans cesse d'enseigne sur la Sixième Rue et, çà et là, entre deux immeubles, fleurissaient des tex-mex où je pouvais me gaver de piments à volonté.

Pour l'entraînement, c'était un endroit plein de ressources, avec ses myriades de chemins carrossables et de petites routes à explorer à des kilomètres à la ronde. J'ai loué un bungalow près du campus de l'Université du Texas, ce qui me convenait parfaitement vu que, même si mon lieu d'apprentissage était le vélo et non la salle de cours, d'une certaine manière j'étais étudiant.

Le cyclisme est un sport complexe, hautement stratégique, un sport d'équipe, contrairement à ce que croit le spectateur et à ce que je croyais moi aussi au départ. Il possède son jargon propre, compilation de divers mots et expressions d'origines diverses, et son éthique aussi. Prenez n'importe quelle équipe : chaque coureur y joue un rôle, et est responsable d'une partie de la course. Les plus lents sont les équipiers, ou « gregarios », parce qu'ils font le boulot obscur qui consiste à « emmener » les autres dans les ascensions — c'est-à-dire, en jargon cycliste, leur couper le vent — et à encadrer leur leader pour lui permettre de triompher des nombreux obstacles qui jalonnent la course par étapes. Le leader est le coureur principal, le cycliste le plus à même de remporter le sprint final alors qu'il a déjà deux cent quarante kilomètres dans les jambes. Il était entendu que je commencerais comme équipier et que je serais peu à peu formé pour devenir leader.

C'est à cette époque-là que j'ai découvert le mot « peloton », par lequel on désigne la meute qui constitue le corps de la course. Pour le spectateur, c'est une masse confuse et colorée qui se déplace en vrombissant ; mais à l'intérieur, ça chauffe, ça cogne — les guidons, les genoux, les coudes —, ça grouille d'intrigues et de magouilles sans frontières. La vitesse du peloton est variable. Elle peut passer de trente kilomètres à l'heure, un petit rythme tranquille qui permet de bavarder, à plus de soixante kilomètres à l'heure, et alors les coureurs se déploient sur toute la largeur de la route. À l'intérieur du peloton, les concurrents se livrent à des négociations sans fin : emmène-moi aujourd'hui, je t'emmènerai demain. Cède un pouce, gagne un pote. Il n'est pas question de faire des concessions qui puissent compromettre nos résultats ou ceux de notre équipe, mais dès qu'on peut, on aide un adversaire en espérant qu'il renverra l'ascenseur.

Pour un jeune, cette politique peut paraître ambiguë et déroutante, pour ne pas dire contrariante. Au début de 1991, j'en ai fait l'apprentissage à mes dépens. Je m'étais fixé comme but de me présenter l'année suivante aux Jeux Olympiques de Barcelone en amateur, et de passer professionnel juste après. Entre-temps, je continuais de courir aux États-Unis pour Subaru-Montgomery. Techniquement, je me partageais entre deux équipes : une amateur, l'Équipe nationale américaine, sous l'égide de Chris Carmichael, pour les épreuves internationales, et une professionnelle, Subaru, pour les épreuves nationales.

En 1991, donc, je défendais les couleurs de l'équipe américaine en Europe quand Chris nous a inscrits à une épreuve prestigieuse, la Settimana Bergamasca, qui se court en Italie du Nord. C'était une course par étapes sur dix jours, qui réunissait les meilleurs mondiaux, professionnels et amateurs confondus, et n'avait jamais été remportée par un Américain. Mais Chris nous avait insufflé un moral d'acier et un esprit d'équipe en béton, et l'espoir de rafler le titre ne nous paraissait pas totalement vain.

Malheureusement, il y avait un point noir. L'équipe Subaru-Montgomery était engagée. J'allais donc courir, dans mon maillot à la bannière étoilée, contre des types en maillot Subaru qui, par ailleurs, étaient mes coéquipiers neuf jours sur dix.

Au début de la course, Nate Reese, un coureur Subaru qui était aussi un ami, a pris la tête du classement général. Mais je roulais bien. J'ai pris la seconde place. J'exultais ; tout allait pour le mieux dans les deux meilleurs des mondes puisque mon copain et moi, on formait le duo de tête. Mais le directeur de l'équipe Subaru ne l'entendait pas de cette oreille. Il n'était pas du tout heureux de me voir prétendre au titre et il me l'a fait savoir. Entre deux étapes, il m'a convoqué pour me dire : « Tu travailles pour Nate. » Je l'ai regardé, incrédule. Il ne voulait tout de même pas que je temporise, que je joue le rôle de gregario pour Nate ? Mais si, c'était exactement ce qu'il avait en tête. Et il l'a précisé : « Je t'interdis d'attaquer. » Il m'a même dit clairement que je devais laisser Nate gagner.

Je soutenais à fond l'équipe nationale. Nous étions les parents pauvres de la course, une équipe de pouilleux logée dans un hôtel minuscule, à trois par chambre, sans le sou. Notre budget était si serré que Chris lavait les bidons tous les soirs pour les recycler, alors que dans les équipes professionnelles, comme Subaru, on les jetait aussitôt consommés. Si je pouvais gagner la Settimana Bergamasca, ce serait une victoire immense pour le programme américain, et pour le cyclisme américain en général. Mais le directeur de Subaru m'ordonnait de me sacrifier.

Je suis allé trouver Chris pour lui dire qu'on m'interdisait de malmener les coureurs de Subaru. Il n'en croyait pas ses oreilles. « Lance, cette course, elle est pour toi. Tu *ne peux pas* ne pas attaquer. La victoire te tend les bras. »

Le lendemain, je n'ai fait aucun cadeau. Imaginez : vous grimpez avec cent autres coureurs dans le peloton. Peu à peu, vous n'êtes plus que cinquante. Un peu plus tard il y en a vingt qui lâchent, puis encore dix. Vous vous retrouvez à quinze ou vingt. C'est la guerre d'usure. Pour corser la difficulté, vous attaquez, vous forcez encore le rythme. Ceux qui ne suivent pas, tant pis pour eux. C'est ça la course sur route.

Et moi, j'étais censé attendre Nate ? Plus j'y pensais, moins je m'y sentais obligé. Je me disais, *s'il en a sous la pédale, tant mieux pour lui. Mais s'il se fait larguer, je ne ralentis pas*. Il s'est fait larguer. Je n'ai pas ralenti.

J'ai roulé dans le groupe de tête, et à la fin de la journée, j'avais le maillot de leader sur le dos. Nate avait perdu une vingtaine de minutes. Les managers de Subaru étaient furieux. Le directeur est venu nous passer une sacrée avoinée, à Chris et à moi. « Non mais, vous vous croyez où ? »

Chris a volé à mon secours : « Hé, on dispute un titre, d'accord ? Il est là pour gagner. »

Je suis reparti complètement déboussolé. D'un côté je me sentais trahi et abandonné par l'organisation Subaru, mais d'un autre côté, j'étais pétri de remords et je ne savais plus à qui devait aller ma loyauté. Ce soir-là, Chris a pris le temps de discuter tranquillement avec moi : « Écoute, si quelqu'un t'interdit d'attaquer, c'est qu'il ne défend pas tes intérêts. La Bergamasca est une course légendaire qu'aucun Américain n'a jamais remportée. Tu affrontes les plus grands professionnels d'Italie ; si tu gagnes, ta carrière est sur une fusée. Et n'oublie pas que tu défends les couleurs des États-Unis. Si tu ne donnes pas le meilleur de toi-même, quel message crois-tu que ça fait passer ? »

À mon avis, le pire de tous. Autant dire : « Désolé, je suis en tête, mais il faut que je laisse la victoire à un autre parce que c'est un professionnel et moi pas. » C'était trop me demander. D'un autre côté, Subaru pouvait tuer dans l'œuf ma carrière professionnelle en démolissant ma réputation.

Chris m'a dit : « Te bile pas. Agis comme tu jugeras bon. Si tu remportes ce titre, tu n'auras plus de souci à te faire pour l'avenir. »

J'avais envie de parler à ma mère. Je ne comprenais rien aux téléphones italiens, je ne savais pas comment appeler les États-Unis, mais j'ai fini par l'avoir.

« Qu'est-ce qui t'amène, Lance ? »

Je lui ai expliqué la situation ; j'étais tellement perturbé que j'en bégayais. « Je ne sais vraiment plus quoi faire, maman. Je suis bien placé, j'ai mes chances, mais Subaru met la pression pour que je laisse la victoire à Nate Reese ; et en plus, il faut que je l'aide ! »

Ma mère m'écoute jusqu'au bout, puis elle me dit :

« Lance, si tu te sens capable de remporter ce titre, tu fais ce que tu as à faire.

— Je m'en sens capable.

— Alors qu'ils aillent au diable. Cette course, tu vas la gagner. Ne te laisse pas intimider. Baisse la tête et fonce. »

J'ai baissé la tête et j'ai foncé. Mais j'étais un pestiféré. Et pas seulement pour Subaru-Montgomery. Les supporters italiens étaient tellement furieux de voir un Américain en tête qu'ils répandaient du verre pilé et des punaises sur la chaussée en espérant la crevaison. Mais au fil des jours, ils m'ont trouvé de plus en plus sympathique ; j'ai franchi la ligne sous leurs acclamations.

Parce que j'ai gagné. Pari tenu : j'avais offert à l'équipe nationale américaine une victoire dans une course européenne. L'équipe baignait dans l'euphorie. Chris aussi. Ce soir-là, quand je suis descendu du podium, il m'a dit quelque chose que je n'ai jamais oublié.

Il m'a dit : « Un jour, tu gagneras le Tour de France. »

Je le répète, le cyclisme est un sport qui, loin de récompenser la jeunesse, la déroute totalement. Comme prévu, je suis passé professionnel juste après les JO de 1992... et j'ai fini bon dernier dans ma toute première course pro.

Ma prestation avait été décevante aux Jeux de Barcelone où j'avais terminé 14e dans l'épreuve sur route. Mais j'avais réussi à impressionner suffisamment l'un des hommes les plus influents du cyclisme américain, Jim Ochowicz, pour qu'il se risque à me faire signer un contrat professionnel. Il était le directeur sportif d'une équipe sponsorisée par Motorola et composée en majorité d'Américains. « Och », comme on l'appelait, était un pionnier du cyclisme : en 1985, il avait fondé la Seven-Eleven, première équipe majoritairement américaine à avoir traversé l'Atlantique, prouvant ainsi que les Américains n'étaient pas ridicules dans ce sport si typiquement européen (l'un des coureurs de l'équipe n'était autre que Chris Carmichael). Un an plus tard, Greg LeMond gagnait le Tour de France et inscrivait cet événement une fois pour toutes dans la conscience collective américaine.

Sachant Och toujours à l'affût de jeunes talents, Chris m'a poussé dans sa ligne de mire. Il nous a présentés un soir, au milieu du Tour DuPont, la plus grande course par étapes des États-Unis. Je suis donc allé voir Och à son hôtel pour une prise de contact qui avait tout de l'entretien d'embauche. Je ne le savais pas encore, mais ce soir-là c'était une figure paternelle que je rencontrais.

La première impression qu'il m'a faite a été celle d'un quadragénaire dégingandé qui ne disait pas un mot plus haut que l'autre, avait le rire facile et un grand sourire plein de dents. Il m'a fait asseoir et on a parlé de mes origines. Il m'a expliqué ce qu'il recherchait chez un coureur : il voulait trouver un Américain capable de rouler dans la trace de LeMond et de gagner le Tour de France. Ses équipes avaient réussi à conquérir plusieurs quatrièmes places, mais jamais le titre.

Ensuite, il m'a demandé quelle était mon ambition. « Je veux être le meilleur coureur de mon temps. Je veux faire une carrière professionnelle en Europe. Je ne veux pas me contenter d'être bon, je veux être le meilleur. » C'était tout ce qu'il avait envie d'entendre. Il m'a tendu un contrat et il m'a expédié en Europe.

Ma première course serait la Clásica San Sebastián. Elle n'avait de classique que le nom ; en réalité, c'était un véritable purgatoire, plus de cent soixante kilomètres en un jour, souvent sur un terrain à vous briser les os et par un temps épouvantable. Une course légendaire où s'exprimait tout l'esprit du cyclisme, mais célèbre pour sa brutalité. Saint-Sébastien est une

magnifique ville côtière du Pays basque ; malheureusement, le jour de mes débuts, il y tombait des cordes
sous un ciel de plomb et il y faisait un froid polaire.
Rien n'est plus inconfortable que de rouler sous la
pluie, parce qu'il est ab-so-lu-ment impossible de se
réchauffer. Le maillot en Lycra n'est guère qu'une
seconde peau, bientôt trempée par la pluie qui vous la
plaque sur le corps si bien que l'humidité glaciale se
mélange à votre sueur et vous pénètre plus vite et plus
sûrement jusqu'à la moelle. Vous avez les muscles qui
s'ankylosent, qui s'alourdissent sous l'effet du froid
mouillé et de l'épuisement.

Ce jour-là, la pluie était si violente qu'elle faisait
mal. Peu après le départ sous ces trombes glacées, je
me suis retrouvé relégué en queue ; au fil des heures,
j'ai eu beau lutter, je grelottais toujours. Bientôt, je
chassais derrière le peloton : j'étais dernier. Devant
moi, la masse des coureurs s'éclaircissait à mesure des
abandons. Régulièrement, je voyais un coureur s'arrêter sur le bord de la route. La tentation était grande de
l'imiter, de serrer les freins, de lâcher le guidon et de
rejoindre le bas-côté en roue libre. Rien de plus facile.
Mais je ne pouvais pas, non, surtout pour ma première
épreuve professionnelle. Quelle humiliation ! Qu'est-
ce que mes coéquipiers penseraient de moi ? Un Armstrong n'abandonnait pas.

Pourquoi tu ne démissionnes pas ?

Mon fils, on ne démissionne jamais.

Il y a eu cinquante abandons ; moi, je pédalais toujours. Je suis arrivé bon dernier sur cent onze. J'ai franchi la ligne d'arrivée avec près d'une demi-heure de
retard sur le vainqueur. J'ai grimpé la dernière côte
sous les huées et les rires des Espagnols. Ils se fou-
taient carrément de moi : « Eh, regarde le dernier, la
tête qu'il fait ! »

Quelques heures plus tard, à Madrid, entre deux avions, je m'effondrais sur un siège et j'envisageais d'abandonner le cyclisme. Je venais de prendre la plus grande claque de ma vie. Je m'étais envolé pour Saint-Sébastien avec l'idée que j'avais une chance de gagner. Et maintenant, je me demandais si j'étais capable de continuer la compétition. On s'était fichu de moi.

Le cyclisme allait être beaucoup plus dur que je l'avais cru ; le rythme était plus soutenu, le terrain plus ardu, les concurrents plus mordus que tout ce que j'avais jamais imaginé. J'ai sorti de ma poche une enveloppe qui contenait plusieurs billets d'avion. Il y en avait un pour les États-Unis ; j'ai été à deux doigts de l'utiliser. J'ai pensé, *peut-être que je ferais mieux de rentrer chez moi et de me reconvertir dans autre chose, un truc où je sois bon.*

J'ai trouvé un téléphone public et j'ai appelé Chris Carmichael. Je lui ai dit que j'étais dans le trente-sixième dessous, prêt à tout laisser tomber. Chris m'a écouté, et puis il m'a dit : « Lance, tu vas récolter plus de fruits de cette expérience que de toutes tes autres courses. » J'avais bien fait de tenir bon et de finir la course, j'avais montré à mes coéquipiers que j'étais un dur. Si je voulais qu'ils puissent compter sur moi, je devais leur prouver que je n'étais pas un dégonflé. C'était fait.

« D'accord, d'accord. Je continue. »

J'ai raccroché, et je suis monté dans l'avion. Destination : la compétition suivante. Après deux jours de repos, j'étais engagé dans le Championnat de Zurich. J'avais encore tout à prouver, à moi-même et aux autres ; cette fois, il n'était pas question de terminer dernier, même si je devais me faire exploser le cœur.

J'ai fini deuxième. J'avais attaqué dès le départ et je

suis resté en attaque pendant pratiquement toute la course. Je n'avais que de très vagues notions de tactique. Je me suis contenté de baisser la tête et j'ai foncé comme un taureau, cornes en avant. Je suis monté sur la deuxième marche du podium davantage soulagé que triomphant. *Bon*, je me disais, *tout compte fait, je ne suis pas si nul que ça*.

J'ai appelé Chris Carmichael. Il m'a dit : « Tu vois ? » En l'espace de quelques jours, le jeune bleu déprimé était devenu un concurrent de plein droit. Cette volte-face n'a pas été sans provoquer des murmures dans le monde du cyclisme : *qui c'est ce type, qu'est-ce qu'il a dans la tête ?*

Ces questions, c'était à moi d'y répondre.

Un Américain qui a des prétentions en cyclisme est comparable à une équipe de base-ball française engagée dans la Coupe du Monde. Je déboulais comme un intrus dans un sport consacré, en n'ayant qu'une très vague idée de ses règles, explicites ou tacites, ou de sa déontologie. Disons, pour simplifier, que mes manières de Texan ne passaient pas très bien sur le vieux continent.

Il y avait un monde entre les intrigues discrètes du cyclisme européen et la conception de la compétition — « grande gueule », rouleuse de mécaniques — dans laquelle j'avais été élevé. Comme la plupart des Américains, j'avais grandi sans même savoir que le cyclisme était un sport. Ce n'est qu'après la victoire de LeMond, sur le Tour 86, que j'ai commencé à en prendre conscience. Et ce sport obéissait à des codes, à des attitudes que je ne comprenais pas et que, même quand j'ai fini par les comprendre, je ne me suis jamais senti obligé de respecter. Au contraire, je les ai toujours ignorés.

Je courais avec insolence. Avec une impudence totale. Je paradais, je me vantais, je brandissais le poing. Je ne retirais jamais ce que j'avais dit. Les journalistes m'adoraient ; j'étais différent, je faisais couleur locale, ils en jouaient. Mais je ne me faisais pas que des amis.

Une route, ça fait tant de large et pas plus. Les coureurs ne restent jamais à la même place, ils se battent pour prendre telle ou telle roue, et la tactique la plus payante consiste souvent à laisser la place convoitée à un autre. Dans une longue course par étapes, il suffit de rendre un petit service pour se faire un allié, et un allié ça peut s'avérer utile par la suite. « Cède un pouce, gagne un pote. » Mais moi, je refusais de jouer ce jeu-là. En partie à cause de mon caractère. À l'époque, je manquais d'assurance, j'étais sur la défensive, je n'avais pas entièrement confiance en ma forme physique. J'étais toujours le kid rebelle de Plano qui se vengeait des injustices sur son pédalier. Je ne pensais pas pouvoir me permettre de céder trois pouces.

Parfois, j'étais tellement frustré que je me mettais à gueuler contre les autres. À la moindre ouverture dans le peloton, j'y allais, en criant : « Avance ou casse-toi de mes roues ! » Je ne comprenais pas encore qu'on peut avoir des tas de raisons pour rester en queue : on peut choisir d'y rouler avec son leader, pour l'accompagner, ou encore souffrir de la fatigue ou d'une blessure. Personne n'était obligé de me céder sa place, ou de pédaler plus fort pour me permettre d'avancer. Aujourd'hui, je me suis calmé. Souvent, c'est moi qui roule en queue, parce que j'ai besoin de me reposer.

J'allais découvrir qu'à l'intérieur du peloton les

autres coureurs peuvent complètement vous casser, uniquement pour vous empêcher de gagner. La « mafia » peut se liguer contre un type simplement pour le coincer. Elle est très puissante dans le peloton.

Il y avait des types qui s'amusaient à ça juste pour le plaisir. Le seul but de leur course était de m'empêcher de gagner, tout bonnement parce qu'ils ne pouvaient pas me blairer. Ils pouvaient me barrer la route, m'isoler, me ralentir, ou encore ils pouvaient accélérer, durcir le rythme pour m'obliger à peiner et m'affaiblir. Heureusement, j'étais entouré de quelques coéquipiers qui m'avaient pris sous leur aile, des types comme Sean Yates, Steve Bauer et Frankie Andreu, qui ont essayé de m'expliquer gentiment que je causais du tort à tout le monde, à moi comme à eux. « Lance, il faut que tu arrives à te contrôler, tu te fais des ennemis », me disaient-ils. Apparemment, ils comprenaient que j'avais besoin de mûrir ; si je les exaspérais, ils ne me l'ont jamais montré et ils ont eu la patience de me guider dans la bonne voie.

Les coéquipiers, c'est crucial en cyclisme. J'en avais huit dans l'équipe Motorola, et chacun d'entre eux m'était précieux. Dans une ascension difficile, je pouvais économiser trente pour cent de mon énergie en m'abritant derrière l'un ou l'autre, en me calant dans sa roue. Ou encore, par grand vent, ils se déployaient tous les huit en paravent devant moi et m'épargnaient cinquante pour cent du travail que j'aurais dû fournir sans eux. Dans chaque équipe, il faut des sprinters, des grimpeurs, et des types prêts à faire le sale boulot. Il est très important de savoir reconnaître la contribution de chacun... et de ne pas la gaspiller. « Qui veux-tu qui ait envie de bosser pour un type incapable de gagner ? » m'a demandé Och un jour. Bonne question.

On ne gagne pas une course seul, mais avec le concours des autres — et aussi grâce à la bonne volonté et à la coopération des concurrents. On ne gagne que si les autres ont envie de rouler pour soi, et avec soi. Mais pendant ces premiers mois de course, je me suis fait quelques ennemis qui n'avaient qu'une envie : me tomber dessus à bras raccourcis.

J'insultais de grands champions européens en me comportant comme si j'ignorais tout de leur palmarès, ou comme si je m'en fichais éperdument. Dans l'une de mes premières courses pro, le Tour méditerranéen, je me suis mesuré à Moreno Argentin, un Italien très sérieux et très respecté. Cet ancien champion olympique qui avait gagné des courses aux quatre coins du continent faisait figure de doyen. Mais moi, j'ai remonté le paquet de cent cinquante coureurs occupés à leurs marchandages, leurs intrigues, leurs bousculades et leurs vacheries, et je me suis placé dans le duo de tête pour le plaisir de défier Argentin.

Quand il m'a aperçu à sa hauteur, il m'a regardé du coin de l'œil, vaguement surpris, et il m'a lancé : « Qu'est-ce que tu fais là, Bishop ? »

Alors là j'ai vu rouge. Ce type ne connaissait pas mon nom, il me prenait pour Andy Bishop, un autre membre de l'équipe américaine. Je me suis dit, quoi, il ne sait même pas comment je m'appelle ?

Aussi sec, je lui crie : « Va te faire foutre, Chiapucci ! » Chiapucci était un de ses coéquipiers.

Stupéfait, Argentin me regarde, de plus près cette fois. Ce mec, c'était le *capo*, le chef, à ses yeux j'étais un petit morveux sans visage, un Ricain qui devait commencer par montrer patte blanche, et voilà que je lui balançais des injures en pleine figure. Mais aussi, j'avais obtenu quelques résultats prometteurs et j'étais vexé qu'il ne sache pas qui j'étais.

J'en remets une couche : « Hé, Chiapucci, moi c'est Lance Armstrong. D'ici la fin de la course mon nom te dira quelque chose. »

À partir de ce moment, j'ai couru obnubilé par une idée fixe : le déboulonner de son piédestal. Il n'a pas décoléré de toute la journée. Vers la fin, il m'a largué. C'était une course par étapes sur cinq jours ; le rythme était trop soutenu pour moi, je manquais d'expérience. Après, Argentin est venu trouver mon équipe. Il hurlait contre nous en disant que mon comportement était inadmissible. Ça aussi faisait partie du code de bonne conduite : quand un jeune coureur semait la zizanie, c'était aux aînés de le faire rentrer dans le rang. Grosso modo, le message d'Argentin c'était : « Apprenez-lui les bonnes manières. »

Quelques jours plus tard, j'ai disputé une classique italienne, le Trophée Laigueglia. Argentin était donné vainqueur, et je le savais. Dans toutes les courses italiennes, naturellement, les Italiens partaient favoris. À plus forte raison quand Argentin courait. S'il y avait une chose à ne jamais faire, c'était contester l'autorité d'un coureur chevronné dans son propre pays, devant ses supporters et ses sponsors. Moi, il a fallu que j'attaque. Je l'ai défié là où personne n'osait, cette fois avec un résultat différent : au Trophée Laigueglia, j'ai gagné le duel.

Vers la fin de la course, on avait été quatre à se dégager : moi, Argentin, Chiapucci et un certain Sierra, un Vénézuélien. Au sprint, j'ai tout donné. Premier. Argentin n'en croyait pas ses yeux : lui, perdre derrière l'Américain fort en gueule ? Alors, il a fait une chose dont je me souviens encore : à cinq mètres de la ligne d'arrivée, il a freiné. Il a bloqué ses roues, exprès. Il s'est classé quatrième, évitant la médaille.

Argentin refusait de monter sur le podium à côté de moi. Bizarrement, ça m'a fait beaucoup plus d'impression que s'il m'avait sermonné ou envoyé un direct à la mâchoire. À sa manière, il me disait tout son mépris. C'était une insulte d'une élégance exquise, une leçon que je n'oublierais pas de sitôt.

Depuis, au fil des années, j'ai appris à aimer l'Italie, le raffinement de ses manières, de son art, de sa nourriture, de sa langue, et aussi son grand cycliste Moreno Argentin. Moreno et moi sommes même devenus amis. J'ai beaucoup d'affection pour lui ; quand on se retrouve, on tombe dans les bras l'un de l'autre, à l'italienne, en riant haut et fort.

Mes résultats oscillaient toujours d'un extrême à l'autre, suivant une sinusoïde aussi folle que ma trajectoire dans le peloton. J'attaquais n'importe quand. Tout d'un coup je partais. Il suffisait qu'un coureur surgisse pour que je le contre pour le plaisir de contrer, pas par tactique mais simplement pour dire : C'est tout ce que t'as dans le ventre ?

Je raflais des médailles parce que j'avais de la puissance, et que je profitais de la tactique et de la protection des autres, mais la plupart du temps j'étais trop agressif, je répétais l'erreur critique que j'avais commise au Japon, avec Chris Carmichael. Je chargeais, je prenais la tête pendant quelque temps, et puis je m'effondrais. Il m'arrivait parfois de ne même pas terminer dans les vingt premiers. Après, mes coéquipiers me disaient : « Mais qu'est-ce que t'as fichu, bon Dieu ? » Et je répondais, penaud : « J'avais la pêche. »

J'avais la chance d'être chapeauté par deux coaches pleins d'intelligence et de tact : en même temps que je continuais de m'entraîner avec Chris chez les amateurs, Och et son directeur d'équipe, Henny Kuiper, avaient pris en main ma carrière professionnelle chez Motorola. Ils passaient des heures au téléphone, à comparer leurs notes. Ils étaient d'accord sur un point important : une puissance comme la mienne, c'était inné, ça ne s'enseignait pas, ça ne s'entraînait pas. Un coureur peut apprendre à contrôler sa force, mais pas à l'acquérir.

Ils subodoraient que si mon agressivité me valait des inimitiés à l'intérieur du peloton, elle pouvait s'avérer un atout précieux par la suite. Och et Chris étaient d'avis que, pour gagner une course d'endurance, il fallait non seulement savoir souffrir mais savoir faire souffrir. Dans ma nature d'attaquant, ils flairaient les frémissements d'un instinct de prédateur. « T'as jamais entendu dire qu'un type qui en poignarde un autre, il le fait du fond des tripes ? m'a dit Chris un jour. Eh bien, une course cycliste c'est pareil. Te fais pas d'illusions. C'est un combat à l'arme blanche. »

Och et Carmichael se disaient que si j'arrivais à aplanir mes sautes d'humeur, le cyclisme devrait compter avec moi un jour. Entre-temps ils me maniaient avec des pincettes, parce qu'ils avaient senti que s'ils se mettaient à me crier après, je risquais de décrocher... ou de ruer dans les brancards. Ils se sont mis d'accord sur une technique : me faire entrer les leçons dans le crâne tout doucement.

Certaines choses s'apprennent mieux par l'expérience ; Och et Chris m'ont laissé faire ces expériences. Au début, j'étais incapable de dresser le bilan d'une course. Pour moi, ça se résumait à : J'ai été le meilleur ; ils n'ont pas pu me suivre. Mais après avoir connu plusieurs échecs, j'ai bien été obligé de prendre du recul. Et enfin, un jour, je me suis dit : Tiens, tiens.

Si j'étais le meilleur, comment se fait-il que je n'aie pas été le premier ?

Lentement mais sûrement, Och et Chris m'ont transmis leur connaissance des épreuves et de leur spécificité, leur savoir sur l'évolution tactique d'une course. « À certains moments, tu peux dépenser ton énergie à ton profit, mais à d'autres, tu te fatigues en pure perte », m'a dit Och.

Peu à peu, j'ai écouté les autres coureurs, j'ai accepté de me laisser guider par eux. Je partageais les chambres de Sean Yates et de Steve Bauer, deux anciens qui avaient une énorme influence sur moi. Je me nourrissais de leurs conseils, j'emmagasinais tout ce qui se disait autour de la table de la salle à manger. Ils m'ont aidé à garder les pieds sur terre. J'étais tout fou, je sautais, je rebondissais sur les murs, je disais : « Allez, qu'est-ce qu'on attend ? On leur met la dérouillée du siècle ! » Et ils levaient les yeux au ciel.

Och ne s'est pas contenté de me dompter, il m'a éduqué, ce qui est plus important. En Europe, où je passais sept mois par an, je ne me sentais pas chez moi. Ma bière Shiner Bock et ma nourriture tex-mex me manquaient, les champs calcinés du Texas me manquaient, mon appartement d'Austin me manquait, où un crâne de longhorn surplombait la cheminée, recouvert de cuir aux couleurs du drapeau américain, avec l'Étoile blanche solitaire, symbole du Texas, sur le front. Je me plaignais de tout, des voitures, des hôtels, de la bouffe. Je gémissais : « Pourquoi tu nous fais descendre dans ce bouge ? » Je découvrais une autre tradition du monde du cyclisme : ce sport inconfortable l'est jusque dans la chambre. Nous descendions parfois dans des hôtels à côté desquels un Motel 6 aurait fait figure de palace, avec miettes sur le parquet et cheveux collés aux draps. La viande était un mystère, la *pasta* détrempée et le café du jus de chaussettes. Mais j'ai fini par m'acclimater, en partie grâce à mes coéquipiers. C'était devenu une plaisanterie entre nous : on s'arrêtait devant un hôtel et ils guettaient le moment où j'allais me mettre à rouspéter.

Avec le recul, quand je repense au jeune homme brut de fonderie que j'étais sur la selle et dans la vie, je le trouve agaçant mais sympathique aussi. Sous les mots durs, la combativité et les coups de vache, j'avais peur. J'avais peur de tout. J'avais peur des horaires de train, des aéroports, des routes. J'avais peur des téléphones, parce que je ne savais pas m'en servir. Et j'avais peur des menus des restaurants, parce que je ne savais pas les lire.

Un soir, à un dîner qu'Och donnait pour des hommes d'affaires japonais, je me suis particulièrement distingué. Och avait demandé aux coureurs de se lever chacun son tour pour se présenter, nom, pays, etc. Je me lève, et, d'une voix tonitruante : « Salut, moi c'est Lance, du Texas ! » Toute la tablée éclate de rire. Et voilà. Encore une fois, on se payait ma tronche.

Inévitablement, au contact de l'Europe, mes angles ont commencé à s'arrondir. J'ai loué un appartement près du lac de Côme, séduit que j'étais par la ville nichée au creux des Alpes, ses poussières et ses brumes. Och était grand amateur de vin : à table, il m'a éduqué le goût et j'ai appris à apprécier le bon vin et les mets raffinés. Je me suis découvert un don pour les langues. Je commençais à baragouiner l'espagnol, l'italien et le français, et j'arrivais même à faire une ou deux phrases en néerlandais s'il le fallait. J'ai fait du lèche-vitrines dans les rues de Milan, et j'ai compris à quoi ressemblait un costume qui a de la classe. Un

après-midi, je suis entré dans la cathédrale : en un instant, toutes mes idées sur l'art se sont évanouies pour
toujours. J'ai été bouleversé par les couleurs, les proportions, l'immobilité grise des voûtes, les lueurs
chaudes et parcheminées des bougies et des envolées
de vitraux, l'éloquence des sculptures.

L'été approchait, je mûrissais. À vélo, les choses
commençaient à se mettre en place et moi à rouler avec
plus de régularité. « Tu vois, ça vient », me disait Och.
Et en effet, ça venait. Un sponsor américain, Thrift
Drugs, a doté d'une prime d'un million de dollars la
Triple Crown of Cycling, une série de trois courses
prestigieuses sur le territoire américain. Je me suis
focalisé dessus. Les épreuves étaient très différentes :
la première, très ardue, était une course d'un jour qui
se déroulait à Pittsburgh ; la deuxième était une course
par étapes sur six jours en Virginie, et la troisième
n'était autre que les Championnats professionnels des
États-Unis, une course sur route de deux cent cinquante
kilomètres autour de Philadelphie. Pour gagner, il fallait une endurance à toute épreuve. Les organisateurs
le savaient. Seul un athlète complet avait ses chances,
car le trophée exigeait de réunir des qualités de sprinter, de grimpeur et de routier, mais surtout d'être fiable
d'un bout à l'autre, chose dont je n'avais jamais été
capable.

Tous autant que nous étions, nous parlions sans arrêt
de l'espoir de gagner cette prime, pour aussitôt nous
raviser : l'enjeu était inaccessible. Mais un soir où
j'étais au téléphone avec ma mère, elle m'a demandé :
« Quelles sont tes chances de remporter ce truc ?

— Pas négligeables. »

Dès juin, j'avais raflé les deux premiers titres ; la
presse devenait dingue et les organisateurs s'arra-

chaient les cheveux. Il ne me restait plus que le Championnat professionnel des États-Unis, mais là, avec cent dix-neuf cyclistes prêts à me mettre des bâtons dans les roues, ce serait une autre paire de manches. On attendait cinq cent mille spectateurs sur le parcours : beaucoup de sensations fortes en perspective.

La veille, j'ai appelé ma mère pour lui demander de venir me rejoindre à Philadelphie. Avec un préavis aussi court, son billet d'avion lui coûterait près de 1 000 dollars aller-retour ; mais elle l'a pris comme elle aurait acheté un billet de loterie, en se disant que si jamais je gagnais et qu'elle n'était pas venue, elle le regretterait toute sa vie.

J'étais résolu à courir intelligemment, sans charger bille en tête. Je me suis dit, *représente-toi la course mentalement*.

C'est ce que j'ai fait pendant presque toute la journée. Et puis, à trente kilomètres de l'arrivée, je suis parti. J'ai attaqué dans la côte réputée la plus pénible du parcours, Manayunk, la rage au ventre. Je ne sais pas très bien ce qui s'est passé, hormis que je me suis levé de la selle et que j'ai appuyé comme un dingue sur les pédales en criant pendant cinq bonnes secondes. Tout de suite, j'ai creusé un écart important.

Arrivé à deux tours de la fin, j'avais pris assez de temps aux autres pour pouvoir envoyer un baiser à ma mère. J'ai gagné avec l'avance la plus importante de l'histoire de la course. Je suis descendu de vélo dans une marée de reporters, mais je m'en suis dégagé, j'ai foncé droit sur ma mère ; tous les deux, nous nous sommes étreints en pleurant.

Cette épreuve a marqué le début d'une saison de rêve. Ensuite, j'ai créé l'événement en m'adjugeant une étape du Tour de France, entre Châlons-sur-Marne

et Verdun. Au bout des 182 kilomètres, je me suis
échappé du peloton et j'ai fini les cinquante derniers
mètres au sprint. J'ai failli m'écraser contre les bar-
rières. Une étape du Tour était considérée comme une
victoire extrêmement valable en soi ; à vingt et un ans,
j'étais devenu le plus jeune vainqueur d'étape.

Mais pour vous donner une idée de l'expérience que
requiert le Tour de France, j'ai abandonné deux jours
plus tard, après la 12e étape, alors que je tenais la
97e place. Je grelottais. Les Alpes ont eu raison de
moi ; elles étaient « trop longues et trop froides », ai-
je dit ensuite aux journalistes. J'avais pris tellement
de retard que, quand j'ai franchi la ligne d'arrivée, le
véhicule de l'équipe était déjà parti pour l'hôtel et j'ai
dû rentrer à pied, en poussant mon vélo sur un chemin
caillouteux. « Comme si ce n'était pas assez éreintant,
en plus il faut se grimper ce truc-là. » Physiquement,
je n'étais pas encore assez mûr pour assurer les étapes
de montagne.

Pourtant, il m'arrivait encore de piaffer d'impatience. Je roulais malin pendant quelque temps, et tout
d'un coup je récidivais. Je n'arrivais pas à me fourrer
dans le crâne que pour gagner, il fallait ralentir. J'ai
mis un moment à accepter l'idée qu'il ne fallait pas
confondre patience et faiblesse, et qu'obéir à une tactique ne voulait pas dire donner moins que ce que
j'avais à donner.

À une semaine seulement des Championnats du
monde, j'ai commis une erreur typique au Grand Prix
de Zurich : je me suis dépouillé avant même d'attaquer
la section critique de la course. Encore une fois, j'ai
terminé loin derrière, pas même dans les vingt premiers. Och aurait pu me tomber dessus. Au lieu de
quoi, il a passé les deux jours suivants avec moi à

Zurich, il a enfourché son vélo et il a accompagné mon entraînement. Les Championnats du monde d'Oslo étaient à sept jours de là, et Och était certain que je pouvais monter sur la première marche du podium... à condition de courir avec ma tête. Tout en roulant, on bavardait ; il m'a calmement expliqué comment me maîtriser.

« Tu n'as qu'une chose à faire : attendre. At-ten-dre. Deux ou trois tours avant la fin, c'est bien assez tôt pour attaquer. Si tu te défonces avant, tu es sûr de gâcher toutes tes chances. Mais à deux ou trois tours, tu peux attaquer autant de fois que tu veux. »

Aux Championnats du monde, il n'y avait que des champions. J'allais me mesurer à de grosses pointures, au top de leur condition ; le favori était Miguel Indurain, qui venait d'engranger sa troisième victoire sur le Tour de France. Si je voulais gagner, je devrais aussi battre des records historiques : aucun coureur de mon âge n'avait jamais remporté de grand titre.

À quelques jours de la course, j'ai appelé ma mère pour lui demander de venir me rejoindre. Je ne me sentais pas la force d'affronter ça tout seul, et j'avais toujours pu puiser en elle réconfort et confiance en moi. Je voulais aussi qu'elle me voie courir en si prestigieuse compagnie. Elle a pris quelques jours de congé chez Ericsson et elle a sauté dans l'avion pour venir partager ma chambre d'hôtel.

Elle s'occupait de moi comme quand j'étais petit. Elle lavait mes affaires dans le lavabo, veillait à ce que je mange ce que j'aimais, répondait au téléphone, protégeait mon sommeil. Je n'avais pas besoin de parler cyclisme avec elle, ni de lui expliquer ce que je ressentais, elle pigeait tout. Plus nous nous rapprochions du jour J, moins j'étais bavard. Je me renfermais sur moi-même, planifiant ma course dans ma tête. Elle, elle lisait à la lumière d'une petite lampe pendant que je contemplais le plafond ou que je faisais un somme.

Le jour tant attendu est arrivé ; je me suis réveillé avec la pluie. En ouvrant les yeux, la première chose que j'ai vue c'était la pluie qui ruisselait sur les vitres. La pluie détestée, redoutée, source de supplice et de honte à San Sebastian.

Il a plu à torrents, toute la journée. Mais si quelqu'un a souffert plus que moi ce jour-là, ç'a été ma mère. Elle est restée dans la tribune d'honneur sept heures d'affilée, sans quitter son siège. On avait installé un écran géant juste en face pour permettre aux occupants d'assister aux 184 kilomètres de course, et elle est restée là, trempée comme une soupe, à regarder les coureurs tomber les uns après les autres.

Quand il pleut en Europe, les routes se couvrent d'une pellicule grasse, mélange de poussière et d'hydrocarbures. Les concurrents giclaient, à droite, à gauche, leurs roues se dérobant sous eux. Moi aussi je suis tombé, deux fois. Mais je me suis relevé rapidement, je suis remonté sur ma selle et j'ai repris la course, qui ne s'arrêtait jamais.

Toute la journée, j'ai attendu, attendu. J'ai suivi à la lettre les conseils d'Och, je me suis retenu. À quatorze tours de la fin, je remonte dans le groupe de tête, et qui je vois, Indurain, l'Espagnol plein de bravoure. Enfin — il restait encore deux côtes avant l'arrivée —, j'y vais. Je fonce à l'assaut de la bosse et j'arrive en haut avec une roue d'avance. On déboule dans la descente, on réattaque une deuxième bosse, une côte raide qui s'appelle l'Ekeberg ; les autres me collent à la roue. Je me dis : Bon, c'est maintenant ou jamais. J'y vais à fond. Je me lève sur la selle, et cette fois je creuse l'écart.

L'autre versant de l'Ekeberg était une descente longue et dangereuse ; en quatre kilomètres sous la pluie tout pouvait arriver, mes roues pouvaient déraper sous moi d'un instant à l'autre. Je décide de prendre les virages serré, sans ralentir. Arrivé en bas, je jette un coup d'œil par-dessus mon épaule pour voir qui est resté dans ma roue.

Personne.

Je panique. Affolé, je me dis, *ça y est, t'as encore refait la même bêtise, t'es parti trop tôt.* J'avais dû me tromper en comptant les tours, il en manquait sûrement encore un, parce qu'une avance comme ça c'était trop beau pour être vrai.

D'un coup d'œil, je vérifie mon ordinateur de bord. C'était bien le dernier tour. Je ne m'étais pas trompé !

La victoire était là.

Il restait encore sept cents mètres mais j'ai commencé à m'éclater : mouvements de piston avec les poings, bras en l'air, baisers, saluts à la foule. J'ai franchi la ligne en lançant des coups de pied à la lune. Enfin, j'ai freiné, j'ai mis pied à terre. Avant toute chose, j'ai cherché ma mère des yeux dans la foule. On est tombés dans les bras l'un de l'autre, sous les trombes d'eau. J'ai posé ma tête sur ses épaules en lui disant : « On a gagné ! On a gagné ! » et on s'est mis à pleurer.

À un moment, au milieu du chaos, de la fête, des cérémonies qui suivent la course, le maître de parade s'est présenté devant moi pour m'informer que le roi Harald de Norvège tenait à me féliciter personnellement. J'ai hoché la tête en disant : « Viens, maman, je vais te présenter au roi. »

Elle : « Bon, d'accord. »

Et on commence à franchir les barrages de sécurité jusqu'à une porte derrière laquelle le roi devait m'accorder une audience privée. Un garde nous arrête : « Il va falloir qu'elle vous attende ici. Le roi vous verra seul. » Je lui réponds : « C'est avec ma mère ou pas du tout. »

J'attrape le bras de Linda et je tourne les talons. « Allez viens, on s'en va. » Ce n'était pas du bluff. J'étais bien décidé à n'aller nulle part sans elle.

Le garde s'est radouci, il nous a rattrapés. « Bon, bon, d'accord, veuillez me suivre. » Et nous avons vu le roi, qui est un homme exquis. Notre échange, très courtois, n'a duré que quelques minutes. Sitôt terminé, nous sommes retournés faire la fête.

Oslo a marqué la fin de quelque chose, pour ma mère et pour moi. Nous venions de franchir la ligne d'arrivée. Le plus dur du combat était derrière nous ; il n'y aurait plus personne pour nous saper le moral ou pour nous seriner que nous n'arriverions jamais à rien, nous n'aurions plus à nous soucier des factures, à racler les fonds de tiroirs pour acheter l'équipement et les billets d'avion. Peut-être était-ce la fin de la longue, la pénible ascension qu'est l'enfance.

Bien que champion du monde, j'avais encore des tas de choses à apprendre. J'ai passé les trois années suivantes à me tester, à me peaufiner. J'ai remporté d'autres victoires, mais désormais ma vie allait être une suite de petites améliorations ajoutées les unes aux autres, une recherche de l'infime écart qui me distinguerait des autres coureurs d'élite.

Je devrais apprendre la science de vaincre. Le spectateur voit rarement l'aspect technique du cyclisme.

Derrière le superbe fondu arc-en-ciel du peloton, se cache la réalité terre à terre : le cyclisme est un sport calibré au millimètre ; une course se gagne souvent grâce à l'accélération minime générée dans un laboratoire de performances ou une soufflerie, ou encore sur un vélodrome, longtemps, très longtemps avant le départ. Les cyclistes sont des esclaves de l'électronique ; on hésite devant les calculs précis de cadence, d'efficacité, de force, de puissance. Je passais mon temps les fesses sur un vélo d'appartement, le corps hérissé d'électrodes, à rechercher différentes positions pour gagner des demi-secondes, ou à essayer un équipement un poil plus aérodynamique.

Quelques semaines seulement après Oslo, je me suis rendu dans un laboratoire de performances à l'Olympic Training Center de Colorado Springs avec Chris Carmichael. Malgré mon année fantastique, j'avais des points faibles criants. J'ai passé plusieurs jours au labo, le corps toujours hérissé d'électrodes et percé d'aiguilles par des médecins qui n'arrêtaient pas d'analyser mon sang. Le principe était de connaître mes différents seuils et points de rupture, de façon à augmenter mon efficacité sur la selle. On a mesuré mon rythme cardiaque, mes VO_2 max, et on m'a piqué quinze fois le pouce en une seule journée.

Le but était de déterminer où se situait mon meilleur effort maximum, et combien de temps je pouvais le soutenir. Pour ça, il fallait connaître ma cadence optimale : quelle était ma vitesse de pédalage la plus efficace, où étaient les faiblesses de ma technique, les temps morts où je gaspillais de l'énergie. J'avais un coup de pédale symétrique et vertical, véritable coup de marteau du forgeron. Je me dépensais trop pour le rendement vitesse que j'en tirais. Nous sommes allés sur un vélodrome pour mieux examiner ma position sur la selle et voir où je perdais des watts, le principe étant de générer le maximum de vitesse grâce au minimum d'effort. Le nombre de watts développés indique la quantité de travail fournie pour actionner le pédalier. Il a suffi de baisser la selle pour améliorer aussitôt mon coup de pédale.

C'est à peu près à cette époque que j'ai rencontré le légendaire cycliste belge Eddy Merckx, cinq fois vainqueur du Tour de France, l'un des attaquants les plus féroces de toute l'histoire du cyclisme. Je connaissais tout ce qu'on racontait sur lui, je savais qu'il était admiré pour son courage et sa pugnacité, et j'avais envie de devenir quelqu'un comme lui. Je ne voulais pas simplement gagner, je voulais gagner dans un certain style. Nous sommes devenus amis. Eddy m'a dit que j'avais le potentiel pour gagner le Tour de France un jour... à condition de maigrir. J'étais bâti comme un pilier de rugby, et mes débuts comme nageur et triathlète m'avaient façonné un cou de taureau et des pectoraux comme des plaques de schiste. Eddy m'a expliqué que tous ces kilos, c'était lourd à tirer jusqu'au sommet des cols pendant trois semaines de rang. Moi qui ne savais pas courir autrement que sur mes réserves brutes, si je voulais gagner un Tour de France, il faudrait que je perde du poids sans perdre ma puissance. J'ai abandonné les pâtisseries et le tex-mex, et j'ai compris qu'il me faudrait trouver une nouvelle force, cette force intérieure qu'on appelle autodiscipline.

En 1995, je n'avais toujours pas couru un Tour de France complet ; quelques étapes seulement. Mes coaches ne me jugeaient pas prêt, et ils avaient raison. Je n'avais encore ni le physique ni le mental pour endurer les souffrances du Tour. Un jeune coureur

devait être guidé pas à pas tout au long de cette préparation, évoluer sur plusieurs années, jusqu'au moment
où il avait acquis l'étoffe nécessaire pour finir la
course, et la finir sans s'esquinter. Je faisais des progrès réguliers : en 1994, j'ai terminé second sur Liège-
Bastogne-Liège, second à San Sebastian, second au
Tour DuPont. Début 1995, je remportais San Sebastian
et le Tour DuPont. Och me sentait enfin prêt à passer
au cran supérieur. Sur le Tour de France, il voulait me
voir non seulement au départ, mais aussi à l'arrivée. Il
était temps que j'apprenne exactement ce qu'il fallait
avoir dans le ventre pour disputer la plus grande course
à étapes du monde.

J'avais la réputation d'être un coureur d'un jour : si
on me montrait la ligne de départ et qu'on me laissait
aller au coude à coude, je gagnais en carburant à
l'adrénaline et à la rage de vaincre, fauchant mes
concurrents comme la tempête les arbres. Mon seuil
de tolérance à la douleur était inégalable, et j'aurais
massacré un leader pour prendre sa place.

Mais le Tour, c'est une tout autre histoire. Qu'on
s'avise de courir comme ça le Tour de France, et c'est
l'abandon au bout du deuxième jour. Il faut voir loin.
Le Tour, c'est l'art de puiser dans les bonnes ressources au bon moment, l'art de distiller ses forces
patiemment, au dosage adéquat, pas plus, sans gaspiller
son énergie. C'est l'art de rouler et rouler et rouler,
même si on n'en a pas envie, même si on n'a plus une
goutte d'adrénaline dans le sang pour se donner un peu
d'allant.

Si je devais définir ce qui fait la différence entre un
homme et un gamin, je dirais que c'est la patience. En
1995, j'avais enfin compris tout ce que le Tour exige
de nous, toutes les extraordinaires épreuves et les dan-

gers auxquels il nous soumet. Je l'ai terminé, et je l'ai terminé honorablement puisque j'en ai gagné l'une des dernières étapes. Mais j'ai acquis cette sagesse à un prix exorbitant que j'aurais préféré ne jamais avoir à payer.

Vers la fin de la course, l'un des équipiers Motorola, Fabio Casartelli, le champion olympique de Barcelone en 1992, s'est tué dans une descente vertigineuse. On descend en file indienne ; si le coureur de devant tombe, ça peut provoquer une réaction en chaîne catastrophique. Fabio n'est pas tombé seul, mais avec vingt autres coureurs. Malheureusement, sa nuque a heurté le bord d'un trottoir, et il s'est cassé le cou et fracturé le crâne.

Je suis passé trop vite pour voir de quoi il retournait. Il y avait beaucoup de monde par terre et aussi un gros attroupement autour d'un corps, mais ce sont des choses qui arrivent couramment sur le Tour. C'est un peu plus tard que j'ai appris par oreillette que Fabio était mort. Quand on entend une nouvelle comme ça, on a du mal à y croire.

J'ai vécu l'un des jours les plus longs de ma vie. Fabio était non seulement le jeune espoir du cyclisme italien, mais il était marié et papa depuis peu. Son bébé avait un mois.

Il fallait continuer, finir l'étape, même si nous étions tous éperdus de douleur, profondément choqués. Je connaissais Fabio depuis mes débuts internationaux en 1991. Il vivait dans les faubourgs de Côme, où j'avais pris un appartement ; en 1992, nous avions été concurrents aux JO de Barcelone, où il avait remporté la médaille d'or. C'était un type très décontracté, un peu gaffeur, qui aimait rire et plaisanter. Parmi les grands sportifs italiens, il y avait pas mal de gars qui se prenaient au sérieux, et aussi des machos, mais Fabio n'était ni l'un ni l'autre. Il était tout en douceur.

Ce soir-là, Motorola a réuni l'équipe pour discuter de la marche à suivre. Fallait-il poursuivre la course ? Nous étions partagés. La moitié d'entre nous avait envie d'abandonner et d'aller pleurer Fabio en famille ou avec les amis ; l'autre moitié voulait continuer en l'honneur de notre camarade disparu. J'étais d'avis d'arrêter. Je ne me sentais plus le cœur à grimper sur un vélo et repartir. C'était ma première rencontre avec la mort et avec le chagrin, et j'étais complètement pris au dépourvu. Mais la femme de Fabio est venue nous voir ; elle nous a dit qu'elle voulait qu'on continue, que ç'aurait été le souhait de Fabio. Alors on est allés s'asseoir sur l'herbe, derrière l'hôtel, on a dit quelques prières et on a décidé de continuer.

Le lendemain, le peloton a mis la pédale douce en l'honneur de Fabio, cédant la victoire d'étape à notre équipe. Ç'avait été une journée atroce, interminable, huit heures sur la selle dans le chagrin général. Il n'y a pas eu d'attaques dans le peloton. Nous avons roulé en formation silencieuse, on aurait dit une marche funèbre. Nous avons franchi la ligne d'arrivée juste devant le vélo de Fabio, qu'on avait monté sur la voiture suiveuse et entouré d'un crêpe noir.

Le lendemain matin, nous avons pris le départ avec un peu plus de cœur au ventre, pour l'étape qui nous amènerait à Bordeaux. Ensuite c'était Bordeaux-Limoges. Ce soir-là, Och est venu nous voir dans nos chambres pour nous dire que Fabio s'était fixé deux buts sur ce Tour : Bordeaux-Limoges et l'arrivée sur les Champs-Élysées. Il avait à peine fini de parler que je m'étais mis en tête de gagner au nom de Fabio l'étape qu'il avait voulu remporter seul, et de finir la course.

Environ à mi-étape, le lendemain, je me suis retrouvé propulsé avec vingt-cinq coureurs dans un groupe de tête. Indurain, qui avait le maillot jaune, roulait en queue. J'ai suivi mon instinct : j'ai attaqué. J'y suis allé plus fort, plus vite que jamais.

Le problème c'est que j'ai attaqué trop tôt, comme d'habitude. J'y suis allé alors qu'il restait encore quarante kilomètres à courir, et en descente. Il y a deux choses à ne jamais faire : attaquer trop tôt, et attaquer en descente. Mais je suis parti comme un boulet de canon : en un claquement de doigts, j'avais pris trente secondes aux autres ; ils étaient complètement sur le dos. Je savais ce qu'ils pensaient : *mais enfin, il se croit où ?*

Où je me croyais ? J'avais regardé derrière, et j'avais vu des types qui roulaient pépère, sans ambition particulière. Il faisait chaud, rien n'incitait à se fatiguer inutilement, tout le monde attendait d'arriver le plus près possible de l'arrivée, là où la tactique ferait la différence. J'avais vu un type qui avalait une gorgée d'eau. J'avais regardé encore. Un autre ajustait son casque. Alors je m'étais échappé. *Piooouuuu !* C'était parti.

Je savais que quinze types de quinze équipes différentes, ça met du temps à s'organiser. On se regarde, on se dit : *t'y vas ? Non, toi !* Alors j'y suis allé ; je n'avais jamais roulé aussi vite. Question tactique, c'était un coup de poing dans la figure, et même un coup de poker. Ça n'avait rien à voir avec la puissance ou la compétence, tout dépendait du choc initial, de l'échappée. C'était dément. Ça a marché.

Personne n'a plus jamais réussi à remonter à moins de cinquante-cinq secondes de moi. La voiture suiveuse venait se placer à ma hauteur et Henny Kuiper, le directeur de l'équipe, me communiquait les chiffres : « Trente secondes d'avance. » Un peu plus tard : « Quarante-cinq secondes. »

À la troisième ou quatrième fois, je lui ai dit : « Henny, arrête de venir me raconter ta vie, ils me rattraperont plus.

— D'accord, d'accord, d'accord », a grommelé Henny, et il a disparu derrière ma roue.

Je les avais semés.

J'ai gagné avec une minute d'avance, sans ressentir la moindre douleur. Ce jour-là, je sais que j'ai été habité par une grande spiritualité, quelque chose qui me dépassait. Même en ayant chargé trop tôt, à partir dc mon échappée je n'ai pas souffert. J'aimerais penser que c'est comme ça que Fabio s'est échappé, s'est détaché du monde. Pour moi, il ne fait aucun doute qu'il y avait deux coureurs sur mon vélo. Fabio était avec moi.

À l'arrivée, j'ai ressenti une émotion que je n'ai plus jamais connue depuis. Je gagnais pour Fabio, pour sa famille et son bébé, et pour tout le peuple italien, qui était en deuil. Alors, quand j'ai franchi la ligne, j'ai levé les yeux et j'ai pointé les deux mains vers le ciel, vers Fabio.

Après le Tour, Och a fait élever un monument à la mémoire de Fabio. Il a passé commande à un sculpteur de Côme pour un marbre de Carrare blanc. Pour l'inauguration et la cérémonie de commémoration, l'équipe entière s'est réunie sur ce sommet pyrénéen, venue des quatre coins du monde. Sur la plaque, un cadran solaire marquait trois dates : celle de sa naissance, celle de sa médaille d'or olympique et celle de sa mort.

Oui, j'avais appris ce que c'était que de courir le Tour de France. L'important ce n'est pas le vélo. Cette course, la plus longue du monde, mais aussi tour à tour la plus exaltante, la plus désespérante, la plus potentiellement tragique, est une métaphore de la vie. Elle impose au coureur toutes les épreuves imaginables : le froid, la chaleur, les montagnes, les plaines, les ornières, les crevaisons, les vents favorables et les vents contraires, une malchance inconcevable, une beauté indicible, un épuisement à se décrocher la mâchoire, et surtout une profonde remise en question. La vie non plus ne nous épargne pas ces épreuves, nous essuyons d'innombrables revers, nous combattons l'échec au corps à corps, tête baissée sous la pluie, en essayant de rester debout et de garder espoir. Le Tour n'est pas une course cycliste, pas du tout. C'est un test. Un test physique, un test mental et même un test moral.

J'en prenais enfin conscience. On ne pouvait pas emprunter de raccourcis. Il fallait des années de compétition, cent vingt courses et quarante mille kilomètres sous les roues pour se forger l'esprit et la personnalité. Tant que je n'aurais pas des jambes d'acier, des poumons de fer, un cerveau de fonte et un cœur d'airain, tant que je ne serais pas un homme, jamais je ne gagnerais le Tour de France. Fabio avait été un homme. J'avais encore du chemin à faire.

4.

De mal en pis

Moi qui croyais connaître la peur, j'ai découvert ce que c'était vraiment le jour où on m'a dit : vous avez le cancer. Quand on a l'impression que son sang se met à partir dans tous les sens, on ne s'y trompe pas. Ce que, jusque-là, j'avais pris pour de la peur, la crainte de ne pas être aimé, la peur du ridicule, la trouille de perdre ma fortune, m'apparaissait soudain comme de petites lâchetés. Désormais, tout devenait relatif ; les inquiétudes de la vie — une crevaison, un embouteillage, une carrière fichue — se répertoriaient entre besoins et envies, méga-problèmes et mini-agacements. Se faire secouer dans un avion n'était rien de plus que se faire secouer dans un avion. Ce n'était pas le cancer.

Le mot « humain » peut, entre autres, se définir ainsi : *caractéristique des êtres humains, par opposition à Dieu, aux animaux ou aux machines, présentant donc les qualités de l'être humain, en particulier une propension à la faiblesse.* Les sportifs n'ont pas l'habitude de se penser en ces termes. Ils sont trop occupés à cultiver leur auréole d'invincibilité pour reconnaître leurs peurs, leurs faiblesses, leur fragilité, leur vulnérabilité, leur faillibilité ; et c'est pourquoi ils ne brillent ni par la bonté, ni par la considération, ni par la pitié ou la gentillesse, ni encore par la clémence ou l'indulgence dont ils font preuve envers eux-mêmes ou envers les autres. Alors, quand je me suis retrouvé seul chez moi ce premier soir, je me suis senti humilié par ma peur. Plus que ça : humanisé.

Je n'avais pas le courage d'annoncer ma maladie à ma mère. Peu après mon retour de chez le Dr Reeves, Rick Parker m'a rejoint chez moi ; il ne voulait pas me laisser seul. Je lui ai dit qu'appeler ma mère pour lui annoncer ça, c'était au-dessus de mes forces. « Je ne peux pas. » Rick m'a proposé de s'en charger, et j'ai accepté.

Rien ne peut atténuer la douleur d'un choc pareil. Elle venait de rentrer du bureau et s'était installée dans son jardin pour lire le journal quand le téléphone a sonné. Rick lui a dit : « Linda, Lance vous en parlera lui-même, mais il faut que je vous dise : il est malade. On vient de diagnostiquer un cancer des testicules ; il passe sur le billard demain matin à sept heures. »

Ma mère a répondu : « Non. Non, ce n'est pas possible. »

Et Rick : « Je suis désolé, mais je crois qu'il faut que vous veniez dès ce soir. »

Ma mère a fondu en larmes. Rick l'a laissée pleurer ; il a essayé de la réconforter, tout en lui répétant qu'il fallait qu'elle saute le plus vite possible dans une navette pour Austin. Elle s'est reprise aussitôt : « Oui, oui, d'accord. J'arrive. » Elle a raccroché sans même m'avoir eu au bout du fil ; aussitôt, elle a fourré tout ce qui lui tombait sous la main dans un sac et elle s'est précipitée à l'aéroport.

Rick avait à peine reposé le combiné qu'une fois de plus je m'effondrais. Il m'a parlé posément, et peu à peu j'ai repris mes esprits. « C'est normal de pleurer,

Lance. C'est même salutaire. Écoute-moi. Ce cancer, c'est curable. C'est un ralentisseur sur ta route. Il va falloir le franchir, et ensuite continuer, en faisant tout pour le vaincre. »

Rasséréné, je suis allé dans mon bureau contacter toutes les autres personnes que je souhaitais prévenir sans attendre. D'abord Kevin Livingstone, un équipier de Motorola qui était aussi un ami et qui courait alors en Europe. Je le considérais comme un petit frère ; nous étions si proches que nous projetions de prendre un appartement ensemble en Europe la saison suivante, et que je l'avais persuadé de déménager à Austin pour s'entraîner avec moi. Quand j'ai réussi à le joindre, en Italie, j'étais encore assommé par la nouvelle : « Il faut que je te dise... il m'arrive quelque chose d'épouvantable.

— Un problème avec une course ? demande Kevin.

— Non, j'ai le cancer. »

J'avais envie de m'épancher auprès de lui, de lui dire combien il me tardait de l'avoir auprès de moi, mais il partageait un appartement avec trois autres membres de l'équipe américaine et je ne voulais pas que les autres soient au courant. Nous avons donc échangé des phrases codées.

« Tu sais », m'a dit Kevin.

J'ai répondu : « Oui, je sais. »

Et ç'a été tout, nous avons raccroché. Mais Kevin avait compris. Dès le lendemain, il traversait l'Atlantique.

Ensuite, j'ai appelé Bart Knaggs, sans doute mon plus proche et plus vieil ami à Austin, un ancien cycliste qui travaillait pour une toute jeune société d'informatique. Il était encore à son bureau, où il travaillait toujours très tard. « Bart, j'ai un cancer des tes-

ticules. » Bart a bégayé quelque chose, et ensuite :
« Lance, aujourd'hui on fait des merveilles. Quitte à
avoir un cancer, avec celui-là tu as tes chances.

— Je sais pas. Je suis tout seul chez moi, mon
vieux, et crois-moi, je meurs de trouille. »

En bon informaticien qu'il était, Bart a aussitôt lancé
une recherche sur Internet. Il a remué ciel et terre pour
dénicher tout ce qu'il y avait à savoir sur la maladie.
Il est resté tard, glanant les infos sur le cancer des testicules et les imprimant au fur et à mesure ; à la fin, il
s'est retrouvé avec une pile de papier de trente centimètres de haut. Il a consulté des résultats d'études cliniques, des études, les différents traitements ; il a tout
téléchargé. Ensuite, il a ramassé ses trouvailles et il est
venu les déposer chez moi. Le lendemain de bonne
heure, il partait pour Orlando avec sa fiancée Barbara,
mais il a tout de même pris le temps de venir m'expri-
mer son amitié et me transmettre tout ce qu'il avait pu
rassembler sur le cancer.

Un à un, mes amis et les membres de ma famille ont
commencé à affluer. Quand j'ai bipé Lisa, elle travaillait à la bibliothèque ; elle est arrivée en état de choc,
les yeux vitreux, suivie bientôt de Bill et Laura Stapleton. Bill, jeune avocat, travaillait pour un cabinet
d'Austin ; je l'avais choisi comme agent parce qu'il
respirait l'honnêteté. Sous des dehors décontractés, il
cachait un caractère de battant ; c'était un ancien champion de natation olympique de l'Université du Texas,
qui avait gardé un corps d'athlète. Dès qu'il a franchi
ma porte, je lui ai jeté à la figure mon angoisse de voir
ma carrière partir à vau-l'eau.

« Le cyclisme, c'est fini, foutu. J'aurai plus jamais
besoin d'un agent.

— Écoute, Lance, ce truc-là on va l'aborder pas à

pas, m'a dit Bill. Tu n'as aucune idée de ce que ça représente, tu ne peux absolument pas dire comment ça va tourner.

— Tu comprends pas, Bill. J'aurai plus besoin d'un agent, parce que j'aurai plus jamais de contrats.

— Écoute-moi, ce n'est pas ton agent qui est ici ce soir, c'est ton ami. Qu'est-ce que je peux faire pour t'aider ? »

Je vivais un moment crucial où tout bascule. J'étais obnubilé par le risque de perdre toute ma fortune et de foirer ma carrière alors qu'il y avait tant de choses plus importantes à régler.

« Tu peux aller chercher ma mère à l'aéroport. »

Bill et Laura ont bondi et sont partis tout de suite. C'était aussi bien que je n'aille pas l'accueillir moi-même : dès qu'elle a débarqué de l'avion et qu'elle les a vus, elle a éclaté en sanglots. « Mon bébé, comment une chose pareille a pu arriver à mon bébé ? Qu'est-ce qu'on va faire ? » Mais le temps d'arriver chez moi, elle s'était reprise. Ça n'avait jamais été son genre de s'apitoyer sur elle-même. Quand la voiture s'est engagée dans mon allée, elle avait retrouvé toute sa force de caractère. Je me suis avancé à sa rencontre. Au milieu du salon, nous sommes tombés dans les bras l'un de l'autre et elle m'a glissé à l'oreille : « On va s'en tirer. On ne va pas se laisser abattre. On en a déjà trop vu, on ne va pas encaisser ça en plus. Il n'en est même pas question. »

Nous avons pleuré tous les deux, un peu, pas beaucoup, parce que nous n'avions pas que ça à faire. Une fois tout le monde assis, j'ai commenté le diagnostic du Dr Reeves à l'intention de ma mère et de mes amis. Je leur ai dit que la situation nous obligeait à reconsidérer certaines choses, à prendre certaines décisions, mais que le temps pressait parce que je passais sur le billard le lendemain à sept heures. J'ai sorti mes radios et je les ai montrées à la ronde. Les tumeurs flottaient dans mes poumons, grosses comme des balles de golf.

Je tenais absolument à conserver le secret tant que je n'avais pas averti mes sponsors et mes coéquipiers. Pendant que je continuais de discuter avec ma mère, Bill a appelé l'hôpital pour leur demander de m'admettre sous un nom d'emprunt et d'entourer ma maladie de la confidentialité la plus stricte. Restait encore à mettre mes sponsors au courant, Nike, Giro, Oakley et Milton-Bradley, sans oublier le groupe Cofidis ; une conférence de presse s'imposait. Mais avant tout, je tenais à prévenir mes amis proches, Och et Chris, et aussi mes coéquipiers, qui étaient pour la plupart éparpillés en Europe et difficiles à joindre.

Chacun a réagi à sa manière ; certains se sont mis à bégayer, d'autres ont essayé de me rassurer, mais tous ont décidé de regagner Austin dès que possible. Quand j'ai joint Och chez lui, dans le Minnesota, il dînait en famille. Avec le recul, sa réaction m'apparaît comme typique de lui. Je lui demande :

« Tu es assis ?

— Quoi, qu'est-ce qui se passe ?

— J'ai le cancer.

— Bon, dit Och. Ce qui veut dire ?

— Ce qui veut dire que c'est un cancer des testicules et que je me fais opérer demain.

— Écoute, laisse-moi réfléchir, me dit Och, imperturbable. On se voit demain. »

L'heure d'aller se coucher est arrivée. Le plus drôle c'est que j'ai dormi profondément cette nuit-là. Oui, j'ai pu prendre un repos absolument parfait, comme à la veille d'une grande compétition. Chaque fois que j'étais engagé dans une course difficile, je m'assurais un nombre optimal d'heures de sommeil. Inconsciemment, je pense que je voulais aborder au mieux de ma forme les épreuves qui m'attendaient dans les jours suivants.

Le lendemain, j'étais à l'hôpital dès cinq heures. Je m'y suis rendu au volant de ma voiture, ma mère à côté de moi. Pour les débuts de ma vie de cancéreux, j'avais mis un survêtement confortable. J'ai subi une série d'examens de routine, IRM et prises de sang. Je conservais encore un infime espoir qu'après m'avoir fait toutes ces analyses, on viendrait me dire qu'on s'était trompé, que ma maladie n'était pas aussi grave que ça. Ces mots-là, je les ai attendus en vain.

Comme je n'avais jamais été hospitalisé, je ne connaissais rien aux procédures d'admission et étais venu les mains dans les poches. J'imagine que j'avais toujours été trop occupé à envoyer promener mes béquilles et à m'enlever mes fils. J'ai regardé ma mère ; elle s'est immédiatement proposée pour s'occuper de la paperasse. Pendant qu'on passait mon sang au crible, elle a rempli les tonnes de formulaires nécessaires.

Entre l'opération elle-même et la réanimation, ils ont dû me garder trois heures. Une éternité, sans doute, pour ma mère qui m'attendait dans ma chambre avec Bill Stapleton. Le Dr Reeves est venu lui dire que ça s'était bien passé, qu'ils avaient enlevé la tumeur sans problème. Och est arrivé peu après. Fidèle à sa parole, il avait sauté dans le premier avion pour Austin. Linda lui a expliqué ce qui m'arrivait. Elle lui a dit qu'elle était bien décidée à ce que je m'en sorte, comme si sa seule volonté suffisait à conjurer le mauvais sort.

Enfin, on m'a ramené dans ma chambre. J'étais

encore dans le coaltar, mais suffisamment conscient pour dire à Och, qui s'était penché sur mon lit : « Je sais pas très bien ce que j'ai comme saloperie, mais je peux te dire qu'elle m'aura pas. »

Ma mère ne m'a pas quitté de la nuit ; elle a dormi sur un lit d'appoint. Enfin... essayé de dormir, car ça n'a pas été de tout repos. Les suites de l'opération étaient extrêmement douloureuses ; l'incision, longue et profonde, meurtrissait un endroit sensible. Chaque fois que ma mère entendait un froissement de draps, elle bondissait à mon chevet pour s'assurer que j'allais bien. Chaque fois que j'avais besoin d'aller aux toilettes, je traversais la chambre en boitant et, comme j'étais sous perfusion, elle m'accompagnait en poussant la perche sur ses roulettes. Le matelas était recouvert d'un plastique qui me faisait transpirer. Je me réveillais toutes les deux heures dans des draps trempés, et elle m'essuyait.

Le lendemain matin, le Dr Youman est venu me communiquer les premiers résultats pathologiques et sanguins. Je m'accrochais toujours à mon idée qu'on avait dramatisé mon état, mais le Dr Youman me l'a vite ôtée de la tête en commençant à énumérer les mauvaises nouvelles. La biopsie et les examens sanguins montraient que le cancer se propageait rapidement. C'était une caractéristique du cancer des testicules que de voyager via le sang et de coloniser les ganglions lymphatiques : on en avait découvert quelques-uns dans mon abdomen.

Le diagnostic datait de vingt-quatre heures, et déjà j'avais lu tout ce que j'avais pu ingurgiter ; je savais que les oncologistes divisaient le cancer des testicules en trois stades évolutifs : au premier stade, il était confiné aux testicules et le pronostic était excellent ;

au deuxième, il avait migré dans les ganglions abdominaux ; au troisième, il avait infecté des organes vitaux tels que les poumons. Or il n'y avait plus de doute : j'en étais au stade III. J'abritais trois types de tumeurs, la plus maligne de toutes étant le choriocarcinome, un carcinome très agressif qui, étant transporté par le sang, se révélait difficile à stopper.

Ma chimio commencerait dans une semaine et durerait trois mois. Elle exigerait tant d'analyses de sang et d'injections intraveineuses que les aiguilles jetables standards seraient peu commodes à utiliser, et qu'on leur préférerait un cathéter implanté dans ma poitrine. Le cathéter, qui faisait une bosse sous ma peau, était horrible à voir ; le trou dans ma poitrine avait quelque chose de monstrueux : on aurait dit une branchie.

Il restait une autre question à régler : temporairement du moins, j'allais être stérile. Ma première séance de chimio était prévue pour la semaine suivante ; Youman m'a conseillé, d'ici là, de mettre en banque autant de sperme que possible. C'était la première fois qu'on évoquait le sujet de la stérilité ; ça m'a fait un choc. Le médecin m'a expliqué que certains patients retrouvaient leur virilité, d'autres pas ; le taux de retour à la normale était d'environ cinquante pour cent au bout d'un an. Il y avait une banque du sperme à deux heures de voiture, à San Antonio.

Ce soir-là, avant de quitter l'hôpital, ma mère est passée au service de cancérologie prendre ce qu'il me fallait pour mon cathéter, mes ordonnances pour des anti-émétiques, et de nouveaux articles, que je n'avais pas encore lus, sur le cancer des testicules. Pour qui n'a jamais mis les pieds dans un service de cancérologie, croyez-moi, l'expérience peut se révéler déstabilisante. Elle a vu des gens pâles et glabres enveloppés dans des couvertures, qui étaient branchés à un nombre incroyable de perfusions et semblaient à l'article de la mort. Les yeux écarquillés, elle a contemplé ce spectacle en attendant qu'on me prépare mes médicaments. Puis elle a tout mis dans un grand sac en toile qui est bientôt devenu notre kit cancer de voyage. Elle est revenue dans ma chambre en me disant : « Mon fils, autant que je te prévienne avant que tu ailles là-bas pour ta chimio : ce n'est pas beau à voir. Mais il y a une chose que tu ne dois pas oublier. Ils sont tous là pour la même raison que toi : guérir. »

Sur ce, elle m'a ramené à la maison.

Le samedi matin, je me suis levé de bonne heure et je suis allé dans la salle de bain. En me voyant dans la glace, j'ai étouffé un cri. Un énorme caillot bouchait mon cathéter ; un gros renflement bombait le tube couvert de sang. Je suis revenu dans la chambre, j'ai montré ça à Lisa qui est restée muette d'horreur. J'ai hurlé : « Maman ! Tu peux venir ? » Elle s'est précipitée, elle a regardé le cathéter tout gonflé sous ses croûtes de sang séché. Elle n'a pas paniqué. Elle est allée chercher une serviette et, calmement, elle a tout nettoyé ; puis elle a appelé l'hôpital. Une infirmière lui a expliqué que c'étaient des choses qui arrivaient, et lui a indiqué toute une procédure à respecter pour assurer la propreté du cathéter et prévenir les infections. Mais c'était toujours aussi moche à voir.

Ma mère a raccroché, elle a couru chez le pharmacien et est revenue avec une boîte de bandages fluo qui brillaient dans l'obscurité. Elle m'en a collé un et ça nous a fait rire, Lisa et moi. Ensuite, elle a réussi à avoir le Dr Youman et lui a dit : « Ce cathéter ne me plaît pas beaucoup. J'ai essayé de le nettoyer comme j'ai pu, mais je me demande s'il ne vaudrait pas mieux l'enlever.

— Ne faites rien pour le moment, lui a répondu le médecin, j'ai décidé d'avancer la première séance de chimio. Lance commence lundi à treize heures.

— Pourquoi ? » a demandé ma mère.

Je lui ai pris le téléphone des mains. Youman m'a expliqué qu'il avait reçu d'autres résultats, et qu'il les trouvait préoccupants. Dans les vingt-quatre heures qui s'étaient écoulées entre mon premier examen de sang chez Reevcs et la deuxième batterie de tests pratiqués à l'hôpital le lendemain, le cancer avait progressé. Les cancérologues suivent l'évolution de la maladie grâce à des marqueurs : les taux de différentes protéines présentes dans le sang, telles l'hormone gonadotropine chorionique (HCG) ou l'alpha-fœto-protéine (AFP), reflètent la quantité de cellules malignes dans le corps. En un jour, les miens avaient grimpé. Le cancer ne se contentait pas de s'étendre, il galopait, et Youman jugeait maintenant ce délai d'une semaine beaucoup trop long. Je devrais commencer ma chimio tout de suite : désormais, chaque jour comptait.

J'ai raccroché, dans le trente-sixième dessous. Mais je n'avais pas le temps de broyer du noir. Si je voulais me rendre à la banque du sperme, c'était cet après-midi ou jamais. J'ai dit à ma mère : « Tu te rends compte, où j'en suis ? » J'étais écœuré.

Le voyage à San Antonio a été sinistre. Heureusement, deux amis étaient venus me soutenir moralement, et ont réussi à détendre un peu l'atmosphère. Kevin Livingstone avait accouru. J'étais content de le voir : sous sa brosse presque noire, son visage ouvert et ses yeux d'un bleu vif semblaient toujours prêts à rire. Il avait le don de vous mettre de bonne humeur.

Quant à Cord Shiflet, le fils de mon architecte et ami David Shiflet, il s'était offert pour nous conduire à San Antonio.

Assis à l'arrière de la voiture, je regardais défiler le paysage en silence, l'esprit troublé. Je courais ma seule et unique chance de préserver mon sperme. Je ne pourrai peut-être jamais avoir d'enfants. J'allais bientôt subir ma première chimio. Y étais-je prêt mentalement ? Est-ce que ça allait me rendre malade ?

Enfin, nous sommes arrivés à l'institut médical de San Antonio. Cord et Kevin ont attendu avec ma mère pendant qu'une infirmière m'emmenait dans une petite salle. Kevin a essayé de détendre l'atmosphère par une plaisanterie de mauvais goût : « Hé, Lance, tu veux un magazine ? » et j'ai essayé de sourire.

On m'a fait entrer dans une pièce aux lumières tamisées — pour l'ambiance, sans doute. Il y avait une sorte de chaise longue et, sur une petite table... des magazines. Des magazines porno. L'horreur. Je suis allé m'effondrer dans le fauteuil en soupirant à me fendre l'âme ; j'étais au bord des larmes. Je souffrais beaucoup : l'incision partait du haut de ma cuisse et remontait jusqu'à mon abdomen. J'étais déprimé, dévasté par le choc du diagnostic, et on me demandait d'avoir une érection ? J'y arriverai jamais. Je me suis allongé dans la chaise longue tout en me disant, *c'est pas comme ça que j'avais imaginé le scénario*. Je voyais la conception d'un enfant comme un moment d'espoir. Pas comme ces minutes tristes, solitaires, désespérantes.

Je voulais des enfants — j'y tenais beaucoup. Mais je m'étais toujours imaginé que je ferais ça dans les transports de l'amour. Quelques années plus tôt, j'avais traversé une période où je surfais sur les liaisons romantiques. Le feu mourait au bout de quelques mois, je me détachais, je rompais. J'étais sorti avec une ancienne copine de lycée, avec un mannequin hollandais, mais ces relations n'avaient jamais duré plus de quelques mois. Mes coéquipiers me mettaient en boîte ; ils m'avaient surnommé « Fed-Ex », allusion à ma rapidité à expédier mes petites amies. Le slogan de Fed-Ex, à l'époque, c'était : « Quand c'est absolument, impérativement... urgent. » Je n'étais pas marié, je n'avais pas d'attaches, disons que je traversais une période superficielle. Mais avec Lisa Shiels, c'était différent. À l'époque de mon diagnostic, nous vivions pratiquement ensemble, même si elle avait gardé un appartement près du campus. C'était une jeune femme intelligente et sérieuse qui se consacrait à ses études, et l'idée de me marier et d'avoir des gosses avec elle m'était venue à l'esprit. Je ne sais pas si nous étions faits pour passer notre vie ensemble, mais je savais que j'avais envie de devenir un mari et un père, un père meilleur que ceux que la vie m'avait fait rencontrer.

Pas le choix, donc. J'ai fermé les yeux et j'ai fait ce que j'avais à faire.

Dehors, dans la salle d'attente, ma mère et mes deux amis observaient un silence de plomb. Plus tard, j'ai appris que, tout d'un coup, ma mère s'était tournée vers Cord et Kevin et leur avait lancé, presque en colère : « Bon, maintenant, les garçons, vous m'écoutez. Quand il sortira, je ne veux pas vous entendre prononcer un mot. Pas un seul mot ! » Elle savait. Je ne sais pas comment, mais elle avait compris que je vivais l'une des expériences les plus pénibles, les plus accablantes de ma vie.

Je suis sorti de la petite pièce et j'ai tendu le flacon au médecin. Cord et Kevin ne pipaient mot. J'ai rempli

des papiers en vitesse, en disant à l'infirmière que j'en-
verrais les renseignements complémentaires plus tard.
Je n'avais qu'une envie : quitter cet endroit. Mais, au
moment où nous partions, le médecin nous a rejoints.

« La concentration est trop basse », m'a-t-il dit.

Il m'a expliqué que je produisais trois fois moins de
spermatozoïdes que la normale ; apparemment, le cancer avait déjà affecté mes capacités reproductrices. Et
maintenant, la chimio allait réclamer son tribut, elle
aussi.

Le voyage de retour a été encore plus lugubre que
l'aller. Je ne me souviens même pas que nous ayons
pris le temps de manger. J'ai parlé à Kevin et à Cord
des magazines. « Vous vous rendez compte, ils osent
donner des trucs pareils ? » Mes copains ont vraiment
été à la hauteur ; ils ont dédramatisé la chose, ils ont
réagi comme s'il n'y avait pas de quoi être gêné,
comme s'il s'agissait d'une démarche sensée et intelligente, nécessaire et banale. J'ai apprécié, et j'ai
compris le message ; ç'a été la dernière fois que j'ai
eu honte de ma maladie.

J'ai passé le reste du week-end allongé sur le canapé
du salon, à me remettre de mon opération. J'étais
encore dans les vapes de l'anesthésie, et ma cicatrice
me faisait un mal de chien. Pendant que je me reposais
en regardant le football américain à la télé, ma mère
me faisait la cuisine et nous lisions tout, absolument
tout ce que nous avions sur le cancer. « Il faut remuer
ciel et terre », disait ma mère. Entre deux lectures, nous
discutions de la marche à suivre. Je lui demandais :
« Bon, on s'y prend comment pour se débarrasser du
crabe ? » Je me croyais peut-être au bon vieux temps

des entraînements, où il suffisait d'un solide plan d'attaque pour vaincre.

Cette première semaine, ma mère a réussi à faire les courses et la cuisine pour toute la maisonnée, à aller chercher mes ordonnances et monter mon dossier médical, à piller les librairies à la recherche de toutes les parutions disponibles sur le cancer, et à organiser mon emploi du temps. Elle m'a acheté un gros carnet pour que je puisse tenir un journal de bord, et un livre d'or pour les visiteurs. Dans un agenda — que nous appelions « l'agenda de l'équipe » —, elle prenait des rendez-vous, échelonnant les visites de manière à ce que je ne reste jamais longtemps seul. Ainsi, je voyais mes amis par petits groupes pour ne pas me fatiguer, mais presque en continu pour ne pas avoir le temps de déprimer.

Sur un tableau, elle a inscrit le calendrier de mes séances de chimio et toutes mes prises de médicaments pour les trois mois à venir. Elle menait mon traitement comme un projet dont elle aurait été la responsable. Elle utilisait des crayons de couleur, des graphiques, des diagrammes. Elle pensait qu'en combattant le chaos et l'ignorance, elle combattait la maladie.

Elle m'a pris rendez-vous chez un nutritionniste et a réussi à m'extirper de mon canapé pour me faire monter dans la voiture ; le nutritionniste nous a indiqué des principes diététiques et des aliments compatibles avec la chimiothérapie : poulet de grain et brocolis à volonté, mais ni fromage ni autres graisses. Et aussi beaucoup de vitamine C, pour aider à éliminer les toxines de la chimio. Aussitôt, ma mère s'est mise à me cuisiner des légumiers entiers de brocolis à la vapeur.

Mais cette activité fébrile cachait une grande

anxiété. Quand elle était au téléphone avec des gens de la famille, sa voix tremblait ; elle a fini par cesser de les appeler en ma présence, pour ne pas me démoraliser davantage. Elle essayait de me cacher ce qu'elle ressentait, mais je savais que, le soir, elle s'enfermait dans sa chambre pour pleurer.

Le lundi matin, j'ai donné une conférence de presse, dans laquelle j'ai annoncé ma maladie et déclaré forfait pour les courses où j'étais engagé. Le secret était devenu impossible à garder. Tout le monde était là, Bill, Lisa, ma mère et plusieurs sponsors. Nous étions en contact par téléphone avec les reporters européens et avec les représentants de Cofidis, l'équipe professionnelle française avec qui je devais commencer la saison suivante. Dans la salle, les appareils photo crépitaient ; j'ai dû lire une déclaration préparée. Quand j'ai prononcé le mot « cancer », un murmure a parcouru l'assistance. J'ai vu le choc, l'incrédulité, se peindre sur les visages des journalistes et des cameramen. Un responsable de Cofidis a aussitôt pris la parole au téléphone ; il m'a assuré du soutien total de l'équipe, qui m'aiderait, disait-il, à surmonter ma maladie et à me remettre en selle.

J'ai conclu par ces mots : « C'est un combat pour ma vie que j'engage aujourd'hui, et j'ai l'intention de le gagner. »

L'après-midi même, je me présentais dans l'un des bâtiments de brique de l'hôpital — un de plus — pour subir ma première séance de chimiothérapie. J'ai été surpris de voir que tout se passait dans la plus grande simplicité. Une salle d'attente, avec des chauffeuses, des fauteuils, des chaises longues et d'autres sièges, une table basse et une télé. On avait l'impression d'entrer dans une maison pleine d'invités. Pour un peu, on se serait cru à une soirée, n'était un petit détail : chaque personne était reliée à une perfusion.

Le Dr Youman m'a expliqué que le protocole standard pour un cancer des testicules était le BEP, un cocktail de trois substances, bléomycine, étoposide et cisplatine. Ces substances étaient si toxiques que les infirmières ne pouvaient les manipuler sans protections. L'ingrédient le plus important du trio était le cisplatine ; comme son nom l'évoque, c'est du platine. Un certain Dr Lawrence Einhorn, attaché à la faculté de médecine de l'Université d'Indiana, à Indianapolis, avait été le premier à l'employer dans le traitement du cancer des testicules. Avant la découverte d'Einhorn, le cancer des testicules était presque toujours mortel — vingt-cinq ans plus tôt, il avait tué entre autres Brian Piccolo, une star des Chicago Bears. Mais le premier patient traité par le platine, un instituteur d'Indianapolis, était toujours en vie.

Si j'étais né vingt ans plus tôt, je n'aurais pas survécu six mois. La plupart des gens croient que Piccolo est mort d'un cancer des poumons, mais au départ c'était un cancer des testicules et il n'a pas pu être sauvé. Il est mort en 1970, à vingt-six ans. Depuis, le platine est devenu la potion magique contre le cancer des testicules ; le premier miraculé du Dr Einhorn est débarrassé de son cancer depuis plus de vingt ans. Le jour anniversaire de sa guérison, il donne une grande fête à laquelle il convie son médecin et toutes ses anciennes infirmières.

Je me suis dit, *ça marche, apportez le platine*. Mais Youman m'a prévenu que cette substance était parfois très difficile à supporter. Les trois toxines anticancéreuses seraient injectées dans mon organisme pendant des périodes de trois heures, cinq jours d'affilée, et auraient un effet cumulatif. Des anti-émétiques me seraient administrés en même temps, pour m'éviter les nausées graves, sans pouvoir les empêcher tout à fait.

La chimio était un traitement tellement puissant qu'on ne le supportait pas en continu. Alors on l'échelonnait sur des cycles de trois semaines : cinq jours de chimio, deux semaines de répit, le temps que le malade reconstitue son stock de globules rouges. Quand j'aurai un peu remonté la pente, je reprendrai cinq jours de chimio. À chaque cycle, je m'affaiblirai un peu plus et j'aurai probablement besoin de piqûres pour m'aider à retrouver un taux d'hématies normal.

Le Dr Youman nous a tout expliqué en détail, pour bien nous préparer à ce qui nous attendait. Quand il a eu terminé, je lui ai posé une question, une seule. Cette question, j'allais la répéter plusieurs fois pendant les semaines suivantes.

« Quel est le taux de succès ? Quelles sont mes chances ?

— Entre soixante et soixante-cinq pour cent. »

Ma première séance s'est déroulée dans une grande salle. Je ne lui ai vraiment rien trouvé de spectaculaire. Pour commencer, je n'ai pas eu de nausées. Je suis entré et je me suis choisi un fauteuil dans le coin, le dernier d'une rangée de six ou sept personnes. Ma mère m'a embrassé, elle m'a laissé prendre place avec les autres malades et elle est sortie faire des courses.

Elle m'avait préparé à me sentir ébranlé par ma première rencontre avec des cancéreux, mais j'ai parfaitement tenu le coup. Il s'est même établi une sorte de fraternité entre nous. Quand elle est revenue, je bavardais gaiement avec le type à côté de moi. Il devait avoir l'âge de mon grand-père, mais on s'est entendus

comme larrons en foire et on a jacassé comme des pies.
« Salut maman, je te présente Paul ; il a un cancer de
la prostate. »

Il ne fallait surtout pas que j'arrête de bouger. Tous
les matins, pendant cette première semaine de chimio,
je me suis levé tôt. J'enfilais un pantalon de jogging,
je mettais mon Walkman sur mes oreilles et je partais
marcher. Je marchais à grands pas sur la route en respi-
rant fort pendant une bonne heure, et j'arrêtais quand
j'étais en sueur. Tous les soirs, j'enfourchais mon vélo.

Bart Knaggs est revenu de son voyage à Orlando
avec une casquette de Mickey qu'il était allé chercher
à Disneyworld. Il me l'a donnée en me disant que je
serais content de l'avoir quand je perdrais mes
cheveux.

Tous les deux, on enfourchait nos bécanes et on partait rouler, souvent accompagnés par Kevin Livingstone. Bart faisait des montages gigantesques des
cartes de la région, qui pouvaient aller jusqu'à un
mètre quatre-vingts de diamètre. Il se procurait des
cartes d'état-major, il les découpait et assemblait les
morceaux ; on les étudiait, et on choisissait de nouveaux circuits, des boucles sinueuses et interminables
qui nous emmenaient dans des coins paumés. L'idée
était de ne jamais faire le même chemin, d'innover,
d'éviter le traditionnel aller-retour. Je ne supportais pas
de faire deux fois le même trajet. L'entraînement est
parfois si monotone qu'on a besoin de nouveauté,
même si la moitié du temps on se retrouve sur une
route impraticable, ou qu'on se perd. Ce n'est pas mal
de se perdre de temps en temps.

Pourquoi fallait-il que je continue à rouler, alors que
j'avais le cancer ? La dureté du cyclisme, l'intensité de

la souffrance ont un côté purificateur. On ne peut pas s'y livrer en portant le poids du monde sur ses épaules ; après cinq heures passées à repousser les limites de la douleur, on se sent en paix. Le supplice est si total, si profond, que l'esprit se voile pour pouvoir le supporter. Pour un moment du moins, c'est le ticket pour l'oubli, on n'est pas obligé de penser, on peut faire abstraction de tout, parce que l'effort qu'on fournit et la fatigue qu'on ressent sont extrêmes.

Une épreuve aussi pénible est d'une simplicité étourdissante — au sens propre — et c'est pourquoi il n'est pas faux de dire que tous les sportifs de très haut niveau sont dans une logique de fuite. Un jour, on m'a demandé quel plaisir je prenais à rouler pendant si longtemps. J'ai répondu : « Plaisir ? Je ne comprends pas la question. » Je ne roulais pas pour le plaisir, je roulais pour la douleur.

Avant ma maladie, je ne m'étais jamais penché sur les raisons psychiques qui me poussaient à sauter sur un vélo et à rouler pendant six heures. Elles m'échappaient ; sur le moment, souvent, le sens de nos actions nous reste caché. Je ne voulais pas les disséquer, de peur de laisser le génie s'échapper de la lampe.

Mais désormais, je savais exactement pourquoi je roulais : tant que je pouvais continuer à pédaler, d'une certaine manière je n'étais pas malade.

La douleur physique du cancer ne me dérangeait pas tellement, tant elle m'était familière. D'ailleurs, si je ne souffrais pas, je me sentais privé de quelque chose. Plus j'y pensais, plus m'apparaissaient les similitudes entre le cancer et une course cycliste, sauf que la destination avait changé. L'un comme l'autre intégraient le facteur temps, les progrès notés à intervalles réguliers, les pointages, la tyrannie des chiffres et des numérations. Une seule différence : il faudrait que je me concentre encore mieux et plus longtemps que sur le vélo. Avec cette maladie, l'impatience et la déconcentration devenaient des luxes interdits ; à chaque instant il faudrait que je pense à vivre, à survivre, même. Cette idée avait un côté étrangement réparateur : reconquérir ma vie allait être ma plus grande victoire.

J'étais tellement obnubilé par l'envie de guérir que j'ai traversé cette première semaine de chimio sans rien ressentir. Absolument rien. J'ai même dit au Dr Youman : « Vous devriez peut-être augmenter mes doses. » Je ne me rendais pas compte que j'avais une chance extraordinaire de tolérer aussi bien ces poisons ; plus tard, j'ai vu d'autres malades secoués de vomissements incoercibles dès le premier cycle, et vers la fin de mon propre traitement j'ai eu des nausées qu'aucune drogue n'arrivait à soulager.

La seule chose qui ait souffert dès le départ c'est mon appétit. Quand on suit une chimio, on a tellement de cochonneries dans le corps que les aliments prennent un goût bizarre. Ma mère me préparait une assiette et me la présentait en disant : « Lance, si tu n'as pas faim, si tu n'en veux pas, je ne me vexerai pas. » Mais je faisais des efforts. Quand je m'éveillais d'une sieste, elle posait devant moi quelques quartiers de fruits sur une assiette, avec une grande bouteille d'eau. Il fallait que je mange si je voulais continuer à bouger.

Je me disais, *ne t'arrête pas*. Je me levais, j'enfilais mon survêtement en vitesse, je prenais mon Walkman, et en route. Je marchais, je ne sais pas combien de kilomètres. Je grimpais la colline escarpée, je sortais du parc résidentiel où j'habitais, et j'avalais de l'asphalte.

Tant que je bougeais, tout allait bien.

Deux jours plus tard, j'ai reçu un courrier de l'hôpital : « D'après les renseignements dont nous disposons, vous n'êtes couvert par aucune assurance maladie. »

Je suis resté stupéfait, incrédule. J'avais signé une police d'assurance avec Motorola ; en principe, elle couvrait tout. Agacé, j'attrape le téléphone, j'appelle Bill Stapleton et je lui lis la lettre. Bill commence par me calmer, puis il me promet de s'en occuper.

Quelques heures plus tard, il rappelle en me disant que manque de chance, ma maladie tombe très mal, à un moment où je me trouve entre deux employeurs. Mon contrat avec Cofidis venait d'entrer en vigueur, mais mon état de santé, antérieur à la signature, justifiait de faire jouer les restrictions sur leur plan de protection sociale. Quant à mon contrat avec Motorola, il avait expiré. Si Bill n'arrivait pas à débrouiller la situation, je serais obligé de payer moi-même mes hospitalisations et mes traitements.

J'avais le cancer, et pas d'assurance maladie.

En quelques jours, je venais d'encaisser plusieurs chocs coup sur coup. Celui-ci ne touchait que des questions matérielles, mais il allait me ruiner. J'ai fait le tour de la maison en dressant mentalement la liste de ce que je pouvais vendre. Je me voyais anéanti financièrement. Du jour au lendemain, moi qui touchais deux millions de dollars par an, je venais de passer à zéro ; j'avais bien une police d'assurance qui couvrait une situation d'incapacité mais c'était à peu près tout. Je n'aurais plus de revenus parce que, maintenant que je ne pouvais plus monter sur un vélo, il y avait fort à parier que les sociétés qui me payaient pour courir ou pour porter leurs vêtements me couperaient les vivres.

La Porsche à laquelle je tenais tant m'apparaissait tout d'un coup comme un caprice de décadent. Mes frais médicaux allaient me coûter jusqu'à mon dernier sou. Dans ma tête, je me suis mis à organiser la grande braderie. Je vendrais la Porsche, des tableaux, et quelques autres joujoux.

Quelques jours plus tard, la Porsche était partie. Il y avait deux raisons à cela : d'abord et avant tout, je n'avais pas le choix si je voulais me soigner ; je vivrais le restant de mes jours sur ce qu'il me resterait. Mais je crois aussi que je commençais à avoir besoin de simplifier.

Je suis devenu étudiant en cancer. Je suis allé dans la plus grosse librairie d'Austin et j'ai acheté tout ce qu'ils avaient sur la maladie. Je suis rentré chez moi avec dix volumes de toutes sortes : comment bien manger, comment faire face psychologiquement, comment guérir par la méditation. J'étais prêt à tout tenter, même les méthodes les plus saugrenues. Je me suis documenté sur l'huile de lin comestible, soi-disant « véritablement efficace » contre l'arthrite, les infections cardiaques, le cancer et autres maladies. Sur la poudre de soja, « dont les résultats contre le cancer n'étaient plus à démontrer ». J'ai lu le *Journal du Yoga* et me suis intéressé brièvement mais passionnément à une discipline appelée Raj, « une invitation à la santé parfaite ». J'ai découpé des pages de *Discover Magazine*, j'ai collectionné les articles de journaux sur des cliniques à l'autre bout du monde et des cures abracadabrantes. J'ai lu attentivement une brochure sur la Clinique des Amériques, en République dominicaine, qui proposait « une guérison absolument certaine ».

J'ai dévoré ce que Bart m'avait apporté le premier

jour ; chaque fois qu'il m'appelait je lui disais : « T'as rien d'autre ? » Moi qui n'avais jamais été un lecteur assidu, je devenais vorace. Bart a commandé tous les livres qu'il a pu trouver sur Amazon.com, en me demandant : « Dis, tu veux que je te passe tout ce que je trouve au fur et à mesure ?

— Oui, tout. Je veux tout, tout, tout. »

Moi qui n'avais jamais été en fac, qui avais reçu une éducation éclectique en Europe, voilà que je lisais des publications médicales. J'avais toujours été attiré par les revues financières et les magazines de décoration, mais je n'aimais pas lire. J'avais un mal fou à me concentrer plus de quelques minutes, et encore plus à rester assis le temps nécessaire. Et tout d'un coup, il fallait que j'apprenne ce qu'étaient les numérations sanguines et l'oncologie de base. C'étaient en quelque sorte mes études ; il y avait des jours où je me disais, *tiens, pourquoi ne pas m'inscrire à la fac de médecine, je commence à en connaître un rayon.*

Assis sur le canapé, je feuilletais des livres, je téléphonais, j'égrenais des chiffres. Je voulais connaître mes chances à la virgule près, pour mettre sur pied un plan d'attaque. Plus je lisais, plus je sentais augmenter la probabilité que je m'en sorte — même si mes lectures auraient dû me suggérer le contraire. Mais le savoir est plus rassurant que l'ignorance ; au moins, je connaissais l'ennemi, ou je me figurais le connaître.

Bizarrement, le jargon cycliste et le jargon médical avaient des points communs. Dans les deux cas, le sang était au centre de la question. En cyclisme, on peut tricher en ingérant une substance qui augmente le nombre de globules rouges. Pour lutter contre le cancer, si mon hémoglobine descendait en dessous d'un certain niveau, on me donnait cette même substance, l'epogen, ou EPO. Je ne pouvais entamer un cycle de chimio que si mon pourcentage de neutrophiles dans le sang était assez élevé pour supporter les toxines : j'étais tenu à respecter certains chiffres, et les cancérologues cherchaient à mesurer dans mon sang la même chose que les médecins du sport : mon seuil de stress physiologique.

J'ai bientôt maîtrisé ce nouveau jargon, qui fourmillait de sigles et de noms barbares tels qu'ifosfamide (une substance chimiothérapeutique), séminome (un type de tumeur), lacticodéshydrogénase (LDH, autre marqueur sanguin). Je me suis mis à utiliser couramment des expressions telles que « protocole thérapeutique ». Je voulais tout savoir. Je voulais des deuxièmes avis, des troisièmes, des quatrièmes.

J'ai commencé à recevoir des montagnes de courrier, des cartes de vœux de rétablissement ou d'encouragement, des suggestions de traitements complètement loufoques. Je lisais tout. La lecture du courrier était une manière d'échapper à la déprime ; le soir, Lisa et ma mère m'aidaient à faire le tri, et nous répondions au plus grand nombre possible de lettres.

Un soir, j'ai ouvert une lettre sur papier à en-tête en relief ; elle provenait de la fac de médecine de l'Université Vanderbilt, et était signée d'un certain Dr Steven Wolff, chef du service de transplantation médullaire. Le Dr Wolff me disait qu'il était professeur de médecine et cancérologue, mais également grand fan de cyclisme, et me proposait son aide. Il me suggérait d'explorer toutes les autres options thérapeutiques, et se disait disponible si j'avais besoin de conseils ou de soutien. Deux choses, dans sa lettre, ont attiré mon attention ; tout d'abord sa connaissance évidente du cyclisme, ensuite un paragraphe dans lequel il m'exhortait vivement à solliciter l'avis du Dr Larry Einhorn lui-même, le cancérologue de l'Université d'Indiana, le grand expert de la question. Wolff ajoutait : « Il faut que vous sachiez qu'il existe d'autres chimiothérapies qui auraient l'avantage de limiter les effets secondaires éventuels, évitant ainsi de compromettre vos capacités de coureur. »

J'ai décroché mon téléphone et j'ai composé son numéro. « Salut, ici Lance Armstrong. » Wolff est resté un peu baba, mais il s'est repris rapidement ; après un bref échange de politesses, il m'a posé quelques questions pleines de tact sur mon traitement. Wolff m'a expliqué qu'il ne voulait surtout pas porter tort à mes médecins d'Austin, mais qu'il souhaitait aussi m'aider. Je lui ai répondu que je suivais le protocole standard du cancer des testicules métastasé, le BEP. « Mon pronostic n'est pas bon. »

À partir de ce moment, mon traitement est devenu une affaire de collaboration. Avant, je voyais la médecine comme un art pratiqué par des médecins isolés sur des patients isolés. Le médecin était tout-puissant, le patient entièrement livré à son savoir absolu. Mais je commençais à prendre conscience qu'il n'y avait pas de mal à vouloir intégrer plusieurs méthodes, plusieurs personnes dans mon traitement, et que le malade était aussi important que le médecin. Le Dr Reeves était mon urologue, le Dr Youman mon cancérologue, et maintenant le Dr Wolff devenait mon ami et conseiller, le troisième œil, la personne à qui je pouvais demander : « Ce truc-là, qu'est-ce que ça veut dire ? » Chacun de ces médecins jouait un rôle crucial. Non seulement ma santé n'était plus entre les mains d'une seule personne mais, surtout, je commençais à endosser ma part de responsabilité.

« Quel est votre taux de bêta-HCG ? » me demande Wolff.

La gonadotropine chorionique est la protéine endo-crine qui stimule les ovaires des femmes ; c'est un indice important dans le sang parce que l'homme en bonne santé n'en produit pas. Je farfouille dans mes papiers, je consulte divers chiffres.

« Ah, j'ai trouvé : 109.

— Bon, 109 c'est élevé, mais pas catastrophique. »

Je regardais toujours la feuille. Tout d'un coup, je vois une notation après le chiffre.

« Euh, ça veut dire quoi le K après le chiffre ?

— Ça veut dire que c'est 109 000 », me dit Wolff.

Pendant quelques instants, nous gardons le silence tous les deux. Quelle bombe. Si 109 c'était élevé, 109 000 c'était quoi ? Au bout d'un moment, Wolff veut connaître les niveaux de mes autres marqueurs, l'AFP et la LDH. Je le bombarde de questions, je tire aussi vite qu'il peut répondre, et je conclus d'un : « Qu'est-ce que ça veut dire tout ça ? » accablé.

Wolff m'explique que j'ai trop de HCG dans le sang, même en tenant compte de mes tumeurs aux pou-mons. D'où provient-elle ? En douceur, il me suggère d'explorer d'autres traitements, plus agressifs. Ensuite, il m'assène le coup de massue : avec un taux pareil, mon pronostic passe dans la catégorie la plus basse.

Quelque chose d'autre le tracassait. La bléomycine était extrêmement toxique pour le foie et les poumons. Il considérait le traitement du cancer comme quelque chose de très personnel : ce qui marchait pour un patient ne marchait pas nécessairement pour un autre. Dans mon cas, la bléomycine n'était peut-être pas la médication la plus indiquée. Un cycliste a besoin de toute sa capacité pulmonaire, au même titre qu'il a besoin de ses jambes. Une exposition prolongée à la bléomycine signerait quasi certainement la fin de ma carrière. Il existait des alternatives, me dit-il. Des choix à envisager.

« Je connais des gars qui sont les meilleurs au monde dans le traitement de ce type de cancer. » Il m'a expliqué qu'il était un ami d'Einhorn et de son équipe. Il m'a également recommandé deux autres services de cancérologie, l'un à Houston et l'autre à New York. Qui plus est, il m'a proposé de m'obtenir lui-même des rendez-vous. Immensément soulagé, j'ai accepté.

Une fois de plus, ma mère était sur la brèche. Dès le lendemain matin, elle avait mis de l'ordre dans mon dossier médical et l'avait faxé à Houston et à Indianapolis. À dix heures, alors que j'étais sorti à vélo, le téléphone sonnait à la maison : c'étaient deux cancérologues de l'hôpital de Houston. Ma mère a discuté de mon cas avec ces voix désincarnées.

« Nous avons bien examiné son dossier, lui a dit l'un des deux. Pourquoi n'avez-vous pas fait faire d'IRM du cerveau ?

— Une IRM... mais pourquoi ? leur a demandé ma mère.

— Ses taux sont tellement élevés que nous pensons que son cerveau est atteint.

— Je suppose que vous plaisantez.

— Ses taux sont trop élevés, a répété l'autre médecin. Normalement, quand on voit des chiffres aussi hauts, c'est qu'il y a une tumeur au cerveau. À notre avis, il lui faut un traitement plus agressif. »

Hébétée, ma mère a lâché :

« Mais... il vient de commencer sa chimio.

— Écoutez, comme il est parti, nous ne pensons pas que votre fils puisse s'en tirer.

— Ne redites jamais ça devant moi, d'accord ? leur a répondu ma mère. Depuis que cet enfant est né, je me bats pour lui.

— Nous n'avons qu'un conseil à vous donner : venez à Houston immédiatement, nous commencerons un traitement.

— Lance va rentrer dans un instant, a dit ma mère d'une voix tremblante. Je lui en parle et on vous rappelle. »

Quelques minutes plus tard, elle m'accueillait en me disant : « Mon fils, il faut que je te parle. » En la voyant complètement défaite, j'ai eu cette sensation familière de trou qui s'ouvre au fond de l'estomac. Au bord des larmes, elle m'a résumé la teneur de l'entretien. Je n'ai pas réagi, je suis resté assis en silence ; plus ça devenait grave, plus je me taisais. Au bout d'une minute, très calme, je lui ai répondu que je voulais parler aux médecins moi-même et entendre leur avis de leur propre bouche.

Ils m'ont répété ce qu'ils avaient déjà dit à ma mère. Accablé de lassitude, j'ai accepté de prendre rendez-vous dès que possible. Après avoir raccroché, j'ai bipé le Dr Youman et je lui ai résumé brièvement ma conversation avec les médecins de Houston. « Docteur Youman, ils pensent que le cerveau est atteint et que je devrais passer un scanner.

— Eh bien... justement, j'avais prévu de vous convoquer pour demain, m'a répondu Youman. Vous avez rendez-vous à midi. »

D'un ton navré, il m'a expliqué qu'il était arrivé à la même conclusion que les médecins de Houston : le cancer avait migré dans mon cerveau.

Ensuite, j'ai appelé Steve Wolff pour lui rapporter la conversation, en précisant que j'avais pris rendez-vous à Houston pour le lendemain. Steve m'a dit que j'avais bien fait, mais il m'a recommandé de ne pas oublier de contacter l'Hôpital universitaire de l'Indiana, qui était l'épicentre du traitement du cancer des testicules. Tous les protocoles du pays étaient calqués sur ceux d'Einhorn, alors pourquoi ne pas s'adresser à Dieu plutôt qu'à ses saints ? Einhorn voyageait actuellement en Australie, mais Wolff m'a proposé de m'envoyer consulter son bras droit, le Dr Craig Nichols. J'ai accepté et il a pris rendez-vous pour moi.

Le lendemain matin, je me suis présenté au centre d'imagerie médicale. Lisa, ma mère et Bill m'avaient accompagné ; ma grand-mère était venue de Dallas en avion. Cette fois, j'étais fataliste. J'ai dit au Dr Youman : « Je suis sûr que c'est arrivé à mon cerveau. Je sais que c'est ce que vous allez m'annoncer. »

Pour supporter un scanner du cerveau il ne faut pas être claustrophobe. On vous enfourne dans un tunnel tellement étroit que les parois touchent presque le nez et le front. On a la sensation de suffoquer. J'avais horreur de ça.

Les résultats sont tombés presque aussitôt. Ma mère et ma grand-mère attendaient dans le couloir avec Bill, mais j'avais tenu à ce que Lisa m'accompagne dans le bureau du Dr Youman. Je me suis agrippé à sa main. Le Dr Youman a jeté un coup d'œil au cliché ; à contrecœur, il m'a dit : « Il y a deux taches au cerveau. »

Lisa a enfoui son visage dans ses mains. J'étais préparé au choc, elle pas. Ma mère non plus. En sortant la retrouver, je lui ai dit simplement : « On va à Houston. » Pas besoin d'être plus explicite. Elle avait compris.

Le Dr Youman m'a dit : « D'accord, allez consulter

à Houston. C'est une très bonne idée. » Je savais déjà qu'il était un excellent médecin ; j'appréciais maintenant qu'il sache s'effacer. Il resterait mon cancérologue pendant mes séjours à Austin, je le verrais pour les multiples prises de sang et examens de routine, mais en voyant tant de générosité et de bonne volonté à coopérer avec ses collègues, j'ai compris que je venais de gagner un ami.

Lisa et ma mère ne pouvaient pas s'empêcher de pleurer. Elles étaient assises dans le couloir, les joues ruisselantes de larmes. Mais moi, bizarrement, j'étais de marbre. Je faisais mentalement le bilan de ma semaine, qui avait été chargée. Diagnostic mercredi, opération jeudi, sortie vendredi soir, banque du sperme samedi, conférence de presse lundi matin, chimio lundi après-midi. Aujourd'hui, jeudi, le crabe avait migré dans mon cerveau. Mon adversaire s'avérait beaucoup plus puissant, beaucoup plus malin que je l'avais imaginé. Les nouvelles qu'on m'annonçait allaient de mal en pis : *c'est remonté dans les poumons, c'est un stade III, vous n'êtes pas couvert par l'assurance maladie, et maintenant le cerveau est atteint.*

Mais croyez-le ou pas, ce n'est pas sans un certain soulagement que j'ai entendu ce dernier diagnostic, le pire de tous : j'ai eu l'impression que j'arrivais au bout de l'horreur. On ne pouvait plus m'annoncer de catastrophe, je touchais le fond.

Une fois à la maison, ma mère a repris ses esprits ; elle s'est installée devant le fax avec tout mon dossier pour que les médecins de Houston puissent en prendre connaissance en détail avant de me recevoir. Lisa était vissée au canapé du séjour comme à une coquille de noix au milieu de l'océan. J'ai appelé Bart : « L'hôpital de Houston nous reçoit. » Il m'a demandé si je voulais qu'il m'accompagne, j'ai dit oui. Départ prévu le lendemain à six heures du matin.

Chaque fois que mon diagnostic s'affinait, je harcelais mes médecins de questions impitoyables, je voulais connaître les chiffres, toujours les chiffres, *quelles sont mes chances ?* Elles diminuaient de jour en jour. Le Dr Reeves m'avait annoncé cinquante pour cent, « mais en réalité je pensais vingt », me dirait-il plus tard. S'il avait été tout à fait franc, il m'aurait avoué qu'en m'examinant, début octobre, il avait failli pleurer parce qu'il croyait avoir devant lui un garçon de vingt-cinq ans en phase terminale. Il avait un fils de mon âge. Si Bart Knaggs avait été tout à fait franc, il m'aurait dit que son futur beau-père était médecin, et que, quand il avait appris que j'avais des métastases aux poumons, il lui avait dit : « Ton ami est foutu. »

Quelles sont mes chances ? Cette question-là, si je ne l'ai pas posée mille fois je ne l'ai pas posée une seule. Mais à quoi bon ? Qu'importait la réponse, puisque les statistiques ne prennent pas en compte l'insondable ; puisqu'il n'existe aucune méthode fiable pour évaluer les chances d'un patient. Nous ne devrions même pas essayer de les mettre en chiffres, parce que ces chiffres ont une marge d'erreur irréductible et tuent l'espoir, le seul antidote à la peur.

Ces questions : *Pourquoi moi ? Quelles sont mes chances ?* resteraient éternellement sans réponse. Peu à peu, j'en suis arrivé à les condamner comme narcissiques. J'avais passé la plus grosse partie de ma vie à opérer selon un schéma simple : gagner ou perdre. Mais le cancer m'enseignait à tolérer les ambiguïtés. Je commençais à voir que la maladie frappe sans discrimination et sans respect pour les pronostics. Elle fauche un être fort qui se bat avec courage et épargne miraculeusement un fumeur résigné à mourir. J'étais toujours parti du principe qu'il me suffirait de gagner des courses cyclistes pour acquérir force et valeur morale. Ça n'avait rien à voir.

Pourquoi moi ? Pourquoi le voisin ? je ne valais ni plus ni moins que le type assis à côté de moi dans la salle de chimio. Ça n'avait rien à voir avec la valeur.

De la peur ou de l'espoir, quel est le plus fort ? Question intéressante, importante même, peut-être. Au début, j'avais très peur et peu d'espoir, mais ce jour-là, où j'ai été obligé d'embrasser toute l'étendue de ma maladie, j'ai refusé de laisser la peur tordre le cou à mon optimisme. Quelque chose me disait qu'il ne fallait jamais la laisser régner en maître sur le cœur, et j'ai décidé de la rayer de mon mental.

Je voulais vivre, mais y arriverais-je ? Mystère. Confronté à cette évidence, et malgré tout le poids du moment, je commençais à sentir que regarder ce formidable mystère au fond des yeux n'était pas entièrement négatif. On apprend infiniment de choses quand on fait ce voyage au bout de la peur. On en revient fort de la connaissance de sa faiblesse, et ça vous change un homme. J'ai mordu la poussière, et je n'ai trouvé qu'un seul refuge, la philosophie : plus que jamais auparavant, cette maladie m'obligerait à exiger davantage de moi en tant que personne, à modifier mon éthique.

Quelques jours plus tôt, j'avais reçu un e-mail d'un militaire stationné en Asie. Il était cancéreux et tenait à me faire passer un message. « Tu ne le sais pas encore, m'écrivait-il, mais nous avons de la chance. »

J'ai dit tout haut : « Il est fêlé ce mec-là ! »

Qu'est-ce qu'il pouvait bien vouloir dire ?

5.

Conversations avec le cancer

L'idée qu'un hôte indésirable avait élu domicile dans ma tête avait un côté intime et alarmant. Quand un truc va se loger dans votre cerveau, c'est qu'il vous en veut à mort. J'ai décidé de répondre sur le même registre, et je me suis mis à parler à mon cancer, à avoir des dialogues intérieurs avec lui. J'essayais d'être ferme dans mes discussions. « Tu t'es trompé de type, tu vas le regretter, je lui disais. Quand t'as cherché un corps pour t'installer, t'as pas choisi le bon, t'as fait une grosse erreur. Alors maintenant fous le camp, et ne reviens jamais. »

Mais je sentais bien que c'étaient encore des fanfaronnades de coureur cycliste. Le visage que j'ai vu dans la glace ce matin-là avait la mine pâle et les yeux vitreux ; ma bouche était une ligne mince et dure. Dans ma voix intérieure, s'exprimait une chose qui ne m'était pas familière : l'incertitude.

J'ai essayé de négocier avec. *Si la nouvelle donne c'était de ne plus jamais remonter sur un vélo mais d'avoir le droit de vivre*, je me disais, *d'accord, je prends. Montrez-moi où je dois signer. Je changerai de cap, j'irai en fac, je serai éboueur. Mais qu'on me laisse vivre.*

Le matin du voyage à Houston, nous nous sommes

levés avant l'aube. Nous sommes montés dans la Volvo de ma mère, elle au volant, moi à l'arrière, avec Lisa. Ça ne me ressemble pas, je ne laisse jamais le volant à personne. C'est vous dire à quel point j'étais préoccupé. Perdus dans nos pensées et fatigués comme nous l'étions après une mauvaise nuit, nous n'avons pas échangé dix mots pendant les trois heures de trajet. Ma mère appuyait sur l'accélérateur comme pour se débarrasser d'une corvée. Elle était tellement égarée qu'elle a failli écraser un chien.

Houston était une métropole gigantesque, ses accès et ses périphériques engorgés. Sa traversée nous a mis les nerfs à vif. Enfin, à neuf heures, nous avions trouvé l'hôpital et nous nous installions dans la salle d'attente... où nous avons poireauté deux heures, tant nous avions d'avance. J'avais l'impression d'être encore bloqué dans un embouteillage.

Le centre hospitalier universitaire était immense, avec ses unités d'enseignement, ses couloirs sans fin qui résonnaient comme des cavernes et grouillaient de gens, de malades, de bébés hurlants, de proches rongés par le souci, de personnel administratif bourru, d'infirmières harassées, de médecins, de stagiaires. Au plafond, des tubes fluo répandaient la lumière blafarde et sournoise si typique des hôpitaux, le rayon plat impitoyable qui sculpte des visages pâles et tendus. Cette attente interminable a achevé de me mettre à cran. Je feuilletais des magazines, je tambourinais du bout d'un crayon sur le bras du fauteuil, je passais des coups de fil sur mon portable.

Enfin, le médecin que j'avais eu au téléphone est apparu. Premier face-à-face : il incarne l'image même du jeune médecin soigné, la trentaine passée, manières courtoises, physique mince et musclé genre marathonien du dimanche sous sa blouse blanche.

« J'ai suivi votre parcours, je suis content de vous voir. »

Mais une fois les politesses épuisées, le praticien avait, au chevet du malade, des manières abruptes et froides. Nous étions à peine assis qu'il me décrivait son protocole. Il continuerait de me traiter à la bléomycine, mais à des doses bien plus agressives que ce que me donnait Youman.

« Vous ressortirez d'ici à quatre pattes. »

Mes yeux se sont écarquillés tout grands, ceux de ma mère aussi. J'avais le souffle coupé. Il a poursuivi : « Je vais vous tuer. Jour après jour, je vais vous tuer, et ensuite je vais vous ramener à la vie. On va vous bombarder de chimio, encore et encore. » Et ensuite, à brûle-pourpoint : « Vous ne pourrez plus marcher. Quand on en aura terminé avec vous, on va devoir vous réapprendre à marcher. »

Et encore : je n'aurais probablement jamais d'enfants parce que le traitement me rendrait stérile. Je ne pourrais plus remonter sur un vélo, parce que la bléomycine me mettrait les poumons en charpie. Je souffrirais atrocement. Plus il parlait, plus je frémissais d'horreur devant les images saisissantes de mon affaiblissement. Je lui ai demandé pourquoi il fallait que le traitement soit aussi pénible. « Vous faites partie des pires cas. Mais ici, nous vous offrons votre seule chance de vous en sortir. Nous savons faire. »

Quand il s'est tu, ma mère tremblait. Quant à Lisa, on aurait dit qu'elle venait d'échapper à un attentat terroriste. Bart, lui, était furieux. Il avait interrompu le médecin pour lui poser des questions sur des traitements alternatifs. Bart sait poser les bonnes questions, il sait prendre des notes, c'est un homme très méthodique ; il se faisait du souci pour moi, il voulait me protéger. L'autre l'avait renvoyé dans ses buts.

« Écoutez, m'a-t-il dit. Vos chances de vous en tirer ne sont pas fameuses. Mais elles augmenteront en flèche si vous nous choisissez, nous. »

Je lui ai demandé ce qu'il pensait du protocole mis au point par le Dr Einhorn à Indianapolis. Ses manières se sont aussitôt teintées de dédain. « Vous pouvez aller à Indianapolis si ça vous chante, mais je vous parie ce que vous voudrez qu'on vous reverra ici. Leur traitement ne marchera jamais sur un cas avancé comme le vôtre. »

Pour conclure, il m'a dit qu'il me prenait en chimio tout de suite. « Il n'y a que chez nous que vous pourrez bénéficier de ce genre de soins ; si vous ne le faites pas, je ne donne pas cher de votre avenir. »

Je lui ai demandé de me laisser y réfléchir pendant le déjeuner : je lui communiquerais ma réponse dans l'après-midi.

Nous avons roulé dans Houston comme des zombies. Nous avons fini par trouver une sandwicherie, mais le verdict sans appel nous avait coupé l'appétit. Je me sentais talonné, incapable de prendre cette décision en toute sérénité ; nous étions vendredi et il voulait démarrer dès lundi.

J'étais découragé. Je pouvais accepter l'idée que ma vie était en danger, mais m'imaginer totalement débilité, ça, c'était désespérant. Mollement, j'ai passé en revue le pour et le contre de la proposition du médecin ; j'ai demandé à ma mère, à Lisa et à Bart ce qu'ils en pensaient. Comment discuter d'un sujet pareil ? J'ai essayé de souligner les points positifs de l'entretien, j'ai même osé dire que la combativité et l'assurance de ce médecin m'avaient plu. Mais il était clair que ma mère était ressortie terrifiée de son bureau.

Le protocole conseillé par Houston m'apparaissait

beaucoup plus lourd que ce qu'on m'offrait ailleurs. Je me disais, *tu ne marcheras pas, tu n'auras pas d'enfants, tu ne courras plus.* D'habitude, j'étais plutôt du genre à m'accommoder parfaitement de l'agressivité et de la violence. Mais tout d'un coup je me disais, *ce n'est peut-être pas ça que je veux ; pour une fois, ce n'est peut-être pas ça qu'il me faut.*

J'ai eu besoin d'entendre l'avis du Dr Wolff. Plus je le connaissais, plus je l'appréciais. Cet homme était une combinaison de matière grise et de bon sens, et n'avait pas une once d'autosuffisance. Je lui ai tracé les grandes lignes du protocole et de ses conséquences. « Il veut que je commence le traitement tout de suite. Il attend ma réponse cet après-midi. »

Au bout du fil, Wolff gardait le silence. Il réfléchissait. Enfin, il m'a dit : « Ça ne peut pas faire de mal de demander un avis supplémentaire. » Il ne voyait pas où était l'urgence. La crise n'était pas si grave qu'elle m'interdise d'aller consulter à Indianapolis. Plus j'y pensais, plus ce conseil me paraissait sage. Pourquoi, en effet, ne pas aller cueillir l'opinion des grands pontes du cancer des testicules, que tous les autres médecins du pays écoutaient comme parole d'évangile ?

Sur le téléphone de voiture, j'ai composé le numéro du Dr Craig Nichols, l'associé d'Einhorn. Je lui ai expliqué que mon cas était grave, que je recherchais plusieurs avis et que le temps pressait. « Je peux venir tout de suite ? »

Nichols attendait mon coup de fil. « Nous vous recevrons dès demain, si vous pouvez être ici de bonne heure. » C'était un samedi ; normalement il n'y avait pas de consultations, mais il ferait une exception. J'ai appris plus tard que ce n'était pas vraiment une exception. Le personnel de l'hôpital ne refuse aucun malade, quel que soit son état, et reste en contact téléphonique quotidien avec patients et médecins dans le monde entier.

Il était déjà trois heures, et je redoutais une nouvelle confrontation avec le médecin, qu'il fallait que je revoie pour reprendre mon dossier. Visiblement, il souhaitait ardemment me traiter, mais il nous avait terrorisés. Quand je lui ai dit que je préférais attendre un ou deux jours pour prendre ma décision, il est resté courtois et m'a souhaité bonne chance. Il m'a quitté en me disant : « Simplement, n'attendez pas trop longtemps. »

La perspective du voyage à Indianapolis a dopé le moral de ma mère ; elle a repris les choses en main. Au bureau de Bill Stapleton, elle a pu joindre Stacy Pounds, son assistante : « Stacy, il nous faut des billets d'avion pour Indianapolis. » On s'est entassés dans la voiture, on a filé à l'aéroport, et on a laissé la Volvo au parking longue durée. On n'avait ni vêtements de rechange ni brosse à dents parce qu'on croyait rentrer le soir même de Houston. Au comptoir de la compagnie, quatre billets nous attendaient. Stacy avait même réussi à nous avoir des premières classes.

Une fois à Indianapolis, ma mère s'est démenée de nouveau. Elle nous a loué une voiture. Il faisait froid, mais elle avait découvert un hôtel tout près de l'hôpital, auquel il était relié par un passage couvert. Elle s'est chargée des formalités, et nous nous sommes écroulés sur nos lits. La nuit serait courte, nous avions rendez-vous de bonne heure avec le Dr Nichols.

Une fois de plus, je me suis levé avant l'aube ; je suis allé me coiffer dans la salle de bains. Je m'étais coupé les cheveux très court pour anticiper les effets de la chimio. Ce matin-là, une grosse touffe est restée sur mon peigne. J'ai mis une casquette.

Je suis descendu. J'ai trouvé ma mère dans la salle à manger, où était dressé un buffet à l'européenne, avec céréales et fruits. En la rejoignant à sa table, j'ai ôté ma casquette.

« Je perds mes cheveux.

— Que veux-tu, on s'y attendait », m'a-t-elle dit en se forçant à sourire.

J'ai pris mes radios et mes dossiers sous mon bras et, dans l'obscurité glaciale, nous avons emprunté le pont couvert qui enjambait la rue.

Le centre hospitalier universitaire était abrité dans un grand bâtiment de style administratif. Nous sommes montés par l'ascenseur jusqu'au service de cancérologie, où on nous a fait entrer dans une salle de réunion éclairée par une grande baie vitrée.

Le soleil se levait à peine ; par cette immense fenêtre, il diffusait dans la pièce une lumière chaude et colorée. Pendant toute l'heure suivante, il a continué sa lente ascension dans le ciel, m'inondant d'un sentiment de bien-être.

Nous avons rencontré les médecins qui me prendraient en charge. Craig Nichols avait un air distingué, petite barbe rase et manières modestes. Il est entré avec un gobelet de café à la main. Je ne buvais plus de café, et ça me manquait terriblement. J'obéissais aux bonnes règles de la nutrition : si me priver de caféine pouvait me sauver la vie, alors je n'en avalerais plus une goutte. Mais je regardais la tasse de Nichols comme un fumeur invétéré une cigarette proscrite. Je lui ai demandé :

« Vous m'interdiriez le café ?

— Eh bien, ce n'est certainement pas ce qu'il y a de plus indiqué pour vous, mais une petite tasse de temps en temps, ça ne vous tuera pas. »

Un certain Scott Shapiro, un neurochirurgien, accompagnait Nichols. Il était grand, un peu voûté, et ressemblait comme deux gouttes d'eau à l'acteur Abe Vigoda avec ses yeux enfoncés et ses sourcils broussailleux. Une fois les présentations faites, le Dr Nichols a résumé mon cas pour Shapiro : diagnostic récent d'un cancer métastasé des testicules. « Les examens ont révélé des métastases aux poumons et deux taches au cerveau », a-t-il dit à Shapiro.

Nous nous sommes assis. Le soleil continuait de monter dans le ciel, et de répandre sa chaleur et sa lumière à travers la vitre. L'hôpital était silencieux, et Nichols parlait avec calme et sans façons. Une sorte de paix intérieure m'a envahi peu à peu. Pendant que Nichols parlait, je l'observais. Il était très décontracté, s'appuyait contre les murs, se renversait sur sa chaise, se raclait la gorge. À un moment, il a basculé sa chaise en arrière en croisant ses mains derrière sa nuque. Il était clair que si cet homme ne se prenait pas pour un héros, sous ses manières douces il était très sûr de ses compétences. Il me plaisait de plus en plus.

« Nous, *ooonnh*, avons bon espoir de *ooonnhh* vous guérir. »

Je lui ai appris que nous venions de Houston. Je m'attendais à ce qu'il me dise autant de mal d'eux qu'on m'en avait dit de lui, mais il s'est montré grand seigneur : « Leur établissement est très bien et nous apprécions leur travail. » Ensuite, il a pris mon dossier, l'a étudié. Il a plaqué mes radios des poumons sur le négatoscope et je les ai regardées par-dessus son épaule. Il me désignait les anomalies, comptait les tumeurs, douze en tout, « des nodules bilatéraux multiples », pour reprendre ses termes. Certaines étaient grosses comme des grains de poussière, d'autres faisaient 2,7 centimètres de diamètre. Ensuite, il a pris mon scanner du cerveau et il m'a montré les deux zones anormales, juste sous la voûte crânienne. Deux points blancs de la taille d'un grain de raisin.

J'étais tout yeux tout ouïe. Quand on a sous les yeux ses métastases au cerveau, il n'y a pas à dire, ça capte l'attention. Nichols faisait des suggestions, presque en passant, sur mon pronostic et la manière dont il s'y prendrait pour combattre ma maladie. Il s'exprimait en termes simples et directs.

« Vous êtes à un stade avancé, et la présence des lésions cérébrales complique les choses. » Il m'a expliqué qu'on ne traite pas les lésions cérébrales par la chimio à cause de la barrière hématoencéphalique : c'est une sorte de barrage physiologique qui protège le cerveau un peu à la manière de douves autour d'une citadelle, et empêche les substances utilisées en chimiothérapie de l'attaquer. Il y avait deux options, la radiothérapie et la chirurgie. Il était plutôt en faveur de cette dernière.

Comme d'habitude, j'ai exigé des informations factuelles et précises. *J'ai combien de chances ?*

« Eh bien, compte tenu de votre handicap au départ (traduction : votre diagnostic a été tardif), les pourcentages de réussite sont faibles. Mais c'est potentiellement curable. À mon avis, vos chances ne sont pas loin de cinquante pour cent. »

Tout en étant réaliste et posé, Nichols respirait l'optimisme. Il m'a expliqué que, grâce à l'usage du platine, il y avait presque toujours un espoir de guérir d'un cancer des testicules. Il avait vu des malades à

des stades plus avancés que moi vaincre la maladie.
« Ici, on hérite des cas les plus difficiles. Même si vous
vous situez dans les pronostics les plus défavorables,
nous avons guéri des malades plus atteints que vous. »

Ensuite, il m'a dit quelque chose qui m'a renversé :
il voulait adapter mon traitement de façon à ce que je
puisse remonter sur un vélo. Et ça, c'était la seule
chose qu'aucun médecin, à part Steven Wolff, ne
m'avait jamais dite. Aucun. J'en suis resté tellement
éberlué que je ne l'ai pas cru. Le voyage à Houston
m'avait sapé le moral, en particulier la description
qu'on m'avait faite des rigueurs du traitement et des
mesures qui pourraient me sauver. Ma priorité c'était
la survie. « Je vous demande simplement de m'aider à
vivre. »

Nichols, lui, croyait non seulement à ma guérison
mais à mes chances de courir de nouveau. Il ne ferait
rien qui puisse compromettre mon pronostic de survie,
mais il voulait trouver un protocole qui épargnerait
mes poumons. Il en existait un, toujours à base de platine, qui était une combinaison de vinblastine, d'étoposide, d'ifosfamide et de cisplatine et qui, s'il était
beaucoup plus toxique à court terme, serait nettement
moins nocif pour mes poumons que le protocole standard à base de bléomycine. Avec l'ifosfamide, je souffrirais davantage de nausées, de vomissements et
d'effets secondaires à court terme. Si je pouvais supporter trois cycles de ce traitement en complément de
celui de BEP que je venais de subir, j'avais mes
chances de me débarrasser de mon cancer et de revenir
à un niveau de compétition.

« Vous voulez dire qu'on peut tenter ça au lieu de
ce qui se fait partout ailleurs ? a demandé ma mère.
Pas de bléomycine ?

« — Nous ne voulons pas détruire ses poumons », a répondu Nichols.

Il a poursuivi : pour les tumeurs au cerveau, il préférait la chirurgie à la radiothérapie, qui constituait pourtant le traitement standard. Mais les radiations peuvent laisser des séquelles sur le système nerveux central ; certains malades présentent une détérioration du raisonnement et des troubles de la cognition et de la coordination. « Ils ne sont jamais tout à fait eux-mêmes après avoir été exposés aux rayons. » Dans mon cas, il y avait le risque d'une légère perte d'équilibre. Si ce n'était pas grave pour l'homme de la rue, ça pouvait suffire à m'interdire les descentes alpines, où tout repose sur l'équilibre.

À son tour, Shapiro a pris la parole. Je l'ai regardé : non seulement il ressemblait à l'acteur aux yeux tristes, mais, sous sa blouse, il portait un survêtement Adidas avec trois bandes sur le côté et des fermetures à glissière aux chevilles. Ses cheveux rebiquaient sur son col. *Ce mec-là est neurochirurgien ?* Il avait plutôt l'air d'un glandeur que d'un toubib.

« J'aimerais jeter un coup d'œil aux IRM et aux scanners », dit-il presque avec nonchalance.

Nichols les lui tend. Shapiro les affiche sur le négatoscope et les examine en hochant lentement la tête.

« Mmmmouais, bon, fait-il, c'est tout à fait simple. Pas de problème.

— Vous avez dit pas de problème ? » Je n'en croyais pas mes oreilles.

Shapiro m'a montré les lésions : situées à la surface, elles étaient relativement faciles d'accès ; il utiliserait une technique appelée stéréotaxie, qui lui permettrait de localiser très précisément les cellules cancéreuses, et donc de pratiquer une incision relativement petite.

« Ça permet d'isoler les lésions avant l'opération, et de limiter notre temps d'intervention dans la région crânienne au quart de ce qu'elle aurait été auparavant.

— Quels sont les risques ?

— Sur un patient jeune, les risques dus à l'anesthésie sont minimes, ainsi que les risques d'infection ou d'hémorragie. Le risque d'embolie est réduit lui aussi. La seule chose à craindre éventuellement serait que vous ayez une faiblesse d'un côté du corps. Mais l'opération est simple, et vous avez l'air d'un solide gaillard. Pour vous, ce devrait être une promenade de santé. »

J'étais fatigué, je ne croyais plus à rien. J'ai été un peu brusque :

« Il va falloir me convaincre que vous savez ce que vous faites.

— Écoutez, des opérations comme ça j'en ai pratiqué un paquet, m'a dit Shapiro. Je n'ai jamais fait mourir personne, et tous mes patients se portent mieux après qu'avant.

— Ouais, mais pourquoi vous confier ma tête, à vous plutôt qu'à un autre ?

— Parce que aussi bon que vous soyez en cyclisme, je suis cent fois meilleur en neurochirurgie. »

J'ai ri. Il me plaisait. La matinée touchait à sa fin ; je me suis levé en leur disant que nous allions réfléchir pendant le déjeuner et que ma décision serait prise avant le soir.

Tout d'abord, j'avais besoin de réunir mon cabinet de crise. Des décisions, j'en avais mille à prendre, tout aussi stressantes les unes que les autres. Choisir mes médecins et mon lieu de traitement, ce n'était pas tout à fait la même chose que choisir un fonds de pension. Quand j'investissais, je demandais à connaître mes retours sur cinq ans, et je choisissais le plan le plus intéressant. Mais là, c'était complètement différent. Le retour sur investissement, c'était ma vie ou ma mort.

En face de l'hôpital, il y avait une galerie marchande dans laquelle nous avons trouvé une brasserie. Nous avons déjeuné dans un silence pesant. Mes trois compagnons craignaient de m'influencer. J'ai essayé de leur soutirer quelques commentaires. Peine perdue.

Je lançais : « Bon, à Houston ils disent que j'ai de bonnes chances de guérir, mais ici ils veulent adapter mon protocole, c'est peut-être pas mal. » Aucune réponse, aucun indice dans un sens ou dans l'autre. La neutralité parfaite. Ils savaient qu'il fallait aboutir à une décision, mais une décision qui m'appartiendrait entièrement.

Tout en mangeant, je réfléchissais à tous les tenants et aboutissants. Je voulais être sûr d'avoir bien jaugé les médecins et compris leur programme de soins. Je repartais de zéro, j'avais fait une croix sur ma carrière et je me résignais même à en faire une sur ma vie, mais Nichols et Shapiro semblaient trouver ces concessions prématurées. J'ai donc choisi de leur faire confiance, à eux et à leur style décontracté à dessein, à leur modestie, à leur refus de se laisser ébranler par mes provocations. Ils étaient exactement ce qu'ils donnaient à voir : deux médecins très fatigués, très ridés, des puits de science pourtant, et je me doutais bien que je n'en trouverais jamais de meilleurs.

J'avais essayé de poser des questions incisives, mais Nichols était resté imperturbable et franc. Il n'était pas du genre à se laisser entraîner dans des surenchères, à vanter sa boutique en démolissant celle des autres. Il était simplement très professionnel et sûr de sa crédibilité.

Tout d'un coup, c'est sorti : « Bon, j'ai vraiment

l'impression que ces types-là savent de quoi ils parlent. Ils me plaisent bien. Si je dois passer sur le billard, le Dr Shapiro n'a pas l'air inquiet, c'est lui qui m'opérera. »

Autour de moi, les visages se sont illuminés. « Tout à fait d'accord », a enfin risqué Bart.

Et ma mère : « Je pense que tu as fait le bon choix. »

Nous sommes retournés à l'hôpital, où j'ai revu le Dr Nichols. « C'est chez vous que je veux être soigné.

— Bon, parfait, m'a dit Nichols. Rendez-vous ici dès lundi pour quelques analyses, opération mardi. »

Il m'a expliqué que, juste après l'opération, je démarrerais la nouvelle chimio avec lui. Il a fait venir l'infirmière-chef, LaTrice Haney, qui s'occuperait de moi. Nous nous sommes assis autour d'une table pour planifier mon traitement.

Je leur ai dit de ne pas lésiner : « Vous ne pouvez pas me tuer. Allez-y, frappez-moi avec tout ce que vous avez, remettez-en. Les doses que vous donnez aux autres, doublez-les. Je veux être sûr qu'on ne laisse rien passer. On l'aura, cette saloperie. »

Nichols et LaTrice ont dû me détromper immédiatement : « Croyez-moi, m'a dit Nichols, je peux vous tuer. C'est tout à fait possible. » Je m'étais mis dans la tête, à tort mais en partie à cause de ma conversation avec le médecin de Houston, que pour me soigner il fallait me bombarder. Or la chimio est un tel poison qu'il suffit d'une overdose et *toc*, on est mort. Nichols voulait d'ailleurs attendre une semaine avant de commencer parce qu'il trouvait mon taux de globules blancs encore trop bas depuis mon premier cycle de BEP. Je ne pourrais affronter mes nouvelles séances qu'une fois fin prêt physiquement.

LaTrice Haney a pris le relais. Elle m'a paru très

correcte, très experte dans son métier, même si j'allais découvrir à la longue qu'elle avait un esprit caustique. Très didactique, elle a disséqué pour moi tous les éléments de mon traitement, m'expliquant non seulement le rôle de chacun, mais pourquoi ça marchait, et j'ai eu l'impression que sa compétence sur le chapitre de la chimiothérapie excédait jusqu'à celle des médecins. J'ai essayé de retenir tout ce qu'elle me disait, parce que j'étais bien résolu à prendre en main ma santé et toutes les décisions la concernant. Ma mère était toujours inquiète, naturellement. Elle lui a demandé :

« Est-ce que ça va le rendre malade ?

— Il aura probablement des nausées, peut-être des vomissements, lui a répondu LaTrice. Mais nous disposons de tout nouveaux médicaments qui réduisent ces malaises, même s'ils ne les éliminent pas totalement. »

Elle m'a dit que tous les produits qu'on m'introduirait dans le corps seraient comptés goutte à goutte, et tout ce qui en sortirait analysé. Elle s'exprimait avec tant de calme et de concision que, quand elle a eu terminé, je n'avais plus une seule question à lui poser et ma mère avait l'air rassérénée. Elle avait répondu à tout.

Une semaine plus tard, nous revenions à Indianapolis. Ma mère avait toujours mon dossier avec elle, et ne se séparait plus d'un immense sac en plastique à glissière dans lequel nous transportions mes vitamines et mes médicaments. Depuis près de trois semaines, elle vivait sur la valise de week-end qu'elle avait apportée de Dallas et dans laquelle elle n'avait même pas pensé à fourrer un pull. Il faisait tellement froid à Indianapolis qu'elle a dû chiper une couverture dans l'avion.

Au centre hospitalier, il a fallu recommencer la fastidieuse procédure d'admission ; ma mère plongeait la main dans son sac pour fournir une pièce après l'autre à la secrétaire, qui notait tous les renseignements pertinents et nous posait des tas de questions.

« Qu'est-ce que vous aimez manger ?

— Eh bien, les sucres me sont interdits, et aussi le bœuf et les produits laitiers gras. On m'a recommandé beaucoup de poulet biologique. »

Elle m'a regardé avec de grands yeux et elle m'a dit : « Qu'est-ce que vous avez le droit de manger ? »

Je me suis rendu compte que j'étais dans un hôpital, pas dans un restaurant. Mais ma mère était furieuse. Elle s'est dressée de toute la hauteur de son mètre cinquante-sept, en disant : « Mon fils se fait opérer du cerveau demain. Alors on ne joue pas à ça avec moi, vu ? Notre nutritionniste nous a recommandé un certain régime. Si vous ne pouvez pas le respecter, tant pis. Je m'occuperai moi-même de le nourrir. » À partir de ce moment-là, à chacune de ses visites elle m'a apporté à manger.

Dès qu'elle a vu ma chambre, elle l'a trouvée trop bruyante. C'était la première après le poste d'infirmerie ; ma mère s'est dit que le bruit des conversations, juste derrière ma porte, me dérangerait. Elle a exigé qu'on m'en donne une autre et j'ai déménagé au bout du couloir, où c'était plus calme.

L'après-midi, le Dr Shapiro m'a préparé pour l'opération. L'un des nombreux agréments de la stéréotaxie, c'est qu'on vous colle des pastilles un peu partout sur le crâne pour repérer l'emplacement des tumeurs et le tracé des incisions.

Tout d'un coup, avec ces points, les scalpels s'affûtaient, le bloc opératoire se concrétisait. Me dire que toute cette panoplie c'était pour marquer les endroits où on allait *m'ouvrir le crâne*, ça m'ébranlait. Je ne trouvais pas de manière élégante de le formuler : c'était là que le chirurgien allait *faire un trou dans ma tête.*

« LaTrice, l'idée qu'on va m'ouvrir le crâne, c'est... je ne sais pas si je peux supporter. »

Je me heurtais à un mur. J'avais beau vouloir être positif, refuser la peur, je ne voyais pas comment échapper à l'évidence : les tumeurs au cerveau, c'était mortel. Le reste m'apparaissait curable, mes autres organes et appendices n'étaient pas aussi importants. Mais le cerveau, ce n'était pas rien. Je me souvenais d'une petite comptine que j'avais entendue un jour : « Touche à ton cerveau, plus rien tu ne vaux. » Quand on vous trépane, on vous atteint au plus profond de vous-même.

Mon entourage était aussi effrayé que moi, sinon plus. Tous mes proches avaient sauté dans l'avion. Och, Carmichael, Bill, Kevin, je les voulais tous auprès de moi, et je les savais heureux de pouvoir me donner leur présence, heureux de se sentir utiles. Mais la peur se lisait sur leurs visages, dans leurs yeux agrandis et leur jovialité forcée ; alors j'essayais de me mettre au diapason, de cacher mes doutes.

« Je suis prêt à la bagarre, prêt pour le billard, et c'est pas moi qu'on va trouver tout tremblant de trouille en voyant arriver le brancard. »

Quand on est malade, on prend conscience qu'on n'est pas le seul à avoir besoin de soutien : parfois, c'est à nous de soutenir les autres. Il n'était pas normal que ce soit toujours à mes amis de dire : « Tu vas t'en sortir. » De temps en temps, c'était mon tour de les rassurer : « Je m'en tirerai, vous en faites pas. »

On a regardé les Championnats du monde de base-

ball en faisant semblant de s'intéresser aux résultats
— comme s'il n'y avait rien de plus important la veille
d'une opération du cerveau que les résultats du match
de base-ball. On a parlé Bourse, course cycliste. Les
e-mails et les cartes arrivaient par wagons entiers, de
la part de gens que je ne connaissais pas ou dont je
n'avais pas eu de nouvelles depuis des années. On les
lisait tout haut.

Tout d'un coup, ça m'a pris, il a fallu que je
connaisse l'état de mes finances. J'ai mis Chris et Och
au courant de mes problèmes d'assurance maladie ; on
a sorti papiers et crayons et on s'est mis à faire des
additions. « Voyons un peu où j'en suis. On laisse rien
passer, il faut que je sache combien j'ai au centime
près, sur quoi je peux compter. J'ai besoin de savoir où
je vais. » On a essayé de calculer si je pouvais garder la
maison, pour arriver à la conclusion que j'avais de quoi
reprendre des études... à condition de la vendre. Cette
perspective me fendait le cœur, mais j'essayais de me
faire une raison en me disant, pas de chance, j'ai eu
une mauvaise donne. Si j'ai vraiment besoin de cet
argent, j'y serai bien obligé. J'ai fait le total de ce que
j'avais, de ce que je pouvais tirer de mes voitures et
de ce que j'avais mis de côté sur mon plan épargne
retraite.

*Immobilier : 220 000 dollars. Piscine et parc :
60 000 dollars. Meubles et tableaux : 300 000 dollars.
Reprise : 50 000 dollars.*

En fin d'après-midi, Shapiro est venu dans ma
chambre. « Il faut qu'on parle de votre opération, me
dit-il d'un ton grave.

— Comment ça ? Je croyais que ce n'était rien du
tout ?

— Euh, ce n'est pas aussi simple. »

Shapiro m'explique que les tumeurs sont situées au-dessus de deux zones importantes : le centre de la vision et le centre de la coordination. Voilà qui expliquait ma vision floue. Il me promet de me faire une intervention de grande précision, avec une incision minime, limitée si possible à moins d'un millimètre des lésions. Finies les grosses incisions d'antan. N'empêche, ce n'est pas très ragoûtant de s'entendre décrire ce genre de choses. Je crois que, jusqu'alors, je n'avais pas complètement accepté la gravité de l'opération ; à entendre Shapiro, ça m'avait paru tout simple : il irait grattouiller mes lésions et tout rentrerait dans l'ordre. Maintenant qu'il me donnait les détails, je me rendais compte que, vu les zones où il allait intervenir, à la moindre erreur je risquais de perdre la vue, ou ma motricité, ou ma coordination.

Shapiro a bien compris que je commençais à paniquer sec. « Écoutez, je n'ai jamais vu personne avoir envie de se faire ouvrir le crâne. Si vous n'aviez pas peur, vous ne seriez pas normal. »

Il m'a assuré que je m'en remettrais rapidement : je ne passerais qu'une journée en réanimation et, après une deuxième journée de convalescence, je pourrais attaquer bille en tête ma nouvelle chimio.

Ce soir-là, malgré mon manque d'appétit, nous nous sommes trouvé un petit restaurant, dans le centre commercial en face de l'hôpital, qui faisait de la bonne cuisine européenne. J'avais toujours mes pois de couleur sur la tête et mon bracelet d'identification autour du poignet, mais je m'en fichais complètement. J'étais trop heureux de sortir de l'hosto et de bouger un peu. Si les gens voulaient me dévisager, qu'ils me dévisagent. Demain, j'aurais le crâne rasé.

Comment regarde-t-on sa propre mort en face ? Il m'arrive de penser que cette histoire de barrière hématoencéphalique qui isole le cerveau n'est pas seulement physique, mais aussi psychique. Peut-être notre psyché a-t-elle aussi un mécanisme protecteur qui nous empêche d'accepter notre condition de mortel tant que nous n'y sommes pas absolument obligés.

La veille de mon opération, j'ai pensé à la mort. J'ai essayé de nommer ce qui comptait le plus pour moi, je me suis demandé, si je dois mourir, est-ce que je veux mourir en me battant bec et ongles, ou partir en paix ? Quels traits de caractère voulais-je qu'on retienne de moi ? Étais-je satisfait de moi et de ce que j'avais fait de ma vie ? J'ai conclu que dans l'ensemble, j'étais quelqu'un de bien, même si j'aurais pu mieux faire, mais en même temps je comprenais que tout ça, le cancer n'en avait rien à cirer.

Je me suis demandé en quoi je croyais. Je n'avais jamais beaucoup prié. J'espérais dur, je souhaitais fort, mais je ne priais pas. Pendant mon enfance, j'avais appris à me méfier des religions et des églises, mais j'étais convaincu d'avoir une conscience, et foi en ce que je faisais. Je me sentais la responsabilité d'être quelqu'un de bien, et par bien j'entends juste, travailleur, honnête et digne d'estime. Si j'y arrivais, si j'étais bon envers ma famille, fidèle à mes amis, si je rendais à la société ce qu'elle me donnait, ou si je soutenais une cause juste, si je n'étais ni menteur, ni tricheur, ni voleur, alors je pensais avoir rempli mon contrat. À la fin de la journée, si je devais comparaître devant un tribunal, j'espérais qu'on mettrait ma sincérité dans la balance, et non le fait que j'aie cru à tel ou tel livre ou que j'aie ou non reçu le baptême. Si je devais rencontrer un Dieu au bout du chemin, j'espérais qu'Il ne me dirait pas : « Dis donc, tu n'es pas chrétien, que je sache, alors il n'y a pas de place pour toi au paradis. » Parce que je lui répondrais : « Ah bon, c'est comme ça ? Eh bien tant mieux. »

J'avais aussi une foi totale, absolue, dans les médecins, la médecine et la chirurgie. Je croyais en eux. Je me disais, un type comme le Dr Einhorn, quelqu'un qui, il y a vingt ans, a eu l'idée de mettre au point un traitement qui peut me sauver aujourd'hui, ça force la confiance. Pour moi, son intelligence et ses travaux étaient des valeurs sûres.

Sorti de ça, je ne savais absolument pas où situer la limite entre la croyance spirituelle et la foi en la science. Mais je savais une chose : croire était une valeur en soi. Croire contre tout espoir, contre toutes les preuves du contraire, passer outre à l'évidence de la catastrophe — existait-il une alternative ? Et je me rendais compte que nous le faisions au quotidien. Nous sommes infiniment plus forts que nous l'imaginons ; la capacité de croire est la caractéristique la plus vaillante et la plus tenace de l'être humain. Croire alors que nous savons que rien ne peut guérir de la brièveté de la vie, qu'il n'y a pas de remède à notre condition, c'est l'acte le plus courageux qu'il m'ait jamais été donné de connaître.

Continuer de croire en moi, en mes médecins, en mon traitement ou en n'importe quoi d'autre, oui, décidément, rien n'était plus important. Forcément.

Sans cela, que nous resterait-il, sinon un sentiment d'échec inéluctable, chaque jour de notre vie, qui finirait par avoir raison de nous ? Avant mon cancer, je n'avais jamais compris avec quel acharnement nous luttons au quotidien contre les courants contraires de la vie, contre la sape lente et régulière du cynisme.

Découragement et déception, voilà quels étaient les véritables périls de la vie, et non quelque maladie soudaine ou l'apocalypse du millénium. Maintenant, je savais pourquoi le cancer faisait peur : parce que c'est une mort lente et inévitable, parce que c'est la définition même du cynisme et du désespoir.

Donc, j'ai cru.

Il y a toujours une raison à un oubli. J'ai effacé de ma mémoire ce que j'ai pensé et ressenti au matin de mon opération ; mais je me souviens parfaitement de la date, le 25 octobre, parce que je me suis réveillé fou de joie d'être en vie.

Ma mère, Och et Bill Stapleton étaient dans ma chambre dès six heures du matin ; les infirmières sont venues me préparer pour le bloc. Avant une opération du cerveau, on vous fait passer un test de mémoire. On vous dit : « On va vous donner trois mots simples ; vous allez essayer de vous les rappeler le plus longtemps possible. » Certains opérés d'une tumeur cérébrale ont des pertes de mémoire et oublient ce qu'on leur a dit dix minutes plus tôt. Si la tumeur a fait des dégâts, ce sont les petits détails qu'on est incapable de retenir.

L'une des infirmières m'a dit : « Ballon, épingle, allée. Plus tard, nous vous demanderons de nous répéter ces trois mots. »

Ça pouvait être une demi-heure après, ou trois heures, mais on finirait par me les demander à un moment ou un autre ; si je les avais oubliés, je serais dans de sales draps. Je ne voulais surtout pas qu'on me croie atteint mentalement ; j'essayais encore de prouver que je n'étais pas aussi malade qu'on voulait bien le dire dans le corps médical. J'étais tellement décidé à me rappeler ces trois mots que je n'ai pensé qu'à ça pendant un bon bout de temps : *ballon, épingle, allée. Ballon, épingle, allée.*

Une demi-heure plus tard, un médecin est venu me les demander.

Tout confiant, je lui ai répondu : « Ballon, épingle, allée. »

L'heure de descendre au bloc est arrivée. Le long du couloir, ma mère a accompagné mon chariot jusqu'aux portes derrière lesquelles m'attendait une armée de chirurgiens et d'infirmières masqués. On m'a transféré sur la table d'opération pendant que l'anesthésiste se préparait à me mettre KO dans les règles.

Je me sentais en verve.

« Dites donc, vous avez vu le film *Malice* ? »

Une infirmière fait non de la tête.

Me voilà parti. Je me lance dans le résumé de l'action : Alec Baldwin joue le rôle d'un chirurgien doué mais arrogant qui est poursuivi pour mauvaise pratique ; au procès, un avocat l'accuse de souffrir du complexe de Dieu, c'est-à-dire de se croire infaillible.

Baldwin se lance dans un grand plaidoyer, mais finit par s'accuser lui-même. Il décrit la tension et les pressions qui pèsent sur le chirurgien alors qu'il doit prendre dans la demi-seconde des décisions dont dépend la vie ou la mort du patient. Il dit :

« Dans ces moments, messieurs, je ne me prends pas pour Dieu. Je *suis* Dieu. »

Et je termine en imitant Alec Baldwin.

Mot suivant : « Hooonnhh. »

Je perds connaissance.

Mais dans ce plaidoyer, tout n'est pas tiré par les cheveux ; il y a même une vérité absolue. Tandis qu'ils m'envoyaient chez Morphée, les chirurgiens tenaient

mon avenir entre leurs mains. Non seulement mon avenir, mais mon sommeil et mon réveil futur. Pendant
ce laps de temps, ils étaient les Êtres suprêmes. Mes
médecins étaient mes dieux.

L'anesthésie c'est le trou noir : on a toute sa tête et
pouf, la seconde suivante on n'existe plus. En vérifiant
ses dosages, l'anesthésiste m'a fait reprendre connaissance avant le début de l'opération. Je me suis rendu
compte que ce n'était pas fini, et même que ce n'était
pas commencé ; j'étais furax. J'ai bafouillé : « Alors
merde, faudrait s'y mettre ! »

J'ai entendu Shapiro dire : « Tout va bien », et je
suis retombé dans les pommes.

Tout ce que je sais de l'opération, naturellement,
c'est ce que m'en a rapporté Shapiro ensuite. Je suis
resté sur le billard environ six heures. Il m'a trépané,
et il s'est attaqué aux lésions. À peine enlevées, il les
a passées à un anatomopathologiste qui les a regardées
au microscope.

En examinant les tissus sur-le-champ, on pouvait
déterminer le type de cancer et ses probabilités de propagation. Dans le cas d'un cancer coriace et agressif,
il y avait de fortes chances de trouver des lésions autre
part.

Mais l'anatomopathologiste a relevé le nez de son
appareil. Surpris, il leur a dit :

« C'est du tissu nécrosé.

— Nécrosé ? a répété Shapiro.

— Absolument », a confirmé l'autre.

Il était impossible d'affirmer que toutes les cellules
étaient mortes, bien entendu. Mais elles présentaient
toutes les caractéristiques de la nécrose, ce qui les rendait inoffensives. On n'aurait pu souhaiter meilleure
nouvelle. Cela voulait dire que leur progression était

stoppée. Par quoi avaient-elles été tuées ? Je l'ignore, et les médecins aussi. Il n'est pas rare de découvrir du tissu nécrosé.

Shapiro est allé voir ma mère sur-le-champ en lui disant : « Il est en réanimation, il va bien. » Il lui a expliqué ce qu'ils avaient trouvé et les conclusions qu'ils en avaient tirées, en lui précisant qu'ils avaient enlevé toutes les tumeurs.

« Un résultat qui dépasse toutes nos espérances », a-t-il conclu.

Je reviens à moi... lentement... une lumière vive... quelqu'un me parle.

Je suis en vie.

J'ouvre les yeux. Une salle de réveil, Scott Shapiro penché sur moi. Un chirurgien qui vous a percé le crâne pour vous extraire un bout de cerveau et vous a tout remis en place est inévitablement confronté à un moment de vérité. Aussi excellent soit-il, ce n'est pas sans anxiété qu'il attend de vérifier que tout fonctionne, que le malade réagit.

« Vous vous souvenez de moi ?

— Vous êtes mon médecin.

— Comment je m'appelle ?

— Scott Shapiro.

— Et vous, comment vous appelez-vous ?

— Lance Armstrong. Et je vous fiche une dérouillée à vélo quand vous voulez. »

Au moment où je sombre à nouveau dans le sommeil, j'aperçois le médecin qui m'avait fait faire mon test de mémoire.

Aussi sec, je lui dis : « Ballon, épingle, allée. »

Et je retombe dans le sommeil noir, le sommeil sans fond et sans rêves des drogues.

Je m'éveille à nouveau dans une chambre à la lumière et aux bruits feutrés. Je suis dans l'unité de soins intensifs. Je lutte contre les brouillards de l'anesthésie. Il fait sombre, le silence est pesant. J'ai envie de partir de là. *Bouge.*

Je remue sous mes draps.

« Il se réveille », dit une infirmière.

Je jette une jambe par-dessus bord.

« Restez là ! crie l'infirmière. Qu'est-ce que vous faites ?

— Je me lève. »

Et je commence à me lever.

Bouge. Si tu bouges, c'est que ça va.

« Pas maintenant. Plus tard. Recouchez-vous. »

Je me suis recouché.

« J'ai faim. »

En revenant à moi, je me suis rendu compte que j'avais la tête couverte de pansements. Mes sensations étaient emmaillotées elles aussi : l'anesthésie, sans doute, mais aussi peut-être la pelote de tubes qui se déroulait tout autour de moi. J'en avais deux dans le nez, et un qui remontait le long de ma jambe et entrait dans mon pénis. J'étais épuisé, vidé de ma substance.

Mais je mourais de faim. Moi qui étais habitué à prendre trois bons repas par jour grâce à ma mère, je rêvais de pleines assiettées fumantes, avec sauce et tout et tout. Je n'avais rien avalé depuis des heures, et mon dernier repas s'était limité à un bol de céréales. Les céréales, un repas ? Un peu de sérieux, voyons.

Une infirmière m'a apporté une assiette d'œufs brouillés.

« Je peux voir ma mère ? »

Au bout d'un moment, elle est entrée sans bruit et

elle m'a pris la main. Je comprenais ce qu'elle ressentait, combien la mère souffrait de voir son enfant dans cet état. Moi qui étais la chair de sa chair, à qui elle avait transmis ses gènes, toutes ses particules, jusqu'au dernier proton de l'ongle de mon petit doigt, elle qui, quand j'étais bébé, avait compté mes respirations dans la nuit, elle croyait m'avoir fait passer le plus dur, et puis il y avait eu ça.

« Je t'aime, maman. J'aime ma vie, la vie que tu m'as donnée, et pour laquelle je ne te dirai jamais assez merci. »

J'ai eu envie de voir mes amis. Les infirmières les ont laissés entrer, deux ou trois à la fois. Si, avant l'opération, j'avais veillé à paraître confiant, maintenant que c'était fini je n'avais plus besoin de jouer les durs, de cacher mon soulagement et ma vulnérabilité. Och est entré, suivi de Chris. Ils m'ont pris les mains, et ça m'a fait du bien de me laisser aller un peu, de leur montrer combien j'avais eu peur. « J'ai pas encore dit mon dernier mot. Je suis toujours là. »

Bien qu'encore un peu dans les vapes, j'ai reconnu tout le monde ; leur état d'esprit était palpable. Kevin avait la voix étranglée d'émotion ; il était tellement ébranlé que j'ai voulu le rassurer. J'ai plaisanté :

« Eh, c'est si grave que ça, ce qui t'arrive ? »

En guise de réponse, il a serré ma main dans la sienne.

« Je sais. C'est dur de voir ton grand frère torpillé. »

Allongé dans mon lit, à écouter les murmures de mes amis, j'oscillais entre deux émotions contradictoires. Tout d'abord, j'étais porté par une gigantesque vague de gratitude. Mais ensuite, une deuxième vague m'enlevait, de colère, qui courait heurter la première.

J'étais vivant, mais furieux, et ces deux sensations étaient indissociables l'une de l'autre. J'étais suffisamment vivant pour céder à la rage. Une rage à tout casser, à tout péter, une rage contre tout et tout le monde, contre le fait que j'étais cloué, ligoté dans un lit, la tête couverte de bandages, le corps perforé de tubes. J'étais, littéralement, fou de rage. J'ai failli en pleurer.

Chris Carmichael m'a pris la main. Il y avait dix ans qu'on travaillait ensemble, on pouvait tout se dire, tout s'avouer. Il m'a demandé :

« Comment tu te sens ?

— Super.

— Bon, maintenant, la vérité : comment tu te sens ?

— Mais Chris, tout va bien.

— Ouais, c'est ça.

— Tu comprends pas, Chris. »

Là, je me suis mis à pleurer.

« Je suis content, tout baigne. Tu sais quoi ? Ça me plaît, moi. Ça me plaît d'avoir toutes les chances contre moi, ça a toujours été comme ça, j'ai jamais rien connu d'autre. Je suis dans une merde noire, mais c'est rien qu'un truc de plus à surmonter, c'est tout. Ça me va au poil. »

J'ai passé la nuit dans l'unité de soins intensifs. À un moment, une infirmière m'a tendu un tube en me demandant de souffler dedans. Le tube était relié à une jauge munie d'une petite boule rouge, et servait à mesurer la capacité respiratoire ; il fallait s'assurer que l'anesthésie n'avait pas endommagé mes poumons.

« Soufflez là-dedans, m'a dit l'infirmière. Et ne vous en faites pas si la boule ne monte que d'une graduation ou deux.

— Vous plaisantez, madame ? C'est mon job, moi, de souffler. Allez, passez-moi votre connerie de truc. »

Je l'ai attrapé et j'ai soufflé. La boule est partie, *pfuit*, jusqu'en haut. Si on avait été sur un champ de foire, j'aurais déclenché la sonnerie.

Je lui ai rendu son appareil.

« Tenez, je veux plus le voir, votre engin. Ils ont rien du tout, mes poumons. »

L'infirmière est sortie sans un mot. J'ai regardé ma mère. Elle sait que je ne mâche pas mes mots, et je m'attendais à me faire taper sur les doigts pour avoir été aussi grossier. Mais elle souriait, aussi fière de moi que si je venais de remporter un trophée. Elle pouvait le constater elle-même : j'avais retrouvé la forme.

« Je te reconnais bien là, mon fils. Tu vas voir, tout ira bien. »

Le lendemain matin, je suis retourné dans ma chambre pour commencer la chimio. Ce premier cycle me retiendrait six jours à l'hôpital ; les résultats seraient critiques.

Je lisais toujours beaucoup sur le cancer, et je savais que, malgré le succès de l'opération, si la chimio n'arrêtait pas la maladie, je risquais d'y rester. Tous les ouvrages résumaient ma situation en quelques mots. Pour n'en citer qu'un : « Les patients dont la maladie continue de progresser pendant une chimiothérapie à base de cisplatine présentent un mauvais pronostic quel que soit le traitement proposé. »

J'ai feuilleté une étude sur le cancer des testicules, qui passait en revue divers traitements avec leurs taux de survie ; en marge, je notais au crayon mes calculs et mes remarques. Mais à peu de choses près, tout revenait à conclure dans les termes de cet article : « Un

échec à obtenir une rémission complète par la chimiothérapie initiale entraîne de faibles chances de survie. »
Bref, avec la chimio c'était quitte ou double.

Je n'avais rien d'autre à faire que de rester au lit en
laissant les toxines s'écouler dans mon corps — et en
me laissant maltraiter par une bande d'infirmières
armées d'aiguilles. Il y a une chose qu'on ne vous dit
pas quand vous vous faites hospitaliser, et cette chose
c'est que vous allez subir un viol collectif. Votre corps
ne vous appartient plus, il appartient aux infirmières et
aux médecins, qui ont l'entière liberté de vous trouer
de toutes parts et de faire entrer de force toutes sortes
de choses dans vos veines et vos divers orifices. Le
cathéter était presque le pire. Il remontait le long de
ma jambe jusqu'à l'aine ; on me le posait et on me
l'enlevait sans cesse, ce qui me mettait au supplice.
D'une certaine manière, les petits actes banals étaient
les plus difficiles à supporter. Au moins, pour l'opération du cerveau, on m'avait endormi. Pour tout le reste,
j'étais bien éveillé ; j'avais des bleus, des égratignures,
des piqûres d'aiguilles un peu partout, sur le dos de la
main, sur les bras, à l'aine. Quand je ne dormais pas,
les infirmières me dévoraient tout cru.

Shapiro est venu me dire que l'opération était un
succès retentissant. L'exérèse des lésions était totale,
et le reste du cerveau était sain. Je ne présentais aucun
trouble intellectuel ou cognitif, et ma coordination était
tout à fait satisfaisante. « Maintenant, il ne nous reste
plus qu'à souhaiter de tout cœur que ça ne revienne
pas. »

Vingt-quatre heures après mon opération du cerveau, je dînais en ville.

Comme me l'avait promis Shapiro, j'ai été très vite

sur pied. Ce soir-là ma mère, Lisa, Och, Chris et Bill m'ont aidé à me lever et à traverser la rue jusqu'à une brasserie bien nommée, puisqu'elle s'appelait Rock Bottom, « le fond du gouffre ». Shapiro ne m'avait rien interdit ; je pouvais respecter mon régime diététique au-dehors comme à l'hôpital. J'ai donc enfilé un bonnet de laine pour cacher mes pansements et nous sommes sortis. Bill avait même pris des billets pour un match des Indiana Pacers, une équipe de la NBA. Il m'a proposé de m'y emmener, mais c'était tout de même un peu trop. J'ai bien tenu le coup pendant tout le repas, mais au dessert j'ai eu un petit passage à vide. Nous avons fait l'impasse sur le match et je suis retourné à mon lit de douleurs.

Le lendemain, Shapiro est venu m'enlever mes pansements. À mesure qu'il déroulait les gazes, je les sentais s'accrocher dans les agrafes ; ça tirait sur ma peau. Enfin, il a levé le voile. Je me suis regardé dans la glace. Deux cercles d'agrafes couraient sur mon crâne, y dessinant des sortes de fermetures à glissière. Shapiro m'a dit : « Moi j'ai rempli mon rôle. Maintenant, à vous. »

J'ai examiné mes nouveaux bijoux dans le miroir. Sous ma peau, je savais que le chirurgien avait utilisé des vis de titane pour fixer les parties trépanées. Le titane est un alliage utilisé dans la fabrication de vélos très légers. Autant prendre la chose avec humour : « Avec un peu de chance, je grimperai plus vite. »

Shapiro est devenu un ami ; pendant tout mon traitement, c'est-à-dire plusieurs mois, il est passé régulièrement prendre de mes nouvelles. Ça me faisait toujours plaisir de le voir, même du fond de mon semi-coma et au pire de mes nausées.

Larry Einhorn est venu lui aussi, dès son retour

d'Australie. Il était débordé, mais il a toujours su trouver le temps de participer à mon traitement. Comme le Dr Nichols et le Dr Shapiro, il faisait partie de ces médecins qui donnent un sens au mot « guérisseur ». Bientôt, j'ai été convaincu qu'ils connaissaient la vie et la mort mieux que quiconque ; ils avaient une vision de l'humanité qui échappait aux simples mortels, parce qu'ils balayaient un immense paysage d'émotions. Ils voyaient les gens vivre et mourir, mais ils voyaient aussi comment ils abordaient la vie et la mort au jour le jour, sans masque, avec toute la force de leur optimisme insensé et de leur incroyable volonté.

« J'ai vu des gens merveilleux, positifs, terrassés par le mal, m'a dit le Dr Einhorn. Et des gens minables, ordinaires, guérir et retourner à leur vie ordinaire. »

Heureusement, toutes les nouvelles n'étaient pas mauvaises. Aucun de mes sponsors n'a essayé de renier ses engagements vis-à-vis de moi. Bill et moi, nous baissions la tête en attendant les coups de téléphone, en vain, heureusement. Au fil des jours, nous n'avons reçu de la part de Nike, Giro, Oakley et Milton-Bradley que des paroles de soutien.

Mon engouement pour Nike remontait au temps où, lycéen, je courais des cross et des triathlons et trouvais leurs messages avant-gardistes cool et leurs athlètes super top. Mais jamais je n'aurais imaginé devenir un sportif Nike, parce que je ne jouais ni au Dodger Stadium, ni au Soldier Field ni à Roland-Garros. Mes terrains à moi c'étaient les routes de France, de Belgique et d'Espagne. Pourtant, quand ma carrière avait commencé à décoller, j'avais demandé à Bill Stapleton de voir s'il pouvait me négocier un contrat avec eux parce que je rêvais de faire partie de leur société. En

1996, juste avant mon diagnostic, Nike m'avait proposé un contrat d'image pour porter leurs chaussures et leurs gants.

Très vite, je m'étais lié d'amitié avec leur représentant pour le cyclisme, Scott MacEachern, et ce n'est donc pas par hasard qu'il avait été l'un des premiers à apprendre ma maladie. Pendant ma conversation avec lui à mon retour de chez le Dr Reeves, j'avais ouvert les vannes et j'avais laissé échapper toutes mes émotions. En larmes, je lui avais tout déballé : la douleur à l'aine, le choc de la radio des poumons. Et puis je m'étais calmé. Après un silence au bout du fil, Scott m'avait dit d'un ton posé, presque décontracté : « Ne t'en fais pas en ce qui nous concerne. On est avec toi. »

Ç'a été pour moi une graine d'espoir qui ne demandait qu'à germer : peut-être n'étais-je pas complètement fichu et isolé. Scott a été fidèle à sa parole : Nike ne m'a pas abandonné. Quand mon état s'est mis à empirer, ç'a été très important pour moi. Qui plus est, mes autres sponsors ont réagi de la même manière. L'un après l'autre, Giro, Oakley, Milton-Bradley m'ont tous exprimé le même soutien.

Non seulement j'étais assuré qu'ils resteraient derrière moi, mais j'ai eu une surprise extraordinaire. Bill remuait ciel et terre pour régler le problème de ma couverture santé. Il avait essayé de trouver l'astuce qui me donnerait droit à l'assurance maladie, mais sans succès.

Un jour, il a appelé Mike Parnell, le directeur général d'Oakley, pour lui expliquer la situation. Très diplomate, il lui a demandé s'il voyait un moyen de m'aider.

Sans hésiter, Mike a dit qu'il trouverait une solution. Tout d'un coup, l'espoir remontait en flèche. Mais à la caisse de prévoyance, ils ont fait des bonds jusqu'au plafond. J'étais malade avant la signature du contrat, et ils n'étaient donc pas obligés de couvrir mes dépenses médicales.

Mike Parnell a décroché son téléphone. Il a menacé le responsable, s'il refusait de me prendre en charge, de changer de caisse.

« Couvrez-le », lui dit-il.

L'autre était toujours aussi réticent.

« J'ai l'impression que vous n'avez pas compris ce que je viens de vous dire », a insisté Mike.

Ils ont cédé.

Toute ma vie, je m'emploierai à faire savoir à tout le monde ce que ça a représenté pour moi, et je courrai pour Oakley, Nike et Giro jusqu'à la fin de ma carrière. Bien qu'étant parfaitement en droit d'annuler mes contrats avec eux, ils les ont honorés à la ligne près, sans même me demander quand j'espérais remonter sur une selle. Par-dessus le marché, quand, bien après, je suis allé les trouver en leur annonçant : « Dites, je viens de créer une fondation caritative contre le cancer et j'ai besoin d'argent pour organiser un cyclethon », ils ont tous mis la main au porte-monnaie. Alors, qu'on ne me parle plus du cynisme du monde des affaires. Jour après jour, le cancer m'apprenait à porter un regard plus pénétrant sur mes congénères, à remiser au placard mes idées toutes faites et mes jugements simplistes.

Cette première semaine d'hôpital me réservait encore d'autres bonnes nouvelles. Après quelques jours de chimio, mes numérations globulaires ont commencé à remonter. Les marqueurs diminuaient, ce qui voulait dire que le cancer réagissait au traitement. Mais le bout du tunnel était encore loin, et je commençais à ressentir les effets secondaires contre lesquels Nichols m'avait mis en garde. Vers la fin de la semaine, l'euphorie due à la réussite de mon opération s'émoussait et cédait la place aux ravages de l'ifosfamide. J'avais l'impression d'avoir le corps bourré de poison, et j'étais si faible que je n'avais qu'une envie : contempler le mur de ma chambre, quand je ne dormais pas. Hélas, ce n'était que le début : il me restait encore deux cycles à subir.

Sept jours après l'opération, je suis rentré chez moi. Je reviendrais à Indianapolis bien assez tôt. Mais au moins, je n'avais pas discuté pour rien avec mon hôte indésirable : il commençait à entendre raison.

6.

Chimio

La question était simple : qu'est-ce que la chimio tuerait en premier ? le cancer ou moi ? Ma vie, qui ne tenait plus qu'à ce tube intraveineux, est devenue une rengaine écœurante : quand je ne souffrais pas, je vomissais, quand je ne vomissais pas, je pensais à ma maladie, quand je ne pensais pas à ma maladie, je me demandais quand j'en verrais la fin. La chimio c'est ça.

Les souffrances se vivaient dans les détails, dans les cruels à-côtés du traitement. Le cancer me donnait un vague sentiment de malaise, mais la chimio m'infligeait une succession interminable d'horreurs quotidiennes, à tel point que j'ai fini par trouver le remède aussi terrible, sinon pire, que le mal. Ce que le profane associe au cancer, la perte des cheveux, le teint gris, l'amaigrissement, ce sont en fait les effets secondaires du traitement. La chimio c'était une brûlure dans les veines, la sensation d'être lentement dévoré de l'intérieur par un fleuve plein de polluants, sans même ciller, puisque je n'avais plus de cils. La chimio c'était une toux constante, qui faisait remonter des profondeurs de ma poitrine des caillots noirs et de mystérieux amas goudronneux et sombres. La chimio c'était constamment courir aux toilettes plié en deux.

Pour arriver à la supporter, je m'imaginais crachant mes tumeurs calcinées. Je me représentais les substances chimiques en train de les attaquer, de les roussir à petit feu, de les expulser de mon organisme. Quand j'allais aux toilettes, je souffrais le martyre, mais je me disais que j'éliminais des cellules cancéreuses mortes. J'imagine que c'est en effet ce qui se passe. Il faut bien qu'elles partent quelque part, non ? Je crachais mon cancer, je le pissais, je m'en débarrassais par tous les moyens.

Je ne vivais plus que pour ma chimio. Tous les tableaux sur lesquels je notais les rendez-vous et les échéances étaient passés au second plan, et remplacés par les diagrammes de mes diverses posologies. J'ai passé toutes les fêtes de cet automne et de l'hiver suivant soit en chimio, soit en train de récupérer entre deux cycles. À Halloween, je distribuais des bonbons aux infirmières avec une perfusion dans le bras. Pour Thanksgiving, j'étais chez moi, affalé sur mon canapé, et ma mère tentait de stimuler mon appétit avec quelques bouchées de dinde. Je dormais dix à douze heures par nuit et, quand je veillais, j'errais dans un état qui tenait du décalage horaire et de la gueule de bois.

La chimio a un effet cumulatif ; au cours des quatre cycles que j'ai subis en l'espace de trois mois, les toxines se sont accumulées dans mon corps. Au début c'était supportable ; à la fin du second cycle, j'avais constamment mal au cœur et envie de dormir, mais c'était tout. Je me présentais à l'hôpital d'Indianapolis le lundi et j'y restais pour cinq jours de traitement à raison de cinq heures par jour, jusqu'au vendredi. Entre deux séances, je vivais attaché vingt-quatre heures sur vingt-quatre à une perfusion de solution saline. Ce protecteur chimique était censé préserver mes défenses immunitaires des effets toxiques de l'ifosfamide, une substance très dangereuse pour les reins et la moelle osseuse.

Mais arrivé au troisième cycle, je me traînais à quatre pattes. Les nausées déferlaient sur moi vague après vague, et j'avais l'impression qu'à l'intérieur, tous mes organes vitaux me lâchaient. Au quatrième cycle — on n'en prescrit jamais davantage, et seulement dans les cas les plus graves — je ne quittais plus la position fœtale et je vomissais sans arrêt.

Le Dr Nichols m'a proposé de me laisser faire ma chimio à Austin, en hôpital de jour. « Vous pouvez faire vos séances chez vous, et nous vous verrons en consultation. » Mais moi, je tenais absolument à faire la navette jusqu'à Indianapolis pour rester sous surveillance constante.

« Si mon état empire, je veux que vous puissiez vous en apercevoir. Et s'il s'améliore, pareil. »

Et pourtant la chimio, ça n'avait pas l'air si méchant. Comment associer une telle toxicité à un aspect aussi inoffensif ? Les solutions arrivaient dans trois poches de plastique transparent de 50 centimètres cubes, étiquetés à mon nom, avec la date, la dose, le volume à injecter. D'une limpidité cristalline, elles flottaient innocemment dans leurs conteneurs. Pour un peu, on aurait dit des solutions glucosées. Mais l'indice révélateur, c'était les gros gants de latex que l'infirmière enfilait pour les manipuler, et l'étiquette « Toxique ». L'infirmière insérait un bout du tube dans la poche, l'autre dans mon cathéter, et tout ça transitait dans mon sang. Il fallait une heure pour écouler le premier sac, une heure et demie pour le second et une demi-heure pour le dernier.

Ces produits étaient si nocifs qu'ils pouvaient littéralement détruire mon sang. J'avais l'impression qu'on me décapait les veines. Il y a une explication médicale à cette sensation : le plus fréquent et le plus grave effet secondaire de la chimio est la myélosuppression, c'est-à-dire l'inhibition de la production et de la maturation des globules rouges. Les plaquettes aussi diminuent, et le malade risque l'anémie. Pendant le troisième cycle, mon hématocrite — le rapport du volume globulaire au volume sanguin total — est tombé à moins de 25, alors que la normale se situe à 46. Ironie du sort, on m'a fait prendre un stimulateur de globules rouges dont j'ai parlé plus haut, l'epogen, ou EPO. Dans toute autre situation, la prise d'EPO m'aurait valu de sacrés problèmes auprès de la Fédération internationale de cyclisme et du Comité international olympique, car cette substance est considérée comme un dopant. Mais dans mon cas, ce terme n'était pas vraiment approprié. L'EPO était la seule chose capable de me maintenir en vie.

La chimio ne se contente pas de tuer le cancer, elle attaque aussi les cellules saines. Elle attaquait ma moelle, mes muscles, mes dents, mes muqueuses buccale, pharyngée, gastrique, et m'exposait à toutes sortes d'infections. Mes gencives saignaient. Ma bouche était pleine d'aphtes. Et naturellement, je perdais l'appétit, ce qui posait un grave problème à long terme. Si je manquais de protéines, je ne pourrais jamais reconstituer mes tissus après que le traitement aurait bouffé mes cheveux, ma peau, mes ongles.

Le plus dur c'était le matin. La perfusion se terminait un peu avant le dîner, j'essayais d'avaler quelque chose, et ensuite je m'allongeais pour regarder la télévision ou recevoir des visites. La chimio avait le temps de faire son chemin dans mon corps pendant toute la nuit, et je m'éveillais avec une nausée atroce. La seule chose que mon estomac tolérait, c'était des beignets aux pommes qu'on vendait à la cafétéria de l'hôpital. Étrangement, la pâte croustillante, le sucre glace et la compote apaisaient les brûlures de ma langue et de mon estomac.

Tous les matins, Jim Ochowicz arrivait avec une boîte pleine ; il s'asseyait au pied du lit et on les dégustait ensemble. Il m'en a apporté tous les jours sans exception, même quand je n'étais plus en état d'avaler quoi que ce soit.

La chimio c'est solitaire. Ma mère avait fini par retourner à Plano après mon opération ; elle avait épuisé son crédit vacances et ne pouvait pas se permettre de prendre un congé sans solde. Ça lui fendait le cœur de me laisser, parce qu'elle croyait au pouvoir salvateur de sa simple présence.

Quand j'étais au lycée, elle était persuadée qu'il lui suffirait de garder l'œil sur moi pour m'éviter des accidents. Quand un vent du nord verglaçait les rues de Plano, mes copains et moi on allait sur le parking, on attachait une luge à un pare-chocs et on se traînait à tour de rôle. Ma mère était là, dans sa voiture, à nous observer. Elle me disait : « J'ai l'impression que si je suis là, il ne peut rien t'arriver. » Pour la chimio c'était pareil, mais elle était bien obligée de repartir.

Och, fidèle compagnon de chevet et père par procuration, l'a relayée. Il a fait le long trajet du Wisconsin en voiture pour assister à chacune de mes séances. Il comprenait le lent travail de corrosion qu'exerce la chimio sur le moral du malade parce qu'il avait perdu son père du cancer. Il savait combien le traitement est décourageant, fastidieux, et il se mettait en quatre pour me divertir. Il m'a appris à jouer au pouilleux. Assis près de moi, il distribuait les cartes pendant des heures. Quelquefois, on faisait des parties à quatre avec Bill et Lisa. Il me lisait le journal, ou mon courrier, quand j'étais trop malade pour le faire moi-même.

Il m'emmenait faire quelques pas tout en poussant ma perfusion. On parlait de tout, du cyclisme, des opérations boursières sur le web. Un après-midi, on a parlé de la mort. On était assis au soleil sur un banc devant l'hôpital. « Tu vois, Och, je ne me sens pas prêt à partir, je crois que je vais vivre encore un peu. Je n'ai pas peur de mourir si je ne peux pas faire autrement, mais je ne suis pas encore tout à fait convaincu que le crabe est plus fort que moi. »

Mais la chimio était une sorte de mort en éveil. Je somnolais dans mon lit, perdant la notion du temps et même du jour et de la nuit, ce qui me perturbait beaucoup. J'étais complètement désorienté ; j'avais l'impression que ma vie se désintégrait, me filait entre les doigts. Och avait mis sur pied une petite routine pour ponctuer les heures de la journée. Il m'apportait les beignets pour le petit déjeuner et bavardait avec moi jusqu'à ce que je m'endorme au milieu d'une phrase. Quand il voyait mon menton tomber sur ma poitrine, il me quittait sur la pointe des pieds. Quelques heures plus tard, il revenait avec une assiette de légumes, ou un sandwich qu'il était allé acheter au-dehors. Après le déjeuner, on jouait aux cartes jusqu'à ce que je commence à dodeliner de la tête et à battre des paupières. Il me prenait les cartes des mains, les replaçait dans le paquet et sortait sur la pointe des pieds.

Bill et Lisa eux aussi ont été là pendant tout mon traitement ; d'autres passaient me voir quand ils étaient en ville, et mes fidèles sponsors et vieux amis se relayaient à mon chevet. Och, Bill et Lisa, c'était le noyau dur, ma garde rapprochée. Chaque soir, ils m'apportaient à dîner ; si je me sentais assez bien, je descendais avec eux à la cafétéria en traînant ma petite perche derrière moi. Mais je n'avais jamais d'appétit ; je cherchais simplement à rompre la monotonie. Ensuite, on remontait regarder la télé jusqu'à ce que je me mette à somnoler. Ils me quittaient vers sept heures et je passais la nuit seul.

Ils ont pris l'habitude de dîner ensemble tous les trois, parfois avec mes autres visiteurs, Chris Carmichael ou Scott MacEachern. Ils allaient au Palomino Euro Bistro ou à un vieux grill à steak excellent, Saint Elmo, et ils terminaient la soirée au bar de l'Hôtel Canterbury, à fumer des cigares. Si je n'avais pas été malade, je n'aurais pas rêvé mieux. Quand ils se préparaient à me quitter, je leur disais d'un ton accusateur : « Dites donc, vous allez encore prendre une cuite, hein ? »

Quand LaTrice venait m'administrer ma chimio, aussi malade que je me sente je me redressais dans mon lit et, autant que possible, je m'intéressais à ce qu'elle me concoctait.

« Qu'est-ce que vous me donnez aujourd'hui ? C'est quoi la mixture ? »

J'avais appris à lire une radio aussi bien qu'un médecin, et je connaissais tous les termes et tous les dosages de la chimio. Je posais des questions pièges à LaTrice, et je lui indiquais les mélanges qui me donnaient le moins de nausées. « Essayez un peu moins de ceci, un peu plus de cela. »

Je n'étais pas un malade docile. J'étais saumâtre, agressif, je l'importunais sans arrêt. Je personnalisais mon cancer, que j'avais surnommé « le Salaud ». C'était l'ennemi à abattre, le défi à relever. Il était tout pour moi. Quand LaTrice me disait : « Buvez cinq verres d'eau par jour », j'en buvais quinze, à la file, jusqu'à ce que ça me dégouline sur le menton.

La chimio menaçait de me priver de mon indépendance et de ma résolution, et je trouvais ça vexant. J'étais tenu en laisse au bout d'une perfusion vingt-quatre heures sur vingt-quatre, et c'était beaucoup me demander que d'abandonner mon sort entre les mains du personnel soignant. Je tenais à participer à mon traitement, à jouer mon rôle jusqu'au bout. Je suivais de près les résultats des prises de sang et des radios, et je harcelais LaTrice avec la ténacité du Grand Inquisiteur.

« Qui va s'occuper de moi aujourd'hui, LaTrice ?

« C'est quoi ce médicament, LaTrice ?

« Et celui-là, à quoi il sert, LaTrice ? »

Je la bombardais de questions, comme si mon traitement ne dépendait que de moi. C'était elle qui donnait les ordres aux autres infirmières : elle établissait mon programme, mon régime anti-émétique, elle gérait mes symptômes. Je gardais trace de tout. Je savais exactement ce qu'on m'injectait et à quelle heure, et je remarquais les moindres entorses à la routine.

LaTrice adoptait avec moi un air de patience exagéré. Voici un échantillon des tortures auxquelles je la soumettais :

« Quelle dose vous me donnez là, LaTrice ?

« C'est quoi le principe de ce truc-là ?

« C'est la même chose qu'hier ?

« Pourquoi vous me donnez un truc différent ?

« À quelle heure on commence, LaTrice ?

« Quand est-ce que je termine, LaTrice ? »

Je me faisais un jeu de prévoir l'heure précise de la

fin d'une perfusion. Je consultais ma montre, je regardais les sacs se vider au goutte à goutte dans mon corps et j'essayais, en calculant la vitesse d'écoulement, de connaître l'heure de la fin du traitement, à la seconde près.

« À quelle heure, exactement, ma dernière goutte, LaTrice ? »

Plus nous nous connaissions, plus nous prenions plaisir à nous envoyer des vannes. Je l'accusais de faire exprès, par cruauté, de me refuser mes anti-émétiques. J'adorais mon Atavan, et j'essayais de lui extorquer du rabe. C'était la seule chose qui m'empêchait de m'arracher mes tubes quand j'étais trop malade. Mais je n'y avais droit que toutes les quatre heures et je pleurais pour en avoir plus souvent.

« Je ne peux pas, me disait-elle. Vous en avez pris il y a trois heures. Encore une heure de patience.

— Allez, LaTrice, c'est vous qui faites la pluie et le beau temps ici ; vous savez très bien que vous pouvez m'en donner, seulement vous ne voulez pas. »

De temps en temps, j'étais secoué de spasmes tels que je croyais m'évanouir. Quand la crise était passée, je lui disais, sarcastique : « Ah, c'est fou ce que je me sens mieux. »

Parfois aussi, la seule vue de la nourriture suffisait à me soulever le cœur, surtout le petit déjeuner. J'ai fini par demander qu'on ne m'apporte plus le plateau. Un matin, j'avais contemplé d'un œil sinistre une bouillie gluante qui devait être des œufs brouillés et un toast qui avait l'air d'un bout de carton, et j'avais laissé exploser mon dégoût.

« Qu'est-ce que c'est que cette merde ? Vous en mangeriez, vous, LaTrice ? Regardez-moi ça. Vous osez donner ça à des malades ? Non mais, y a pas quelqu'un qui pourrait m'apporter quelque chose de mangeable ? »

Et elle m'avait répondu, sereine : « Vous pouvez avoir tout ce que vous voulez, Lance, il suffit de demander. »

Elle ne manquait pas de repartie, et n'hésitait pas à m'asticoter même quand j'étais trop bousillé pour rire.

« C'est à cause de moi, Lance ? me demandait-elle avec une sympathie moqueuse. C'est moi qui vous rends malade comme ça ? »

Je lui souriais, sans un mot, et j'avais un haut-le-cœur. Nous devenions amis, compatriotes au pays de la chimio. Entre deux cycles, je retournais à Austin reprendre des forces pendant deux semaines ; elle m'appelait régulièrement pour voir comment j'allais et s'assurer que je buvais suffisamment. Le traitement risquait d'endommager mon tractus urinaire, et elle me rappelait sans arrêt la nécessité de m'hydrater. Un soir, elle m'a appelé alors que je traînassais sous l'auvent où je garais mes voitures ; Oakley m'avait fait un cadeau, une petite voiture téléguidée en titane qui faisait du cent dix à l'heure, et je jouais avec. Elle me demande :

« C'est quoi ce vrombissement que j'entends ?

— Je suis dans mon garage.

— Qu'est-ce que vous faites ?

— Je joue aux petites voitures.

— J'aurais dû m'en douter. »

Un jour, j'ai remarqué sur ma peau des marques bizarres, des sortes de pastilles brun clair. C'étaient des brûlures dues à la chimio.

Ces cochonneries me rongeaient les tissus de l'intérieur et me faisaient sur la peau des taches décolorées qui ressemblaient à de vieilles cicatrices. Mon troisième cycle était alors bien avancé, et j'étais méconnaissable. Je n'étais plus que l'ombre du bonhomme hospitalisé deux mois plus tôt. Je faisais toujours mes petites promenades hésitantes dans les couloirs, avec ma perfusion, pour prendre un peu d'exercice, et je me regardais dans ma robe de chambre. Je rétrécissais à vue d'œil : mes muscles avaient fondu ; ils étaient tout flasques. *Eh bien, mon garçon, c'est ce qui s'appelle un mec malade, un vrai, ou je ne m'y connais pas.*

Je murmurais : « Faut que je garde la forme, faut que je garde la forme. »

Malgré tous mes efforts, je n'arrêtais pas de maigrir. Déjà qu'au départ, avec un très faible pourcentage de masse graisseuse, je n'avais pas beaucoup de poids à perdre, maintenant les toxines m'attaquaient de partout, comme un banc de piranhas. Je gémissais : « Je maigris, LaTrice. Qu'est-ce que je peux faire ? Regardez mes muscles ! Regardez ce qui m'arrive. Il faut que je fasse du vélo. Il faut absolument que je me muscle.

— Lance, vous êtes en chimio, me répondait-elle de son ton d'extrême patience. Vous allez maigrir. C'est inévitable. Quand on fait une chimio, on maigrit. »

Je ne supportais pas de rester comme un gisant dans un lit. Allongé entre mes draps, à ne rien faire, je me sentais comme une méduse échouée sur une plage.

« Je peux faire de la gym, LaTrice ?

« Y a une salle de gym, ici, LaTrice ?

— Enfin, Lance, nous sommes dans un hôpital, me répondait-elle en poussant un de ses gros soupirs patients et résignés. Cependant, pour les malades en long séjour, et pour les gens comme vous, il y a des vélos d'appartement. »

Et moi, du tac au tac : « Je peux en faire ? »

LaTrice a demandé au Dr Nichols la permission de me laisser utiliser la salle de musculation, mais Nichols a préféré jouer la prudence. Mes défenses immunitaires étaient quasiment inexistantes et je n'étais pas en état de fournir un effort physique.

Malgré toute la fausse exaspération qu'elle adoptait envers moi, elle voyait bien que je ne tenais pas en place et elle compatissait à mon besoin de bouger. Un après-midi où j'avais rendez-vous pour une IRM de contrôle, il s'est trouvé qu'aucun scanner n'était libre. LaTrice m'a donc envoyé à Riley, l'hôpital pour enfants qui était juste à côté. Un passage souterrain d'environ quinze cents mètres reliait les deux établissements ; le mode de transport habituel de l'un à l'autre était soit l'ambulance, soit le fauteuil roulant, par le tunnel.

Moi, j'ai décidé d'y aller à pied. Quand l'infirmière s'est présentée avec le fauteuil, je lui ai dit : « Vous ne me ferez jamais m'asseoir sur ce truc-là. » Je lui ai expliqué que nous allions gagner Riley à pied, même s'il fallait marcher toute la nuit. LaTrice n'a pas pipé mot, et elle m'a regardé partir en hochant la tête. L'infirmière marchait derrière moi en tirant mon chariot à perfusion.

Lentement, à petits pas traînants, j'ai fait tout le trajet, aller et retour. Enfin, je me suis effondré dans mon lit, éreinté et couvert de sueur. Mais j'avais gagné.

LaTrice m'a dit en souriant : « Vous ne pouvez jamais faire comme tout le monde. »

Bouger était ce qui me coûtait le plus. Au bout du cinquième et dernier jour du troisième cycle de chimio, je ne pouvais même plus faire mes petites promenades dans le couloir du service. J'ai dû rester au lit une journée entière avant de retrouver la force de rentrer chez moi. Un ambulancier s'est présenté le dimanche matin avec un fauteuil pour me conduire au bureau des sorties. Malgré mon état, j'ai refusé de céder. Je l'ai envoyé promener, lui et son fauteuil.

« Pas question. Je sortirai d'ici sur mes pieds. »

Penché sur mon lit d'hôpital, le Français essayait de me montrer la bouteille à trois mille francs qu'il m'avait apportée en gage d'estime. Je l'ai regardé du fond de mon semi-coma narcotique, trop nauséeux pour lui répondre. Mais j'ai eu la présence d'esprit de me demander ce qui pouvait pousser un type à gaspiller de la sorte un bordeaux exceptionnel.

Alain Bondue, directeur administratif du groupe Cofidis, venait soi-disant me rendre une visite de courtoisie. Mais je n'étais pas en état de tenir une conversation de salon. Le cauchemar de mon quatrième cycle de chimio ne faisait que commencer, j'étais pâle comme la mort, j'avais les yeux cernés, plus de cheveux, plus de sourcils. Pendant deux ou trois minutes, Bondue a bredouillé des paroles de soutien de la part de l'équipe, puis il a pris congé.

« Lance, on vous aime. On va prendre soin de vous, je vous le promets. »

Sur ce, il m'a dit au revoir et j'ai répondu par une petite pression sur sa main. Mais en quittant mon chevet, il a fait signe à Bill de l'accompagner dehors. Bill l'a suivi dans le couloir, et tout de go, l'autre lui a déclaré qu'il était venu parler affaires et voulait le voir dans un endroit tranquille.

Tous les deux, ainsi qu'un certain Paul Sherwen, un ami qui parlait français et s'était proposé comme interprète, vont à l'hôtel, en face, trouvent une salle de réunion et s'assoient autour d'une table. Tout en fumant comme un pompier, Bondue explique à Bill, en français, que malheureusement, vu ma maladie, Cofidis se voit obligé de renégocier mon contrat. Ils venaient de me faire signer pour 1,25 million de dollars par an sur deux ans, mais ces conditions n'étaient plus acceptables.

Pris au dépourvu, Bill secoue la tête : « Pardon ? » Il rappelle à Bondue que Cofidis a publiquement promis de me soutenir tant que je lutterais contre la maladie, en ajoutant que ça ne se fait pas de venir discuter contrats au milieu d'une chimiothérapie.

« On adore Lance, on veut prendre soin de lui, répond Bondue. Mais il faut que vous compreniez que c'est un problème culturel : les Français ne comprendraient pas qu'on paie quelqu'un à ne rien faire. »

Abasourdi, Bill lui répond : « Je n'en crois pas mes oreilles. »

Alors, Bondue lui précise un détail : mon contrat comprenait une clause stipulant que notre accord était subordonné à un avis médical favorable. Je n'étais manifestement pas en état de remplir les conditions. Cofidis avait donc le droit de résilier le contrat. Ils m'offraient de le réactualiser, ce qui leur paraissait généreux vu les circonstances. Ils étaient prêts à me verser quelque chose, mais pas la totalité. Si je n'acceptais pas leur proposition, ils me forceraient à subir l'examen médical et mettraient purement et simplement fin au contrat.

Bill se lève, il le regarde dans les yeux et il lui sort : « Allez vous faire foutre. »

Bondue en aurait avalé sa cravate.

Bill répète, amer : « Allez vous faire foutre. J'arrive pas à croire que vous ayez trouvé le moyen de traverser l'Atlantique dans un moment pareil, et qu'en plus vous espériez que j'aille lui répéter ce que vous venez de me dire. »

Il était hors de lui, pas tant à cause du fait que les dirigeants de Cofidis essayaient de se désengager, ce qui était parfaitement leur droit, mais à cause du moment, si mal choisi, et de leur désinvolture. En criant haut et fort leur soutien total à ma carrière, ils s'étaient assuré une réputation en béton. Mais aujourd'hui, on changeait de chanson. Ils voulaient non seulement revoir mon contrat mais me forcer à subir cet examen médical. Bill m'a défendu comme un forcené. Il a dit à Bondue qu'il n'était pas question qu'il aborde le sujet avec moi tant que je n'avais pas terminé ma chimio.

« Inutile de compter sur moi. Je refuse de discuter de cette affaire pour l'instant. Faites ce que vous voudrez ; le meilleur tribunal, c'est encore l'opinion publique. »

Bondue est resté inflexible. Légalement, soutenait-il, Bill devait bien comprendre qu'il n'avait aucune chance. Cofidis avait le droit de résilier le contrat le jour même. Sur l'heure.

Il a répété :

« Vous comprenez bien que nos conditions sont liées aux résultats d'une expertise médicale.

— Et vous allez lui envoyer un toubib ici ? Vous allez envoyer quelqu'un pour l'examiner ?

— Si vous nous y forcez...

— Super. Eh bien moi, je ferai venir les caméras de télévision et vous vous casserez la gueule. »

Bondue lui a réitéré sa proposition de me garder chez Cofidis mais à condition de revoir le contrat. Bill s'est calmé ; il a essayé de convaincre Bondue que, malgré mon apparence, j'allais mieux. Ne pouvait-on pas trouver un terrain d'entente ? Mais Bondue campait sur ses positions et, au bout de deux heures de discussion, ils en étaient toujours au même point. Bill a fini par se lever. Si Cofidis me faisait un enfant dans le dos pendant mon hospitalisation, très bien, a-t-il dit, « le monde entier saura que vous l'avez abandonné ». Et il a mis fin à l'entretien en concluant : « En ce qui me concerne, la discussion est close. Faites ce que vous avez à faire. »

Il est revenu dans ma chambre complètement ébranlé. Comme il était parti depuis plus de trois heures, j'avais compris qu'il y avait un problème. Dès que j'ai vu ma porte s'ouvrir, j'ai dit : « Alors ?

— Rien. Te tracasse pas. »

Mais il avait le visage tendu et soucieux, et j'ai cru deviner pourquoi. J'ai répété :

« Alors ?

— Je ne sais pas quoi te dire. Ils veulent renégocier ton contrat et, si nécessaire, ils te feront examiner par leur expert.

— Ah. T'as un plan ?

— Je les ai déjà envoyés se faire foutre. »

J'ai réfléchi. « Le mieux ce serait peut-être de laisser pisser », ai-je dit, très las. Je ne pouvais pas m'empêcher de penser que si Bondue avait fait le voyage, c'était pour se rendre compte *de visu* de mon état de santé. Je me disais, et je le pense toujours, qu'il était venu avec deux options en tête : s'il me trouvait en bonne santé, il jouerait l'attitude positive et ne toucherait pas au contrat, mais si j'avais l'air à l'article de la mort, il durcirait sa position et renégocierait ou résilierait mon contrat. Ce n'était rien d'autre qu'une mission de reconnaissance : vérifier si Armstrong était mourant. Il lui avait suffi de me voir deux minutes pour conclure que j'étais sur mon lit de mort.

Bill était effondré. Il culpabilisait : « Je suis désolé, Lance. Encore une mauvaise nouvelle. »

Mais j'avais d'autres chats à fouetter que Cofidis. Ne vous méprenez pas : la question de l'argent me préoccupait, et j'étais blessé par l'indélicatesse des dirigeants, par les paroles de soutien qu'ils m'avaient dispensées du bout des lèvres. Mais j'avais un problème plus immédiat à régler : comment ne pas vomir.

Bill m'a dit : « On va gagner du temps, faire durer les négociations. » Il pensait que si on arrivait à les tenir en haleine jusqu'en février, j'aurais des chances d'être approuvé par la commission médicale. « On va voir comment ça évolue. » J'ai poussé un grognement ; j'avais la nausée, et j'étais si mal en point que je m'en fichais complètement. Je n'avais plus envie d'en parler.

Pendant les trois ou quatre semaines suivantes, Cofidis a continué de cuisiner Bill en lui faisant comprendre que ce n'était pas du bluff, qu'ils n'hésiteraient pas à me faire passer devant une commission d'expertise. Ils enverraient leur propre médecin de France et annuleraient le contrat. Je continuais à faire barrage : jamais je n'avais été aussi malade depuis le début de ma chimio, et, dans cet état, il n'était même pas question que j'aborde ce sujet. Mais un jour, Bill est venu s'asseoir à mon chevet en me disant : « Lance, ils ne plaisantent pas. Nous n'avons pas le choix, nous sommes obligés d'accepter les termes qu'ils nous imposent. »

Cofidis m'a payé moins d'un tiers du contrat original et a exigé une clause de désengagement de sa part pour 1998.

C'était une véritable motion de censure. J'avais l'impression d'être condamné. Le message était clair : pour eux, j'étais un homme mort.

Le plus drôle, c'est que plus je me sentais mal, mieux j'allais. La chimio c'est ça.

J'étais tellement détruit que je ne pouvais plus parler. Je ne pouvais plus manger, plus regarder la télé, plus lire mon courrier, je ne pouvais même plus parler à ma mère au téléphone. Un après-midi, elle m'a appelé du bureau. J'ai murmuré : « Je vais être obligé de te rappeler plus tard, maman. »

Les jours les plus noirs, je restais étendu sur le côté, à lutter contre la tempête qui faisait chavirer mon estomac, et contre une fièvre dévorante qui courait sous ma peau. Un œil sortant à peine de sous les couvertures, je poussais des gémissements.

La chimio m'avait plongé dans une telle léthargie qu'elle ne m'a laissé que des souvenirs flous ; mais je suis sûr d'une chose : c'est dans ce moment de pire détresse que j'ai commencé à remonter la pente. Chaque matin, les médecins m'apportaient les résultats de mes dernières prises de sang ; ils s'amélioraient peu à peu. Les marqueurs, qui caractérisent cette maladie, sont extrêmement révélateurs et permettent de suivre la moindre fluctuation ; une infime variation — à la hausse ou à la baisse — de mes taux de HCG ou d'AFP suffisait à nous plonger dans l'angoisse ou dans la joie.

Ces chiffres étaient d'une importance capitale pour mes médecins et pour moi. Par exemple, entre le 2 octobre, date du diagnostic, et le 14, date de la découverte des lésions cérébrales, mon taux de HCG était passé de 49 600 unités à 92 380. Au début de mon traitement, les médecins entraient dans ma chambre la mine sombre et je comprenais qu'ils n'osaient pas se prononcer sur mes chances de survie.

Mais peu à peu leurs visages se sont éclairés : la courbe des marqueurs frémissait vers le bas ; bientôt, elle baisserait franchement et amorcerait un magnifique saut de l'ange... si spectaculaire, d'ailleurs, qu'il plongerait les médecins dans la perplexité. Sur une chemise cartonnée, je remplissais un tableau de tous ces chiffres. Fin novembre, au bout de trois cycles de chimio, ils étaient passés de 92 000 à 9 000.

« Eh bien vous, vous réagissez », m'a dit Nichols.

J'exultais. Je savais que si je devais guérir, ça se passerait comme ça, par une attaque surprise, exactement comme dans une course. Nichols m'a dit : « Vous êtes en avance sur le programme. » Ces chiffres étaient devenus le phare qui éclairait mes journées ; ils me donnaient du cœur au ventre, ils étaient mon maillot jaune.

J'ai imaginé ma guérison comme un contre-la-montre du Tour de France. J'étais bien épaulé par mon équipe et, à chaque tour de circuit, le directeur annonçait dans mon oreillette : « T'as trente secondes d'avance. » Ça me donnait des ailes, je voulais guérir. Je me suis mis à me fixer des objectifs ; j'étais fou de joie quand je les atteignais. Nichols me faisait part des résultats qu'il espérait à mon prochain examen de sang, disons une chute de cinquante pour cent. Je me concentrais sur ce chiffre, comme si tout pouvait se jouer par ma simple force mentale. « Ils ont diminué de moitié », m'apprenait Nichols ; et j'avais l'impression d'avoir remporté une victoire. Et puis un jour il m'a dit : « Nous sommes au quart de la valeur de départ. »

Pour la première fois, je me suis réellement vu en train de gagner cette bataille contre la maladie ; aussitôt, j'ai senti mes instincts de coureur cycliste se réveiller. J'avais envie de lui arracher les pattes, à ce crabe, exactement de la même manière que j'arrachais les jambes de mes concurrents dans une bosse. C'était l'échappée. Je me vantais auprès de Kevin Living-stone : « Le cancer s'est trompé quand il m'a choisi comme hôte ; le jour où il s'est dit, tiens, je vais m'installer dans ce corps-là, je peux te dire qu'il a fait une grosse, grosse erreur. »

Un après-midi, le Dr Nichols est entré dans ma chambre pour me lire un nouveau résultat : mon HCG était descendu à 96. KO. Flingué. Désormais, il ne me restait plus qu'à supporter la dernière partie de mon traitement, la plus agressive. J'allais presque bien.

Mais je peux vous dire que j'étais loin de me sentir bien. La chimio c'est ça.

Quand j'étais chez moi, au Texas, entre deux cycles, je reprenais des forces jusqu'au jour où je pouvais me remuer un peu. J'avais un besoin fou de prendre l'air et de faire de l'exercice.

Mes amis ne trahissaient pas l'effet que leur faisait mon dépérissement. Ceux qui me rendaient des visites sporadiques ont dû avoir un choc en me voyant si pâle, si chauve, si amaigri, mais ils l'ont bien caché. Frankie Andreu s'est installé chez moi une semaine ; Carmichael, Eric Heiden, le grand patineur de vitesse olympique qui était devenu médecin, Eddy Merckx, sont venus eux aussi. Ils me cuisinaient des petits plats et m'accompagnaient faire quelques pas ou quelques tours de roue.

Sitôt sortis de chez moi, on grimpait par une route asphaltée et sinueuse à l'assaut de Mount Bonnell, un pic déchiqueté qui surplombait le lac Austin. D'habitude, mes amis étaient obligés de sprinter pour soutenir le rythme d'enfer que j'infligeais à mon pédalier et à mon dérailleur ; mais là, on avançait comme des escargots. Je m'essoufflais sur des routes plates comme le dos de la main.

Je crois que je refusais de voir à quel point la chimio m'avait diminué. J'avais abordé la course contre le cancer plein de fougue, d'énergie et de confiance. Je me rendais bien compte que chaque séance me privait un peu plus de mes forces physiques et morales, mais je n'ai réellement pris conscience de mon état que le jour où j'ai eu un malaise dans le jardin d'un inconnu.

Le Dr Nichols ne m'avait pas particulièrement recommandé le vélo. Il ne me l'avait pas interdit non plus, mais il m'avait dit : « Ce n'est pas le moment de chercher à garder ou à retrouver votre forme physique. Ne vous imposez pas de fatigues excessives. » Mais je ne l'écoutais pas. Je paniquais à l'idée que la chimio pouvait me faire perdre définitivement mes capacités physiques. Mon corps s'atrophiait.

Quand je me sentais d'attaque, je disais à Kevin ou à Bart : « Allez, on décroche les vélos. » On allait n'importe où, on faisait des circuits de cinquante à soixante-dix kilomètres, et je me voyais, intrépide, infatigable, le nez dans le guidon et dans le vent, fonçant sur une route. La réalité était tout autre. Nos sorties prenaient des allures de tentatives désespérées.

On roulait trois quarts d'heure, une heure, en bouclant un circuit dans les environs ; je me disais que tant que je pouvais continuer, je me maintenais dans un minimum de condition physique. Et puis deux incidents m'ont fait comprendre à quel point j'étais affaibli. Un après-midi, je suis sorti avec Kevin, Bart et Barbara, la fiancée de Bart. À mi-chemin, on aborde une côte courte mais raide. J'avais l'impression de suivre le mouvement ; en vérité, mes amis étaient de vrais amis. Je croyais qu'ils roulaient normalement, et je ne réalisais pas, heureux comme je l'étais de pédaler, qu'ils avançaient si lentement qu'ils manquaient perdre l'équilibre. Parfois, ils me semaient par mégarde et je m'escrimais derrière eux en geignant : « Eh, vous voulez me tuer. » Ils prenaient un tel soin à ménager mes forces que je ne me rendais pas compte de notre vitesse. En grimpant cette bosse, j'ai vraiment cru que je suivais le groupe.

Tout d'un coup, je vois quelque chose qui surgit sur ma gauche. C'était une femme, la cinquantaine passée, sur un gros VTT. Elle m'a dépassé en un clin d'œil.

Elle pédalait régulièrement, pas essoufflée pour deux sous, alors que moi je peinais comme un forçat sur mon vélo ultra-léger. Impossible de la rattraper. Dans le jargon cycliste on appelle ça se faire flinguer, ou scotcher. J'appuyais de toutes mes forces sur les pédales, et je m'étais fait flinguer.

On enjolive la réalité. Dans sa tête, on roule plus vite et on se sent mieux que dans la réalité. Et puis tout d'un coup, une femme d'âge mûr nous laisse sur place... et ça nous remet à notre place. Force m'a été de reconnaître que j'étais mal en point.

Voyant que j'avais de plus en plus de mal à pédaler entre deux séjours à Indianapolis, j'ai dû accepter de me dire que l'entraînement n'était pas ma grande priorité du moment. Je me suis mis à rouler pour le plaisir, et j'ai découvert une sensation nouvelle. Rouler une demi-heure, jamais je n'avais enfourché mon vélo pour une chose aussi triviale.

Avant ma maladie, je n'aimais pas le vélo. La situation pouvait se résumer en quelques mots : c'était mon boulot, je le faisais bien. C'était un moyen d'atteindre un but, de quitter Plano, éventuellement de gagner de l'argent et d'être reconnu. Je ne roulais pas pour le plaisir, ni pour la poésie ; c'était mon métier, mon gagne-pain, ma raison d'exister, mais je n'aurais jamais dit que j'aimais ça.

Dans le passé, je n'avais jamais roulé pour rouler ; il me fallait toujours une carotte — une course, un programme d'entraînement. Je n'aurais jamais imaginé sortir mon vélo du garage pour une demi-heure ou une heure. Un vrai cycliste ne se donne pas cette peine pour si peu.

Quand Bart m'appelait pour me dire : « On va prendre l'air ? On va faire un tour à vélo ? » je lui répondais : « Pour quoi faire ? »

Mais maintenant, non seulement j'aimais ça mais j'en avais besoin. J'avais besoin d'oublier mes problèmes quelque temps, mais aussi de prouver certaines choses, à moi-même et à mes amis. Il fallait qu'on constate que j'allais bien puisque je pédalais toujours — et j'essayais sans doute de m'en persuader. Je voulais épater la galerie, mais cette galerie j'en faisais partie.

Quand quelqu'un demandait : « Comment va Lance ? », je voulais que mes amis puissent répondre : « Bien, apparemment : il a repris le vélo. »

Je crois que j'avais besoin de me voir comme un coureur cycliste et pas seulement comme un cancéreux, même si j'avais perdu mes forces. À ma manière, je luttais contre la maladie et j'essayais de reprendre les rênes qu'elle m'avait ôtées des mains. Je me disais, *je peux encore ; peut-être pas comme avant, mais je peux encore*.

Un jour, Kevin et un autre copain, Jim Woodman, qui courait aussi mais localement, sont venus me chercher pour notre petit tour habituel. Les cicatrices de mon opération n'étaient pas complètement refermées, et j'ai donc bouclé mon casque ; on est partis tout doucement. Encore une de ces balades pépères que je n'aurais jamais, auparavant, qualifiées de sortie à vélo.

On est parvenus à une petite bosse, rien de difficile, juste un dénivellement qui exigeait de se mettre en danseuse le temps d'un ou deux coups de pédale. Je l'avais fait un million de fois. Une, deux, on se rassoit, on descend en roue libre dans un virage à gauche et c'est la pleine campagne. Si je vous le montrais, vous verriez que c'est à la portée d'un enfant de deux ans sur un tricycle.

Moi je n'ai pas pu. À mi-pente, j'étais à bout de souffle. Mon vélo a vacillé sous moi, j'ai stoppé, j'ai mis pied à terre. J'étais au bord de l'évanouissement.

J'ai essayé de gonfler mes poumons, mais l'air me manquait et je n'arrivais pas à revenir à moi. Des points noirs et argentés papillonnaient derrière mes paupières. J'ai posé mon vélo. Kevin et Jim ont fait demi-tour, alarmés. Je me suis assis sur le bord du trottoir, devant une maison, la tête entre mes jambes.

Kevin a été près de moi en un instant. « Ça va, Lance ?

— Laisse-moi reprendre mon souffle. »

Je sifflais comme un asthmatique.

« Continuez sans moi, je me ferai raccompagner.

— Tu crois pas qu'on devrait appeler une ambulance ?

— Non. Laisse-moi me reposer une seconde. »

Je m'entendais essayer d'inspirer. Ça faisait *whoouu, whoouu*. Tout d'un coup, le simple fait de rester assis a été au-dessus de mes forces. J'ai senti venir un étourdissement, comme quand on se lève trop vite.

Je me suis allongé sur la pelouse en regardant le ciel. J'ai fermé les yeux.

C'est ça mourir ?

Penché sur moi, Kevin criait, affolé : « Lance ! Lance ! »

J'ai rouvert les yeux.

« J'appelle l'ambulance. » Il paniquait.

Et moi j'étais furieux : « Non, pas question. Deux minutes de repos et je suis debout.

— D'accord, d'accord. » Il avait retrouvé son calme, et ça nous a rassurés tous les deux.

Quelques minutes plus tard, je respirais mieux. Je me suis assis, en essayant de rassembler mes forces et mes esprits. Puis je me suis remis sur mes pieds. Tout doucement, j'ai enfourché mon vélo. Mes jambes tremblaient, mais j'ai pu redescendre la côte. On est rentrés au pas par le même chemin. Kevin et Jim m'encadraient, les yeux fixés sur moi.

Entre deux respirations, je leur ai expliqué ce qui m'était arrivé, en essayant de les rassurer. La chimio avait détruit mes globules rouges ; je n'avais plus assez d'hémoglobine, cette substance qui alimente les organes vitaux en oxygène. Le taux normal varie entre 13 et 15. Le mien était de 7.

Sous l'effet des séances répétées de chimio, mon sang s'était vidé de ses hématies. J'avais un peu forcé sur l'entraînement.

Ce jour-là, je l'ai payé.

Ça ne m'a pas empêché de continuer.

Sur cette planète, il y a des anges, qui revêtent des formes subtiles. J'ai bientôt classé LaTrice Haney dans cette catégorie d'êtres. Extérieurement, dans son uniforme amidonné, elle était comme toutes les infirmières, efficace, dossier ou seringue toujours prêts à la main. Elle avait des horaires harassants, de jour comme de nuit ; quand elle n'était pas à l'hôpital, elle rentrait chez elle retrouver son mari, Randy, un chauffeur routier, et leurs deux enfants, Taylor et Morgan, de sept et quatre ans. Elle n'avait jamais l'air fatigué. Ce qui me frappait chez elle, c'était que, contrairement aux autres, elle n'avait aucune aigreur, elle assumait ses responsabilités et les bonheurs de la vie, et dispensait ses soins avec une constance à toute épreuve. Si ce n'est pas être angélique, qu'on me dise ce que c'est.

Sans elle, j'aurais passé beaucoup de fins d'après-midi ou de soirées seul ; quand j'en avais la force, on avait des conversations sérieuses tous les deux. Avec la plupart des gens, j'étais timide et bourru, mais avec LaTrice je parlais, peut-être parce qu'elle-même s'exprimait facilement et avec douceur. C'était une jolie femme au teint café au lait, qui n'avait pas trente ans mais possédait déjà une grande maîtrise de soi et une grande sagesse. Alors que les jeunes de notre âge passaient leurs soirées en boîte, elle était surveillante à l'unité de recherche en cancérologie. Je me demandais quelle était sa motivation. « Ce que j'aime, moi, c'est essayer d'adoucir un peu la vie autour de moi », m'a-t-elle dit.

Elle me posait des questions sur le cyclisme, et je me suis surpris à lui répondre avec un plaisir que je n'avais pas imaginé abriter en moi. « Qu'est-ce qui vous a amené au cyclisme ? » Je lui ai parlé de mes premiers vélos, du sentiment de libération qu'ils m'avaient procuré très tôt, je lui ai dit que depuis l'âge de seize ans je ne vivais que pour ça. Je lui ai parlé de mes divers coéquipiers, de leur humour, de leur modestie, je lui ai parlé de ma mère, de ce qu'elle avait représenté pour moi.

Je lui ai raconté ce que le cyclisme m'avait donné,

les grands tours européens, une formation hors du commun, la richesse. Tout fier, je lui ai montré une photo de ma maison et je l'ai invitée quand elle voulait. Je lui ai montré d'autres photos prises pendant ma carrière de cycliste. Elle a feuilleté ces images de moi sur fond de paysages français, italiens, espagnols. Elle pointait le doigt en disant : « Vous êtes où sur celle-ci ? »

Je lui ai confié que je me faisais un sang d'encre à cause de mon sponsor, Cofidis, qui me mettait vraiment en difficulté. Je lui ai dit que je me sentais sous pression. « Il faut que je reste en forme, il faut que je reste en forme. » Je répétais ça sans arrêt.

« Lance, il faut surtout que vous écoutiez votre corps, me répondait-elle avec douceur. Je sais que votre esprit a envie de s'échapper, je sais qu'il vous dit : allez, saute sur ton vélo, on s'en va. Mais il faut écouter votre corps. Le laisser se reposer. »

Je lui ai décrit ma machine, les hautes performances que me permettaient le cadre ultra-léger et les roues profilées. Je lui ai dit combien coûtait et pesait chaque pièce, à quoi elle servait. Je lui ai expliqué qu'il suffisait d'une chute pour que je reparte avec mon vélo dans ma poche, tant il était fragile, et que j'en connaissais chaque pièce si intimement que je pouvais le démonter et le remonter en quelques instants.

Je lui ai expliqué que le vélo doit être ergonomique, à tel point que j'avais parfois l'impression de faire corps avec le mien. Plus le cadre est léger, mieux il répond ; mon vélo de compétition ne pèse pas plus de huit kilos. Les roues exercent une force centrifuge sur l'ensemble de la machine. Plus elles sont lourdes, plus grande est la force, et plus on acquiert de vitesse. C'est sur elles que repose l'inertie. « Chaque roue comporte

Ma mère paraissait à peine ses dix-sept ans au moment de ma naissance. D'une certaine manière, nous avons grandi ensemble.
(Autorisation de Linda Armstrong)

18 septembre 1980 : mon neuvième anniversaire. Un polo bien repassé, un gâteau pas vraiment petit : ma mère a toujours veillé à ce que je ne manque de rien.

(Autorisation de Linda Armstrong)

À douze ans, je suis un petit prodige en natation et un gros mangeur. Dans la cuisine, avec ma meilleure amie qui est aussi ma plus grande fan.
(Autorisation de Linda Armstrong)

Le plus jeune triathlète de la compétition. Les concurrents plus âgés, tels que Mark Allen, m'appellent « Junior ».

(Autorisation de Linda Armstrong)

Septembre 1995 : avant mon cancer. Dîner en compagnie de mes amis J.T. Neal, à qui j'ai loué mon premier appartement à Austin avec crâne de longhorn au-dessus de la cheminée, et Jim Ochowicz, qui m'a appris comment gagner une course cycliste.

(Autorisation de Linda Armstrong)

1993 : champion du monde à Oslo. J'ai 21 ans et la rage de vaincre chevillée au corps. Je pousse un cri en lançant mon échappée et je frime sur la ligne d'arrivée.
(Graham Watson)

1996 : je remporte la Flèche wallonne. Vous pouvez juger de ma corpulence avant mon cancer, et imaginer la différence que cela fait sur un vélo.
(Graham Watson)

Pendant ma chimio : entre deux cycles, je suis amaigri et malade mais ravi d'accueillir Eddy Merckx, le célèbre Belge cinq fois vainqueur du Tour de France, qui est venu à Austin me témoigner son amitié. En arrière-plan, Och au téléphone.
(Autorisation de Linda Armstrong)

Préparation pour l'opération du cerveau : sur mon crâne, les points indiquent au neurochirurgien l'emplacement des lésions cancéreuses. Une infirmière prélève du sang par le cathéter implanté dans ma poitrine.
(Autorisation de Linda Armstrong)

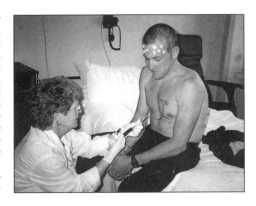

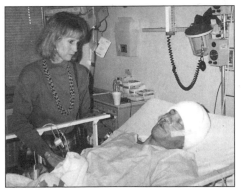

Ma mère est la première personne que je réclame à mon réveil. Je me souviens que j'avais faim, et que j'ai essayé de me lever.
(Autorisation de Linda Armstrong)

Mon neurochirurgien, Scott Shapiro, m'enlève mes pansements après l'opération. Depuis, mes cheveux ont repoussé, mais aujourd'hui encore mes cicatrices sont sensibles.
(Autorisation de Linda Armstrong)

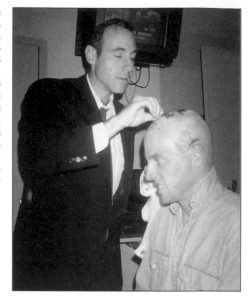

Cette photo a dû être prise au début de ma chimio puisque je peux encore rire avec mon cancérologue et ami, le Dr Craig Nichols. Ma perfusion me suit partout.
(Autorisation de Linda Armstrong)

Voici à quoi ressemble un ange, un vrai. LaTrice Haney, infirmière à l'unité de cancérologie de l'hôpital universitaire de l'Indiana. *(Susan Fox)*

Noël 1996 : Je souris d'être en vie. *(Autorisation de Linda Armstrong)*

Rémission : chauve, marqué dans ma chair et dans mon âme. *(James Startt)*

2 octobre 1997 : je fête le premier anniversaire de mon diagnostic avec ma mère.
(Autorisation de Linda Armstrong)

Kik et moi, pendant notre virée nocturne à Pampelune.
(Autorisation de Kristin Armstrong)

L'Espagne est toute différente
quand on la voit en touriste...
(Autorisation de Kristin Armstrong)

... et en amoureux. *(Autorisation de Kristin Armstrong)*

Notre mariage à Santa Barbara, suivi d'une grande fête où les mariés fument le cigare.
(Baron Spafford)

Mr & Mrs Lance Armstrong. Mon vélo nous a suivis pendant notre lune de miel.
(Baron Spafford)

La Course de la Vérité :
au contre-la-montre de
Metz, je m'empare du
maillot jaune et je le
garderai jusqu'à la fin.
(Graham Watson)

La quinzième étape, l'une des plus pénibles du Tour : il faut absolument
contrôler la course dans les montagnes. À l'assaut des Pyrénées, avec
Fernando Escartin et Alex Zülle qui me sucent la roue.
(Graham Watson)

Après trois semaines de course et 3 686 km sur les routes de France, je savoure le tour de la victoire sur les Champs-Élysées avec mes coéquipiers de l'US Postal.
(James Startt)

Retrouvailles à Paris : moi entouré de Kik et de ma mère.
(Autorisation de Linda Armstrong)

J'exhibe fièrement mon maillot jaune en compagnie de
mon ami de toujours, Chris Carmichael, qui n'a jamais
douté que je gagnerais le Tour un jour.
(James Startt)

Kik et moi en compagnie de nos amis Bill et Laura Stapleton. Nous avons échangé nos bébés. Alex a quelques semaines de moins que Luke.
(Colleen Capasso)

Luke David Armstrong avec ses parents. Kik nous appelle « mes deux miracles ».
(Baron Spafford)

Santa Barbara : promenade dans le coucher de soleil.
(Baron Spafford)

trente-deux rayons. » Grâce au blocage rapide qui permet de faire sauter la roue et de la changer rapidement, mon équipe savait réparer une crevaison en moins de dix secondes.

« Ce n'est pas fatigant de rouler penché comme ça ?

— Si. On a littéralement l'impression d'avoir le dos cassé. Mais la vitesse, c'est à ce prix-là. »

Le guidon est exactement de la largeur des épaules du coureur ; sa forme incurvée vers le bas donne une position aérodynamique sur la machine.

« Pourquoi la selle est-elle si étroite ? »

C'est pour épouser au mieux l'anatomie. Parce que quand on passe six heures dessus, il ne faut pas qu'il y ait le moindre frottement sur les cuisses. Mieux vaut une selle dure que des escarres. Même les vêtements sont conçus spécialement. Ils sont légers pour mouler le corps, parce qu'on les porte sous un soleil brûlant comme sous la grêle, comme une deuxième peau. Le cuissard a un fond rembourré d'une peau de chamois préformée, et ses coutures, limitées au minimum, sont surpiquées pour éviter les irritations.

Quand je n'ai plus rien eu à lui apprendre sur le vélo, je lui ai parlé du vent. Je lui ai décrit la sensation du vent dans les cheveux et sur le visage, la sensation de rouler au grand air, dans des paysages alpins un peu terrifiants, ponctués, au loin, de lacs qui miroitent au fond des vallées. Le vent est parfois mon ami intime, parfois un ennemi coriace, parfois la main de Dieu qui me pousse. Je lui ai décrit l'impression de voler dans les descentes, en glissant magiquement sur deux roues pas plus larges qu'un doigt.

« On est libre comme l'air...

— Vous adorez ça, hein ?

— Ah ouais ?

— Oh, ça se voit dans vos yeux. »

C'est un soir, vers la fin de mon dernier cycle de chimio, que j'ai compris que LaTrice était un ange. Je somnolais allongé sur le côté, un œil sur la perfusion. Je pouvais à peine parler et elle me tenait compagnie. À un moment j'ai murmuré :

« Qu'est-ce que vous en pensez, LaTrice ? Vous croyez que je vais m'en tirer ?

— Oui, Lance, vous allez vous en tirer.

— Pourvu que ce soit vrai. » Et j'ai refermé les yeux.

Alors, elle s'est penchée au-dessus de moi et elle m'a dit doucement :

« Lance, j'espère qu'un jour je n'existerai plus que dans votre imagination. Mon rôle ce n'est pas de faire partie de votre vie. Vous allez sortir d'ici, et j'espère bien ne plus jamais vous revoir. Quand vous serez guéri, débrouillez-vous pour que je vous voie dans les journaux, à la télé, mais pas ici. Je suis là pour vous aider dans les moments où vous avez besoin de moi, et pour disparaître après. Un jour vous direz : C'était qui cette infirmière de l'Indiana ? Je l'ai rêvée ou quoi ? »

C'est l'une des plus belles choses qu'on m'ait jamais dites. Des paroles bénies que je n'oublierai jamais.

Le 13 décembre 1996, j'ai fait ma dernière séance de chimio. Bientôt, je rentrerais chez moi.

Juste avant, Craig Nichols est venu me trouver pour me parler des implications au sens large du cancer, et plus particulièrement des « obligations des malades guéris ».

C'était un sujet qui m'occupait l'esprit depuis un moment. Depuis trois mois, je lui disais régulièrement, ainsi qu'à LaTrice : « Il faut en parler. Il faut que les gens sachent. » À mesure qu'avançait mon traitement, je m'étais senti de plus en plus proche des autres patients. Souvent, j'étais trop malade pour avoir des contacts avec eux, mais un jour LaTrice m'avait demandé d'aller dans le service de pédiatrie rassurer un petit garçon qui devait commencer son premier cycle. Il avait peur et il n'osait pas en parler, comme moi au début. Je suis allé bavarder avec lui, je lui ai dit : « La chimio m'a rendu très malade. Mais je vais mieux. » Ensuite, je lui ai montré mon permis de conduire.

Il était arrivé à expiration pendant mon traitement. Pour le renouveler, j'aurais pu attendre que mes cheveux aient repoussé mais j'ai préféré le faire tout de suite. J'ai enfilé un survêtement, je me suis traîné au Service des véhicules automobiles et je me suis assis dans le Photomaton. J'étais complètement glabre et ma peau avait la couleur d'un ventre de pigeon. J'ai regardé l'objectif en souriant.

J'ai dit au gosse : « Tu vois, j'ai tenu à prendre cette photo pour que plus tard, quand je serai guéri, je n'oublie jamais à quel point j'ai été malade. Il ne faut jamais baisser les bras. »

Après ça, LaTrice m'a demandé d'intervenir de plus en plus fréquemment auprès des autres patients. Je crois que ça les aidait de savoir qu'un athlète menait le même combat qu'eux. Un jour, LaTrice m'a fait remarquer que, si je lui posais toujours autant de questions, elles ne concernaient plus les mêmes choses. Au début, je m'inquiétais de moi, de mes traitements, mes dosages, mes problèmes. Maintenant, je me renseignais sur les autres. J'avais été frappé de lire que huit millions d'Américains vivaient avec un cancer ; dans ces conditions, comment me considérer comme un cas isolé ? « C'est incroyable le nombre de gens qui ont le cancer, LaTrice.

— Vous avez changé, me répondait-elle d'un ton approbateur. Vous vous mondialisez. »

Le Dr Nichols m'a annoncé que, selon toute probabilité, j'allais compter parmi les heureux sujets ayant terrassé le mal. Il m'a dit que, ma santé revenant, je me sentirais peut-être investi de certaines obligations. Le cancer pouvait aussi m'apporter son lot de chances et de responsabilités. Il avait vu toutes sortes de gens faire preuve d'une grandeur d'âme exceptionnelle dans leur lutte contre la maladie, et il espérait que je serais l'un d'eux.

Je l'espérais aussi. Je commençais à voir le cancer comme un don à exploiter au bénéfice des autres. J'ai résolu de créer une fondation, et je lui ai demandé conseil. Je ne savais pas très bien quelle pouvait être l'utilité ou la finalité d'une association de ce genre, mais je ressentais le besoin de servir autrui. Un besoin tout nouveau, qui est bientôt devenu une priorité.

Ce nouveau but dans la vie n'avait rien à voir avec mes exploits sur un vélo ou ma reconnaissance en tant que champion. C'est peut-être difficile à comprendre, mais j'avais changé de rôle : je ne me vivais plus comme un coureur cycliste mais, pourquoi pas, comme un rescapé du cancer. Je me sentais plus proche des gens qui luttaient contre la maladie en se posant la même question que moi, « Est-ce que je vais mourir ? » que de n'importe qui.

Pendant mon retour à la vie, je m'étais confié à Steve Wolff sur mon état d'esprit ; il m'avait répondu : « À mon avis, votre maladie a été une grande chance pour vous. Primo parce que vous vous en êtes sorti, secundo parce que vous en êtes sorti avec un potentiel d'humanité plus grand qu'en étant un simple coureur cycliste. »

À la fin du troisième cycle de chimio, j'avais appelé Bill Stapleton pour lui demander : « Tu peux te renseigner et me dire comment on fonde une association caritative ? » Bill, Bart et John Korioth, un ami proche qui était aussi cycliste amateur, sont venus me retrouver dans un restaurant d'Austin pour réfléchir au projet avec moi. Au départ, nous ne savions absolument pas comment nous y prendre pour récolter des fonds, mais à la fin du déjeuner nous avions trouvé une idée : nous allions organiser une course de charité autour d'Austin. Nous l'appellerions la Course des Roses. Quand j'ai demandé qui pouvait se consacrer à la supervision du projet, Korioth a levé la main. Il était barman dans une boîte que j'avais fréquentée dans une vie antérieure, et où il m'était arrivé de le remplacer. Son emploi du temps lui laisserait le loisir de s'en occuper sérieusement. C'était la solution rêvée : nous voulions limiter les frais pour que toutes les sommes engrangées soient reversées à la cause.

Mais il me restait encore à définir les objectifs de la fondation. Je savais qu'on m'écouterait parce que mon cas était célèbre, mais je ne voulais pas faire de la fondation une tribune personnelle. Je n'avais rien de plus remarquable que les autres, et je ne saurais jamais quelle avait été ma propre contribution à ma guérison. Quant à sa signification, elle ne m'apparaissait pas clairement non plus. Mais j'avais envie de dire : « Battez-vous à mort, comme moi. »

En passant en revue avec le Dr Nichols les divers moyens de contribuer à la cause, je me suis rendu compte que je tenais à participer à la recherche. Je ne me contenterais pas de raconter mon histoire, j'apporterais une aide concrète. Je me sentais une telle dette envers l'érudition du Dr Einhorn et du Dr Nichols que je voulais les rembourser, même modestement, de toute l'énergie et l'attention qu'eux et leurs équipes avaient apportées à mon rétablissement. J'ai imaginé de monter un conseil scientifique qui examinerait toutes les demandes de subventions et attribuerait les fonds en fonction des projets.

Mais le cancer intéressait tellement de domaines qu'il m'était impossible de me limiter à un seul. J'avais énormément d'amis engagés dans ce combat, directement ou indirectement, des malades, des médecins, des infirmières, des familles, des chercheurs, et je me sentais plus proche d'eux que de certains cyclistes. La fondation pouvait resserrer mes liens avec ces gens qui m'avaient soutenu, et que je considérais comme ma famille au sens large.

Je voulais qu'elle prenne en compte tous les problèmes auxquels j'avais été confronté ces quelques derniers mois : aider à gérer la peur, à bien connaître la maladie, souligner l'importance des avis médicaux multiples et du rôle du patient dans la cure, et, surtout, faire savoir que le cancer n'est pas forcément une condamnation à mort, mais peut conduire à une seconde vie, une vie intérieure, une vie meilleure.

Après ma dernière séance de chimio, je suis resté deux ou trois jours à l'hôpital, le temps de reprendre quelques forces et de régler définitivement certains problèmes. L'un de ces problèmes était mon cathéter. Le jour où on me l'a enlevé a été un grand jour ; je vivais avec depuis trois mois.

J'ai dit à Nichols : « Dites, on pourrait pas m'enlever ce truc-là ?

— Si, bien sûr. »

J'ai été rudement soulagé. S'il acceptait, ça voulait dire que je n'en avais plus besoin. Plus de chimio, du moins je l'espérais.

Le lendemain, un interne est venu dans ma chambre pour extraire de ma poitrine cet immonde instrument de torture. Mais c'était plus vite dit que fait : depuis le temps qu'il était implanté, le tube s'était incrusté dans mes chairs. Le type a trifouillé sous ma peau sans arriver à le sortir. Il a dû appeler un médecin, qui me l'a littéralement arraché. Un vrai supplice. J'ai cru entendre un déchirement au passage. Ensuite, l'ouverture s'est infectée et il a fallu aller la nettoyer et me recoudre sous anesthésie. C'était atroce. La pire épreuve, peut-être, de ces trois mois d'hôpital. Quand ç'a été terminé, j'étais tellement furieux que j'ai demandé qu'on me donne le cathéter. Je l'ai toujours, ce souvenir, enfermé dans un petit sac en plastique à glissière.

Il restait encore un détail à préciser : Nichols m'a dressé un bilan de mon état de santé. Même s'il m'estimait guéri, j'allais traverser une période d'incertitude. Souvent, la dernière chimio n'élimine pas complètement toutes les cellules cancéreuses ; tous les mois, je devrais subir une batterie d'examens pour m'assurer que la maladie régressait. Il m'a précisé que mes marqueurs n'étaient pas revenus à la normale et que, sur mes radios pulmonaires, il y avait toujours des résidus cicatriciels de mes tumeurs.

Je me suis inquiété. Nichols m'a rassuré : « Ces anomalies sont courantes et mineures ; nous sommes certains qu'elles disparaîtront. » Si j'étais guéri, elles s'en iraient à la longue. Mais il ne m'offrait aucune garantie ; la première année était cruciale. En cas de récidive, on serait fixé au cours des douze premiers mois.

Je voulais être guéri, et guéri tout de suite. Je n'avais pas envie d'attendre un an le verdict final.

Je suis rentré chez moi et j'ai commencé à recoller les morceaux de ma vie. Au début, j'ai pris mon sort avec philosophie. Je faisais quelques trous de golf, j'échafaudais des projets pour la fondation. À mesure que j'éliminais les toxines, je me rendais compte avec soulagement que la chimio ne m'avait pas complètement privé de mes forces. Mais je me considérais toujours comme un cancéreux, et les sentiments que j'avais refoulés pendant ces trois derniers mois commençaient à refaire surface.

Un après-midi, je suis allé faire quelques trous au club de golf d'Onion Creek avec Bill et un autre copain, Dru Dunworth, qui avait lui aussi survécu à un cancer. Mes cheveux n'avaient pas encore repoussé et l'exposition au soleil m'était interdite ; j'ai donc coiffé une de ces horribles casquettes de trappeur, avec des oreillettes. J'avais besoin de balles. Je vais au magasin. Là, derrière le comptoir, je me fais servir par un jeune type qui me regarde avec un petit sourire supérieur :

« Vous allez jouer avec cette casquette sur la tête ?

— Oui.

— Il fait pas assez chaud pour vous ? »

J'ai arraché ma casquette et j'ai sauté par-dessus le comptoir.

« Vous voyez mon crâne chauve et mes putains de cicatrices ? »

Le type a reculé de quelques pas.

« C'est pour ça que je vais jouer comme ça. Parce que j'ai le cancer. »

J'ai remis ma casquette et je suis sorti, tremblant de colère.

J'étais à cran, je le reconnais. Je passais un temps fou dans les cabinets de consultation. Le Dr Youman me faisait des prises de sang hebdomadaires pour que les médecins d'Indianapolis puissent suivre mon évolution. Je vivais sous haute surveillance. Dans une maladie comme le cancer, c'est vital. On vit suspendu aux résultats des examens sanguins, des scanners, des IRM. On vit de la connaissance de ses progrès. Moi, j'avais eu un cancer à propagation rapide mais réagissant bien au traitement. Malheureusement, il pouvait revenir tout aussi vite.

Un jour — j'étais à Austin depuis quelques semaines —, LaTrice a appelé le Dr Youman pour lui demander mes résultats. Elle les a notés et transmis au Dr Nichols. Il les a regardés, il a souri et il lui a rendu la feuille de papier en lui disant : « Appelez-le donc vous-même, cette fois. »

LaTrice s'est précipitée sur le téléphone. Comme je l'ai dit, je vivais suspendu aux chiffres, et donc à mon téléphone. J'ai décroché aussitôt.

« On vient de recevoir les derniers résultats », m'a dit LaTrice.

Moi, nerveux : « Ouais ?

— Ils sont normaux. »

Je n'ai rien répondu. Ces trois mots restaient en suspens dans ma tête, je les tournais et les retournais dans tous les sens : je n'étais plus malade. Ce n'était peut-être pas définitif, il faudrait attendre un an pour en être sûr. Mais pour l'instant, ne serait-ce qu'en cet instant bref et inestimable, le cancer avait complètement disparu de mon organisme.

Je ne savais pas quoi dire. J'avais peur, si j'ouvrais

la bouche, qu'il n'en sorte qu'un long gémissement de soulagement.

« Vous ne pouvez pas savoir comme je suis contente de pouvoir vous annoncer une bonne nouvelle », m'a dit LaTrice.

J'ai soupiré.

7.

Kik

A priori, l'amour et le cancer ne font pas bon ménage ; c'est pourtant main dans la main qu'ils ont débarqué dans ma vie. Je ne peux pas dire que j'étais dans la situation idéale pour rencontrer ma future femme, mais c'est néanmoins ce qui m'est arrivé. Pourquoi deux personnes se marient-elles ? Pour bâtir leur avenir ensemble. La question était de savoir si j'avais un avenir.

Je n'avais plus le cancer, mais je n'étais pas sûr non plus d'en être complètement débarrassé. Je traversais cet état d'anxiété qui s'appelle rémission, et l'idée d'une rechute était devenue une hantise. Je m'éveillais la nuit avec des douleurs imaginaires dans la poitrine, je restais étendu dans l'obscurité, en nage, m'écoutant respirer, convaincu que les tumeurs étaient de nouveau là. Le lendemain à la première heure, je me précipitais chez le médecin en demandant à passer une radio pour me rassurer.

« La chimio, ça marche ou ça ne marche pas, m'avait dit le Dr Einhorn. Si ça marche, le patient retrouve une vie normale. Sinon, le cancer revient et il n'a plus que trois ou quatre mois à vivre. » C'était aussi simple que ça.

Mais continuer à vivre était beaucoup plus compliqué. J'ai terminé ma chimio le 13 décembre 1996, et j'ai fait la connaissance de Kristin Richard un mois plus tard, lors d'une conférence de presse où j'annonçais le lancement de ma fondation contre le cancer et la première Course des Roses. Nous n'avons échangé que quelques mots. Cette jeune femme blonde et mince, que tout le monde appelait Kik, était chargée par une agence de relations publiques d'Austin d'assurer la communication autour de l'événement. Vous attendez sans doute que je vous dise que la lumière a changé à la minute où je l'ai vue. Pas du tout. Je l'ai trouvée intelligente et jolie, sans plus. Elle m'a confié plus tard que je ne lui avais pas fait grande impression non plus. Pour elle, j'étais « un type chauve plutôt mignon avec un sourire d'enfer ». Ce n'est qu'au printemps que nous nous sommes découvert des sentiments plus profonds, et à l'été que nous avons commencé à prendre des décisions. Primo, nous étions engagés chacun de son côté, secundo, notre première discussion un peu conséquente a été une engueulade.

Ça a démarré au téléphone. Elle représentait une grosse société privée qui sponsorisait la Course des Roses, et envers qui elle ne me trouvait pas assez coopérant. Un jour, elle s'est permis de rembarrer un représentant de la fondation. Je me dis, *pour qui elle se prend cette nana*, et je décroche mon téléphone. Dès qu'elle répond, j'annonce la couleur : « Lance Armstrong à l'appareil : qu'est-ce que c'est que cette manière de parler à mes collaborateurs ? » Et je me mets à lui aboyer à la figure. Au bout du fil, elle levait les yeux au ciel en se disant *oh, là là, ce mec, il a la grosse tête*.

On a continué comme ça à s'engueuler pendant dix minutes.

Au bout d'un moment, elle me dit, sèchement :

« Apparemment, il n'y a pas moyen de s'entendre. »

Et moi, aussi sèchement :

« Exact, j'ai rien de plus à vous dire.

— Écoutez, me dit-elle. Vous ne croyez pas qu'on ferait mieux de discuter tranquillement en prenant un pot ? C'est mon dernier mot. »

J'étais sur les fesses.

« Oh, euh... d'accord. Va pour un pot. »

Je lui ai donné rendez-vous dans un bar du coin avec quelques copains. Je ne crois pas que nous nous attendions à être autant attirés l'un par l'autre. J'avais le teint gris et les traits tirés par la maladie, mais ça n'avait pas l'air de la déranger. Elle m'a surpris par sa drôlerie et sa décontraction, et par sa grande vivacité d'esprit. Je lui ai proposé de participer aux réunions hebdomadaires pour la fondation, qui avaient lieu chez moi, et elle a accepté.

Je vivais dans un état second, et cette fondation était une excellente thérapie. Ma chimio terminée, j'avais, pour l'instant du moins, vaincu mon cancer, mais je ne formais pas encore de projets d'avenir. Travailler à une cause qui m'obligeait à m'intéresser à autre chose qu'à moi, quoi de mieux comme antidote ? J'étais d'abord un rescapé, ensuite un sportif. Et ce n'était pas plus mal comme ça. Trop souvent les sportifs considèrent que les problèmes du monde ne les concernent pas. Nous vivons isolés dans notre richesse et nos préoccupations très pointues, dans notre élitisme, dans le luxe de pouvoir tirer un revenu de ce qui est d'ordinaire un passe-temps. Le grand service que nous pouvons rendre à nos congénères, et qui nous sauve, c'est que nous redéfinissons les aptitudes humaines. Nous poussons les gens à reculer leurs limites, à faire tomber des obstacles apparemment infranchissables. En cela, la maladie n'est guère différente de la performance athlétique : nous ignorons presque tout de nos possibilités réelles. Je trouvais important de le faire savoir au monde entier.

L'un des événements les plus importants de cette saison-là a été ma rencontre avec Jeff Garvey, un capital-risqueur de qui, au départ, j'espérais simplement des conseils pour la fondation, mais qui est devenu un ami avec le temps. Un ami commun nous avait présentés, et Jeff m'a invité à déjeuner chez lui. J'y suis allé dans mon Explorer, en short et T-shirt. Le déjeuner a duré longtemps ; nous avons parlé de cyclisme — Jeff était un cycliste amateur invétéré ; chaque année, il partait en Espagne sur les chemins de Saint-Jacques-de-Compostelle. Il avait perdu ses deux parents du cancer et cherchait à participer à un organisme caritatif contre la maladie. Quelques semaines plus tard, je l'ai invité à mon tour. Au cours du repas, je lui ai demandé s'il accepterait de diriger la fondation. Il a accepté. C'est ainsi qu'il est devenu notre directeur général.

Pendant les deux mois suivants, j'ai travaillé avec Kik à promouvoir la fondation, et nous sommes devenus bons amis. Au début, elle m'apparaissait comme une fille élégante qui n'avait pas sa langue dans sa poche. Mais peu à peu, j'ai commencé à remarquer ses longs cheveux blonds, sa manière de porter avec classe jusqu'aux vêtements les plus ordinaires ; quant à son sourire Colgate... dur de ne pas se laisser éblouir. Et puis, j'aimais bien aussi son impertinence. Entre-temps, sous prétexte de faire des recherches pour le boulot, elle se documentait sur moi pendant ses loisirs. Mais ni elle ni moi n'étions prêts à reconnaître ces sentiments naissants.

La première Course des Roses a eu lieu en mars 97 ;
ç'a été un succès phénoménal qui nous a permis de
récolter 200 000 dollars. Des amis et collègues, dont
Miguel Indurain, Eddy Merckx et Eric Heiden, ont
accouru des quatre coins du monde pour y participer ;
la fête s'est terminée sur un concert des Wallflowers.

De toutes les donations, il y en a une que je n'oublierai jamais. J'étais en plein milieu d'une séance de dédi-
caces ; une file immense s'étirait sur le trottoir, et moi
je griffonnais mon nom à toute vitesse, sans même
avoir le temps de lever les yeux sur les gens qui se
succédaient devant moi.

Tout d'un coup, un chéquier s'abat sur la table, sous
mon nez.

« Combien tu veux ? »

Sans lever les yeux, je dis : « Nom de Dieu. »

Je me mets à rire en hochant la tête. J'avais reconnu
la voix. C'était l'ami d'antan, Jim Hoyt, celui qui
m'avait fait enfourcher mon premier vélo, et qui
m'avait ensuite confisqué ma chère Camaro. Il était là,
ce vieux Jim, avec sa femme Rhonda. Je ne l'avais
plus revu depuis notre dispute, dix ans plus tôt. Je l'ai
regardé dans les yeux et je lui ai dit : « Je te demande
pardon. » Je lui devais bien ça.

« Excuses acceptées. Bon, je te le fais de combien,
ce chèque ?

— Jim, t'es vraiment pas obligé.

— Non, mais j'y tiens.

— Écoute, Jim. Je t'assure...

— Cinq mille, ça te va ? »

J'ai éclaté de rire. C'était ce que j'avais mis dans la
Camaro.

« C'est parfait. »

Il a rédigé son chèque, et on s'est serré la main.

Chaque année, Jim le casanier quitte Richardson pour la Course des Roses ; il se montre toujours généreux et ne me demande jamais rien en échange.

Un peu plus tard, j'ai fait une autre rencontre mémorable : une petite fille à moitié chauve, comme moi, est venue se planter devant moi pour me demander un autographe. Nos yeux se sont croisés et ça a fait tilt. Pendant que je signais, elle s'est mise à dévider tout mon palmarès. Elle connaissait ma carrière par cœur. Elle s'appelait Kelly Davidson, elle était cancéreuse ; pendant plusieurs jours je n'ai pas arrêté de penser à elle. J'ai trouvé son adresse, je l'ai appelée et nous sommes devenus amis.

Après la course, quand on a continué à se trouver mille raisons de se revoir, Kik et moi, j'aurais dû me douter que je filais un mauvais coton. On s'envoyait des tas de mails, on se téléphonait, on avait toujours une excuse pour se voir en dehors des réunions pour la fondation. Kik continuait de venir chez moi une fois par semaine ; un soir, elle est restée après tout le monde. On discutait tous les deux dans mon séjour, un verre de bière à la main, et je me souviens que je me suis dit, *Qu'est-ce que je fais ? Qu'est-ce que je fous tout seul ici avec elle ?* Elle pensait exactement la même chose. Enfin, elle s'est levée pour appeler un taxi et je lui ai proposé de la raccompagner.

On a roulé dans les rues désertes, la bouche close et le cœur débordant. Il y avait entre nous des choses que nous n'étions prêts ni l'un ni l'autre à reconnaître pour ce qu'elles étaient. Alors on s'est contentés de rouler en silence.

Au printemps 1997, je n'étais pas vraiment en état de traîner dans les bars à cocktails. Les incertitudes quant à ma santé continuaient de me ronger les sangs. Je demandais au Dr Nichols : « Qu'est-ce que je vais devenir ? Je vais vivre ou je vais mourir ? Hein ? »

Je subissais des pressions pour remonter sur la selle, mais je manquais de confiance en mes capacités physiques. Je comptais et recomptais mon actif, je payais chacune de mes traites avec des sueurs froides, en me demandant si, un jour, je redeviendrais capable de gagner ma vie grâce au vélo. Rien n'était moins sûr. Finalement, j'ai décidé que ça ne me coûterait rien d'essayer. Je pouvais toujours obliger Cofidis à honorer la deuxième année du contrat ; il me suffirait de participer à quatre épreuves pour être soulagé de mes soucis financiers. J'ai dit à Bill : « Trouve-moi des courses. »

Un mois après ma sortie d'hôpital, je m'envolais pour la France. Je voulais apparaître à une conférence de presse de Cofidis. Les dirigeants de l'équipe ont été stupéfaits de me voir : je voulais leur montrer que je n'étais plus la loque au teint gris qu'ils avaient laissée pour morte sur son lit d'hôpital à Indianapolis. Je leur ai annoncé que j'espérais tenter un retour au printemps, et j'ai même passé quelques jours à rouler et à m'entraîner avec l'équipe. Ils ont eu l'air satisfaits.

De retour aux États-Unis, j'ai repris un entraînement sérieux, quatre heures par jour, parfois jusqu'à cent soixante kilomètres sur les anciens parcours que j'aimais, d'Austin à Wimberly, de Dripping Springs à New Sweden, des villes éparpillées au milieu des champs de coton dont seuls quelques tracteurs et quelques clochers d'églises solitaires rompaient la monotonie. Mais je ne me retrouvais plus. Parfois je ne partais qu'une heure, pour une petite balade dont je revenais exténué et obligé de faire une longue sieste. Je roulais à une cadence raisonnable, je ne laissais jamais mon cœur battre à plus de cent trente ; un jour je me sentais fort, le lendemain ça me mettait sur les rotules.

J'étais toujours patraque et fatigué, et cette sensation ne m'était que trop familière : un nœud au creux de l'estomac, je me revoyais avant mon diagnostic. Un jour, j'ai attrapé un rhume. J'ai passé une nuit blanche paralysé de trouille, convaincu que le cancer était revenu. Avant, je ne m'enrhumais jamais ; j'avais une constitution de bûcheron. Si je tombais malade pour un oui ou pour un non, c'était forcément dû au cancer.

Le lendemain matin, j'ai couru voir le Dr Youman, certain qu'il allait m'annoncer le retour du mal. Mais ce n'était qu'une infection bénigne que mon organisme n'avait pas encore la force de combattre. Avec mon système immunitaire à plat, mon taux de globules blancs était encore très bas et j'attrapais tous les microbes qui passaient.

Mes radios n'étaient pas parfaites non plus. Une tache subsistait au niveau de l'abdomen. Les médecins ne savaient pas ce que c'était et voulaient la surveiller. J'avais les nerfs en pelote.

Autant me rendre à l'évidence. Le Dr Nichols m'a recommandé de me reposer jusqu'à la fin de l'année, et j'ai aussitôt accepté ; en 1997, je devrais faire une croix sur les courses. Nichols m'a expliqué que j'étais toujours en convalescence, que mes défenses immunitaires étaient toujours affaiblies par une chimiothérapie qui avait été beaucoup plus éprouvante que je l'avais cru. Mon manque de forme n'avait rien à voir avec un manque de volonté, c'était le résultat d'une maladie et d'un traitement qui avaient exigé de moi un lourd tribut. À l'époque, je n'avais pas voulu admettre qu'il y avait un prix à payer, mais j'étais bien obligé d'ouvrir les yeux.

Mes amis et mes collègues étaient aussi inquiets que moi. « Écoute, m'a dit Och, quoi que tu décides de faire, ne cache rien à tes médecins, tiens-les au courant de tous tes entraînements, de tous les efforts que tu t'imposes. Donne-leur des détails, pour qu'ils puissent éventuellement mettre le holà. »

Mieux valait regarder la vérité en face : je risquais de ne jamais pouvoir revenir au plus haut niveau. Peut-être mon corps ne pourrait-il plus jamais supporter la rigueur d'un entraînement à plein temps.

Chris Carmichael m'a appelé pour savoir ce que je devenais.

« Chris, j'ai peur ; j'ai peur que ça revienne si je force trop. »

Bizarrement, le cancer lui-même avait été plus facile à gérer que la convalescence — au moins, pendant la chimio, je faisais quelque chose, je ne me contentais pas d'attendre les signes d'une récidive.

Certains jours, je me définissais encore comme un coureur cycliste, d'autres non. Un après-midi, je suis allé jouer au golf avec Bill au country club local. Au cinquième trou, un par-5, Bill fait un magnifique drive pour tenter un eagle. Admiratif, je lui dis : « Un jour, moi aussi j'y arriverai. »

Et Bill : « C'est pas demain que tu auras le temps de t'entraîner pour jouer comme ça.

— Tu comprends pas, Bill. J'ai pris ma retraite. »

Entre lui et moi, c'était invariablement la même dispute. Je vacillais ; un jour je projetais le come-back du siècle, le lendemain je me voyais à la fin de ma carrière.

Sur le premier tee, je lui disais : « Bon, c'est par pure amitié qu'on se voit, parce que j'ai plus besoin d'un agent. Je remonterai plus jamais sur un vélo. » Quelques minutes plus tard, à l'adresse sur le tee suivant, je lui demandais : « Quand je reprendrai le vélo, tu vois ça comment ? t'as des projets ? » Au trou suivant, j'avais encore changé de discours.

Je l'agressais : « J'espère que tu t'accroches pas à mes basques parce que tu t'imagines que j'ai pas fini de te rapporter du fric. Parce que tu te fourres le doigt dans l'œil. »

Bill savait que les propos modérés n'étaient pas mon fort. À la longue, il avait appris à me prendre avec humour, ou à laisser jouer le temps. Il me répondait : « Oui, oui, d'accord. On en reparlera demain. »

Et puis il s'est passé quelque chose qui a encore accentué mes hésitations. L'assistante de Bill, notre précieuse Stacy Pounds, s'est fait diagnostiquer un cancer du poumon. Stacy m'avait énormément aidé pendant ma maladie, et aussi pendant le lancement de ma fondation. C'était une belle du Sud de cinquante-cinq ans qui fumait comme un pompier, et qui avait d'ailleurs une voix rauque de fumeuse. Avec la plus grande courtoisie du monde, elle était capable de vous dire que vous étiez le roi des cons, qu'elle ne voulait plus jamais vous entendre au téléphone et qu'en plus, vous sentiez mauvais ; et vous, vous raccrochiez en pensant : « Quelle charmante dame. »

Stacy n'a pas eu ma chance : son cancer était incurable. Nous étions dévastés ; nous ne pouvions qu'essayer de la soutenir et d'alléger ses souffrances. Ma mère est tombée par hasard sur deux jolis crucifix en argent, montés sur des chaînes ; elle me les a achetés. J'en ai passé un autour de mon cou et j'ai donné l'autre à Stacy. Elle était agnostique, comme moi, mais je lui ai dit : « Stacy, tu prends cette croix et moi celle-ci. Nous aurons ça en commun. Tu la porteras pendant ton traitement, ou quand tu voudras, et moi je porterai la mienne toute ma vie. » Ces crucifix étaient pour nous des symboles non pas religieux mais universels, des symboles de notre fraternité de cancéreux.

Son état de santé s'est détérioré rapidement. Un jour, elle a annoncé : « Je ne ferai pas de chimio si ça ne sert à rien. » Le Dr Youman a essayé de la traiter, mais sans succès. C'était épouvantable : non seulement ça la rendait très malade mais c'était sans effet, ça ne pouvait même pas la soulager. Elle a fini par arrêter, et le médecin nous a dit qu'elle n'en avait plus que pour quelques semaines.

Stacy avait un fils, Paul, stationné dans le Pacifique avec l'US Navy ; nous avons essayé de le faire revenir au chevet de sa mère, mais personne ne semblait pouvoir lui faire quitter son bâtiment. Nous avons appelé des députés, des sénateurs, en vain. Finalement, j'ai décidé de faire jouer mes relations. Je connaissais un général quatre étoiles, Charles Boyd, qui avait été affecté en Allemagne et venait de prendre sa retraite à Washington. Je l'ai appelé en lui disant : « Général Boyd, j'ai besoin que vous me rendiez un service. »

Je lui ai expliqué la situation de Stacy : « Cette femme est en train de mourir, et son fils est en mer. » Le général Boyd m'a arrêté. « N'en dites pas plus, Lance. J'ai perdu ma femme d'un cancer il y a deux ans. Je vais voir ce que je peux faire. » Le lendemain, le gosse rentrait chez lui. C'est ça la solidarité entre cancéreux.

Mais Paul n'était pas encore au Texas que, déjà, Stacy devait être transportée pour quelques jours dans une maison spécialisée. Je suis allé la voir avec Bill et ma mère ; nous l'avons trouvée dans un service bondé qui manquait cruellement de personnel. Elle nous a dit : « Je souffre, je sonne la nuit mais personne ne m'apporte mes médicaments anti-douleur. » J'étais horrifié.

Je lui ai dit : « Écoute, Stacy, on emballe tout ton fourbi et on te sort d'ici. Tu rentres chez toi, je te trouve une infirmière à domicile. »

À l'hôpital, on a essayé de me barrer le chemin : « Vous ne pouvez pas la faire sortir.

— Ah bon ? C'est ce qu'on va voir. Poussez-vous. »

J'ai dit à Bill : « Recule la voiture. Ouvre la portière. » Et on est partis. Stacy a vécu ses derniers jours chez elle. Son fils est arrivé et il l'a soignée, aidé par une infirmière. Elle s'est battue avec un grand courage, et elle a dépassé de trois semaines la date annoncée par les médecins. Son diagnostic avait été fait en janvier, juste après la fin de ma propre chimio. Elle avait cessé de travailler en février et est tombée en phase terminale dès mars. Elle est partie en douceur, et ça nous a brisé le cœur.

J'étais abattu, je m'inquiétais pour ma santé et en même temps je culpabilisais d'avoir la chance de compter parmi les survivants. Après la mort de Stacy, le cyclisme ne me paraissait plus très important, ni très réaliste. Steve Lewis, mon copain de lycée, a fait le voyage de Plano ; il m'a trouvé énormément changé. Je crois qu'il a fallu qu'il me voie, maigre comme un clou, blanc comme un cachet d'aspirine, un vrai sac d'os, le moral à zéro, pour comprendre que la maladie m'avait mis KO. Je lui ai montré mes premières radios pulmonaires en lui disant : « J'ai vraiment cru que j'allais y passer. »

J'avais du mal à surmonter cette idée, et à me fixer un nouveau point de départ. J'étais incapable de prendre des décisions telles que courir ou non, ou comment débrouiller les problèmes avec Cofidis. Je ne savais ni ce que je voulais ni même ce qui était encore à ma portée, et je ne pouvais pas m'empêcher de voir le cyclisme comme une activité triviale.

Steve a regardé une photo de moi le jour où j'avais gagné l'étape du Tour de France. Il m'a dit : « Quand est-ce que tu remets ça ?

— Oh, tu sais, pour moi, c'est terminé. C'est trop exténuant physiquement.

— Tu rigoles, m'a dit Steve, horrifié.

— Le Tour de France, c'est plus une course pour moi. »

Lui qui ne m'avait jamais vu abattu par rien, il n'en croyait pas ses oreilles. « J'ai plus le goût à ça. Je ne me sens pas bien sur un vélo. » Je lui ai dit que j'avais peur de perdre ma maison, et que j'avais dû m'imposer des restrictions budgétaires. Je réduisais mes dépenses en proportion, et essayais de me dessiner un avenir sans le vélo. Steve, qui m'avait connu la rage au ventre, croyait entendre parler une victime. Il ne retrouvait plus le mordant qu'il m'avait toujours connu.

Côté vie sentimentale, je n'étais guère plus clair. J'avais sérieusement envisagé le mariage avec Lisa, et nous avions besoin de parler de notre avenir. Dans chacune de mes batailles contre le cancer, elle avait combattu à mes côtés ; ce n'était pas rien. Elle m'a offert un chaton, que nous avons appelé Chimio.

J'ai dit à Steve : « Je crois que c'est elle. Si elle m'a

accompagné dans toutes ces épreuves, elle ne m'abandonnera jamais. »

Mais quand Steve est revenu deux mois plus tard, nous avions rompu. C'est vous dire dans quelle confusion j'étais. Dans une relation, soit le cancer vous rapproche, soit il vous sépare. Il nous avait séparés. Au fur et à mesure de ma convalescence, nous avons eu de moins en moins de choses à nous dire. La fatigue, peut-être ; nous avions épuisé toutes nos forces contre la maladie, nous avions triomphé de toutes ses épreuves, mais elle avait émoussé jusqu'à nos sentiments. Un jour, en mars, Lisa me dit : « Si on sortait un peu chacun de son côté ?

— D'accord. »

Bientôt, nous ne nous voyions presque plus. Lisa était bien placée pour savoir que mon corps avait été vidé de ses forces, mais elle avait davantage de mal à comprendre pourquoi mon cœur était tari. Nous avons continué à nous voir de temps en temps ; une relation comme ça ne se termine pas sous un couperet. Mais elle s'est terminée tout de même.

J'étais tellement désemparé qu'un après-midi, j'ai décroché mon vélo et je suis parti avec Bill (en temps normal je n'aurais jamais fait une sortie avec un novice comme lui) ; on pédalait lentement dans les environs quand tout d'un coup je lui dis : « Je reprends mes études. Médecine. Cancérologie. Ou alors des études de commerce, je ne sais pas. »

Bill a secoué la tête. Il avait une maîtrise en sciences éco et un doctorat en droit de l'Université du Texas. « Écoute, j'ai fait onze ans d'études. Je peux te dire que j'ai pas rigolé, et que ça va continuer toute ma vie. Toi, rien ne t'oblige à passer par là, mon vieux. Pourquoi voudrais-tu te lever tous les jours à trois heures du matin pour être à la Bourse à quatre heures et demie ?

— T'as pas compris, Bill. Je me tue à te le répéter : je ne suis plus un cycliste. »

Pendant un moment, Kik a cessé de répondre à mes appels ; j'avais beau la traquer, je n'arrivais plus à la contacter. Elle n'était pas sûre de ses sentiments envers moi parce qu'elle avait entendu dire que je n'étais pas sérieux, et elle n'avait pas envie d'être sur la liste des victimes. Je n'avais pas l'habitude qu'on me batte froid. Ça m'a rendu dingue ; je laissais des tonnes de messages sur son répondeur. « Est-ce que tu vas te décider à me rappeler un jour ? »

Finalement, elle s'est radoucie. Je l'ignorais, mais elle aussi vivait un grand bouleversement. En l'espace de quelques semaines, elle avait rompu avec l'homme qu'elle voyait et changé de boulot. Un après-midi, j'ai tenté un énième coup de fil et, enfin, elle a décroché.

« Alors, quoi de neuf ?

— Beaucoup de choses. Je viens de changer de job, je croule sous le travail.

— Ah. » J'ai pris une grande inspiration, et j'ai ajouté : « Merde. Et moi qui croyais que tu allais m'annoncer que tu étais célibataire.

— Ça alors, c'est bizarre, comment as-tu deviné ? J'ai rompu il y a deux jours.

— Ah bon ? (Ton faussement détaché.) Tu es seule ?

— Oui.

— Euh... qu'est-ce que tu fais ce soir ?

— Qu'est-ce que tu me proposes ? »

Depuis, nous ne nous quittons plus.

J'ai su tout de suite que j'avais rencontré la femme de ma vie. Kik n'avait besoin de personne ; elle était solide, indépendante, elle avait la tête sur les épaules et rien d'une enfant gâtée. Elle avait beau venir d'une famille aisée — son père était directeur dans l'une des cinq cents plus grosses sociétés du pays — elle ne devait ses réussites qu'à elle-même et n'avait vraiment pas une mentalité d'assistée. Je me suis dit, *je crois que cette fois, c'est la bonne.*

Avec elle, je me sentais en sécurité. Elle m'aimait chauve et glabre, et elle a su effacer tous les complexes que me donnaient mes cheveux, mes cicatrices, mon corps. Kik est devenue ma coiffeuse attitrée. Elle prenait ma tête dans ses mains, attrapait doucement ses ciseaux et me faisait une coupe style astronaute des années soixante.

Moi qui avais toujours eu le dessus dans toutes mes relations, avec elle c'était chacun son tour ; enfin, disons que dans l'ensemble elle me menait par le bout du nez. Et ça n'a pas changé. Nord, sud, est et tout le reste. Cet été-là, elle projetait d'aller en Europe. Elle ne connaissait pas le vieux continent et une de ses amies de fac qui participait à un programme d'échange universitaire l'invitait à aller la retrouver en Espagne. Moi : « Pourquoi l'Espagne ? L'Espagne c'est une poêle à frire pleine de poussière.

— Arrête. Ne me gâche pas mon plaisir, ça fait des années que j'économise sou par sou. »

Elle serait absente plus d'un mois, et cette perspective m'était insupportable. Il ne me restait plus qu'à y aller moi aussi. Comme j'étais censé faire une apparition sur le Tour de France pour remercier mes sponsors et leur prouver que je n'étais pas encore complètement fichu, j'ai décidé de faire d'une pierre deux coups. J'étais curieux de voir le Tour en spectateur, et j'espérais que ça réveillerait ma fibre cycliste. Elle a accepté que je l'accompagne.

Ce voyage a été une renaissance. J'ai eu l'impression de découvrir l'Europe, et peut-être n'était-ce pas qu'une impression. Je ne l'avais aperçue qu'en filant à soixante à l'heure sur mes roues, mais jamais en touriste, et surtout jamais en amoureux. Nous sommes allés partout. J'ai étalé mes rudiments de français, d'italien, d'espagnol.

Ma jeunesse me manquait. Trop occupé à gagner ma vie depuis l'âge de quinze ans, je n'avais jamais profité de mes vingt ans, je ne m'étais jamais amusé comme l'avaient fait Kik et ses copains de fac. J'avais complètement escamoté cette période, et voilà qu'enfin l'occasion s'offrait de remonter le temps, de la vivre à retardement. Je n'étais pas complètement rassuré quant à ma santé, je ne savais pas quel était mon sursis, un jour ? deux ans ? toute une vie ? et je me disais, *Carpe diem*. Dans tous les cas de figure, j'étais décidé à en profiter. Et c'est comme ça que j'ai rencontré Kik.

Je n'avais jamais pris ma vie à bras-le-corps. Je lui avais donné forme, je m'étais battu pour la conserver, mais je n'y avais pas puisé de joies particulières. « Tu as un don, me disait Kik. Tu peux m'apprendre à aimer la vie, toi qui t'es approché du bord et qui as été regarder de l'autre côté. Tu vas me montrer ? »

Mais c'était elle qui me montrait. Elle voulait tout voir, et, en jouant mon rôle de guide, j'ai tout découvert. En Italie, on s'est assis aux terrasses des cafés et on a mangé du prosciutto et du parmesan râpé. Kik plaisantait : « Avant que je te connaisse, le parmesan, c'était une boîte verte. »

On est allés à Saint-Sébastien, où j'avais terriblement souffert de la pluie et du froid et où on s'était moqué de moi quand j'avais terminé bon dernier ma première course professionnelle. Cette fois, j'ai contemplé les toits de tuile et la ville qui s'étageait tout autour du golfe de Gascogne et j'ai décrété que, contrairement à mes déclarations sur les poêles à frire, il n'y avait rien de plus beau que les vieilles pierres d'Espagne.

À Pampelune, on a assisté à une course de taureaux. Kik m'a dit : « On passe la nuit dehors ?

— Pour quoi faire ?

— Pour s'amuser. Tu veux dire que tu n'as jamais passé une nuit dehors, que tu n'es jamais rentré au lever du soleil ?

— Non.

— Comment ça ? T'as jamais passé une nuit sans te coucher ? C'est dément. T'es pas normal ! »

On n'est pas rentrés de la nuit. On a fait tous les bars et toutes les boîtes de Pampelune, et on a repris le chemin de l'hôtel à l'heure où le soleil illuminait de rayons d'or les alignements de rues grises. Kik me trouvait sensible et romantique — pas un de mes amis ne lui aurait donné raison. Chris Carmichael m'avait toujours décrit « comme un iceberg. Avec une calotte émergée et neuf fois plus sous la surface ». Kik était d'accord avec cette définition.

À Monaco, je lui ai dit que je l'aimais.

Nous étions dans notre chambre d'hôtel et nous nous habillions pour dîner ; tout d'un coup, le silence s'est fait. Jusque-là, tout avait été implicite entre nous. Mais en la regardant, j'ai pris conscience que l'amour avait lentement démêlé son écheveau autour de mon cœur. Seule Kik était limpide pour moi. En dehors d'elle, tout était confus. Étais-je condamné à vivre ou à mourir ? Si c'était à vivre, comment m'y prendre ? Je ne savais plus ce que j'attendais du cyclisme. Je ne savais plus si j'avais envie de rouler, de prendre ma retraite, de faire des études, de devenir agent de change. Mais j'étais sûr d'aimer Kik.

De l'autre bout de la chambre, je lui lance : « Je crois que je suis amoureux de toi. »

Elle s'arrête devant le miroir et elle me dit : « Tu crois ou tu es sûr ? Parce que moi, j'ai besoin de savoir.

— J'en suis sûr.

— Moi aussi j'en suis sûre. »

Le reste du voyage s'est déroulé dans une sorte de délire. On ne peut espérer manière plus merveilleuse, plus parfaite, de tomber amoureux. Il y avait eu beaucoup de non-dits entre nous, mais aussi beaucoup de regards, un pianotement continu d'émotions profondes. Le plus drôle c'est que nous n'avons jamais parlé de mon cancer — sauf la fois où nous avons évoqué les enfants. Je lui ai dit que j'en voulais, et je lui ai parlé de mon voyage à San Antonio.

Mais cet amour nous effrayait aussi. Kik disait : « Jamais je ne ferai quelque chose uniquement pour un homme. Ce n'est pas un mec qui me fera changer de vie. » Elle était comme moi, sachant toujours où elle en était avec tout le monde, tête froide, indépendante, ne souffrant jamais, n'attendant rien de personne, trop dure pour ça. Mais maintenant, nous avions tous les deux baissé la garde. Un soir, elle m'en a fait l'aveu. « Si tu veux m'anéantir, tu peux. Parce que rien ne t'arrêtera. Alors, attention à ce que tu fais. »

Nous sommes allés voir le Tour de France. J'ai essayé de lui expliquer la course, les tactiques auxquelles se livraient les coureurs, les dix millions de supporters le long des routes, mais quand elle a vu le peloton, la palette de couleurs qui fusait, avec les Pyrénées en toile de fond, elle a hurlé de joie.

J'étais venu pour affaires ; j'avais des rendez-vous

avec des sponsors et des journalistes. Elle a été éber-
luée de voir l'essaim de reporters qui bourdonnait
autour de moi, car elle ignorait que le cyclisme était si
populaire en Europe. Mais j'étais tellement amoureux
d'elle et de ma nouvelle vie que les journalistes ont dû
se contenter de réponses évasives quant à mon retour
au sport : « Je n'ai pas retrouvé mon ancien niveau. Je
vais peut-être rouler pour le plaisir, je ne sais pas. »
J'avais beau être remonté sur mon vélo, je leur ai dit :
« Je participe mais je ne cours plus. » Le Tour, c'était
« mission impossible ».

Ou encore : « Écoutez : le cyclisme a toujours été
mon gagne-pain, et il m'a apporté beaucoup. Je l'ai
pratiqué pendant cinq ou six ans, j'ai vécu dans tous
les coins d'Europe, j'ai passé ma vie dans des avions
et sur des routes. Maintenant je découvre le temps de
vivre entouré de mes amis et de ma famille, et les joies
à côté desquelles je suis passé pendant toute mon
enfance. »

À la fin de l'été, j'avais à peu près repris figure
humaine. Je m'étais remplumé, j'avais retrouvé mes
couleurs et mes cheveux, mais je craignais toujours la
rechute, et je souffrais toujours de douleurs fantômes
dans la poitrine.

Je faisais des cauchemars. J'avais des réactions physiques inhabituelles ; tout d'un coup, sans raison appa-
rente, j'étais couvert de sueur. Au moindre stress, à la
moindre anxiété, j'étais en nage.

Pendant mon traitement, je luttais activement à ter-
rasser le cancer. Mais après, je me suis senti complètement démuni ; j'avais l'impression d'attendre bêtement
que l'épée de Damoclès me tombe sur la tête. J'avais
une personnalité tellement active, tellement agressive,

que j'aurais presque préféré un an de chimio. Le Dr Nichols a tenté de me rassurer : « C'est une réaction courante. Certains malades gèrent moins bien la période de rémission que le traitement lui-même. Il est plus difficile d'attendre dans l'incertitude que d'attaquer. »

Le pire c'était les bilans mensuels. Kik et moi, on s'envolait pour Indianapolis et on prenait une chambre à l'hôtel juste en face de l'hôpital. Le lendemain matin, je me levais à cinq heures pour ingurgiter un produit de contraste avant d'aller subir les divers IRM, scanners et radios ; c'était une mixture épouvantable, une sorte de jus d'orange artificiel avec un arrière-goût métallique. Quelle expérience pénible que de se réveiller dans cet hôtel, toujours le même, en sachant que bientôt je serais assis en face d'un médecin qui me dirait peut-être, *vous avez le cancer.*

Kik se réveillait en même temps que moi et restait près de moi pendant que, voûté et malheureux comme les pierres, je m'étranglais sur ce cocktail fluorescent. Elle me massait le dos pendant que j'avalais. Un jour, pour m'aider, elle m'a même demandé d'y goûter. Elle en a pris une gorgée et elle a fait la grimace. Décidément, cette fille est une sacrée pointure.

Ensuite, elle m'accompagnait à l'hôpital pour les examens de sang et les IRM. Les médecins plaquaient mes radios sur leur panneau lumineux, actionnaient l'interrupteur, et moi je baissais la tête, de peur de voir réapparaître les taches blanches. Kik ne savait pas lire une radio ; la tension nerveuse nous mettait à cran tous les deux. Un jour, elle a pointé un doigt inquiet en disant : « Ça, c'est quoi ?

— C'est une côte. » J'ai éclaté de rire.

Nous pensions tous les deux la même chose : *je*

viens de rencontrer l'amour de ma vie, la personne qui représente tout pour moi, et si on me l'enlève maintenant, je vais m'effondrer en mille morceaux. À cette seule pensée, nous étions malades ; nous le sommes encore.

Mais les radios étaient nettes, les analyses de sang ne révélaient rien. Chaque mois écoulé diminuait les risques de rechute.

Je n'étais plus à proprement parler convalescent. Apparemment, j'avais même recouvré la santé. À mesure que s'écoulait le délai fatidique des douze mois, Chris Carmichael mettait la pression pour que je reprenne le vélo. Il a fini par prendre l'avion pour venir me dire en face, une fois pour toutes, ce qu'il en pensait. Pour lui, ça ne faisait aucun doute : j'avais besoin de me remettre en selle, je n'avais pas réglé tous mes comptes avec le cyclisme, je commençais à tourner en rond sans le sport, et il n'avait pas peur de le dire.

Il a eu une longue conversation avec Bill Stapleton : « Tout le monde lui conseille de faire ce qu'il veut, mais personne ne lui parle de reprendre le vélo. » Ce qu'il me fallait, disait-il, c'était un coup de pied aux fesses, et notre relation avait toujours été basée sur sa capacité de m'en donner quand j'en avais besoin.

Je savais parfaitement pourquoi Chris était venu me voir. J'ai dit à John Korioth : « Carmichael est à Austin pour me remettre en selle, et moi je ne sais pas si j'en ai envie. » Chris m'a emmené déjeuner dans mon tex-mex préféré, Chueys, et ma prédiction s'est révélée correcte.

« Lance, qu'est-ce que tu glandes à jouer au golf ? Ton truc à toi, c'est le cyclisme. »

J'ai secoué la tête, sceptique. « Je sais pas.

— T'as peur ? »

Oui, j'avais peur. Moi qui avais été fort comme un taureau sur la selle, qu'allais-je devenir sans cette force ? Et imaginons que le régime draconien des courses me fasse rechuter ?

« Aucun de tes médecins ne te donnera le feu vert, m'a dit Chris. Mais aucun ne t'interdira de courir. Si tu veux mon avis, tu devrais essayer. Juste pour voir. Je sais bien que c'est un saut dans l'inconnu, un énorme défi, que tu prends un risque et que ça fait peur. Rien n'est acquis. Mais maintenant que tu es revenu à la vie, il s'agirait de te remettre à vivre. »

J'y ai réfléchi deux ou trois jours. C'est une chose de reprendre un boulot de comptable après une chimio, et une autre de redevenir champion de haut niveau. Comparée à la chimio, la pire ascension alpine paraissait une promenade sur plat.

Un autre facteur entrait dans la balance. J'étais couvert pendant cinq ans par une police d'assurance invalidité. Mais reprendre la compétition m'obligerait à abandonner cette sécurité. Courir, financièrement, ce serait me jeter du haut de la falaise.

Chris est resté quelques jours à Austin, il a fait la connaissance de Kik et il a continué de me harceler. J'ai essayé de lui expliquer que je ne savais pas encore quoi faire de ma vie ; il est resté sourd. À un moment, il s'est tourné vers Kik en lui disant : « Et vous, vous trouvez qu'il devrait reprendre la compétition ?

— Moi, vous savez, je m'en fiche un peu, a dit Kik. Je suis amoureuse de lui. »

Chris m'a regardé : « Bon. Tu peux l'épouser. »

J'ai fini par me décider : d'accord pour la compétition. Je suis remonté en selle, content, cette fois-ci. J'ai dit à Bill et à Kik : « Je devrais y arriver. » J'ai appelé

Carmichael pour lui demander de me concocter un programme aux petits oignons, et je me suis mis à m'entraîner pour de bon. Mais bizarrement, mon corps refusait de reprendre son ancienne forme. Moi qui avais pesé quatre-vingts kilos, je stagnais à soixante et onze. J'avais le visage émacié, un profil d'aigle, et sur mes jambes tous les tendons ressortaient.

Bill a prévenu Cofidis que je me remettais en selle : « Je veux qu'on discute de son programme ; il est prêt pour son retour. » Cofidis lui a proposé de le rencontrer en France.

Bill a pris l'avion pour Paris le soir même ; dans la foulée, il a fait quatre heures de route pour gagner le siège du groupe sportif. Il est arrivé juste à temps pour un déjeuner très chic. Parmi les invités, Alain Bondue et François Migraine, le directeur général.

Migraine a accueilli Bill par un discours de trois quarts d'heure. Ensuite, il lui a dit : « Nous tenons à vous remercier d'être venu, mais il faut que vous sachiez que nous allons exercer notre droit de résilier le contrat d'Armstrong. Nous prenons d'autres directions. »

Bill a regardé Bondue : « Il parle sérieusement ? »

Bondue a baissé les yeux sur son assiette : « Oui.

— Et c'est pour m'annoncer ça que vous m'avez fait venir jusqu'ici ? a demandé Bill.

— Nous pensions qu'il était important d'en parler face à face, a dit Bondue.

— Écoutez. Vous pouvez lui verser un salaire minimum. Mais permettez-lui de courir. Il tient beaucoup à son retour. C'est tout ce qu'il y a de plus sérieux. Ce n'est pas comme si nous espérions qu'il reprenne la compétition : nous en sommes sûrs. »

Mais Cofidis ne me croyait pas capable de retrouver

mon niveau. Qui plus est, si je reprenais la compétition et que je rechute, le groupe ferait les frais d'une publicité désastreuse.

La discussion était close. Bill a tenté une dernière carte. « Mais enfin, il a fait partie de votre équipe, vous l'avez payé pour courir pour vous. Faites-nous au moins une offre. » Ils ont promis d'y réfléchir.

Bill est parti avant la fin du repas ; il est remonté dans sa voiture et il a refait le long chemin jusqu'à la capitale. La seule idée de m'annoncer la nouvelle lui répugnait ; en arrivant à Paris il ne m'avait toujours pas appelé. Il a fini par trouver un petit café près de la tour Eiffel ; il a sorti son téléphone cellulaire et il a composé mon numéro.

« Alors ?

— Ils résilient ton contrat. »

J'ai marqué une pause. « Et ils t'ont fait venir des États-Unis pour ça ? »

Les jours suivants, je n'ai pas pu m'empêcher d'espérer un revirement de la part de Cofidis. Un jour, enfin, le téléphone a sonné : ils m'offraient 180 000 dollars, avec en plus une prime de victoire intéressante à condition, bien entendu, que je gagne des points UCI sur un certain nombre de courses. Le salaire de base correspondait au minimum fixé par la ligue, mais nous n'avions aucune autre offre.

Bill avait encore un atout dans sa manche. La première semaine de septembre, se tenait une grande foire cycliste à Anaheim, en Californie : l'Interbike Expo. Tous les délégués des grandes équipes s'y retrouvaient. Bill se disait que si je m'y montrais en annonçant mon intention de reprendre la compétition, ils verraient que j'étais en bonne santé et il y en aurait bien un qui mordrait à l'hameçon. « Lance, il faut ameuter la presse et, surtout, bien dire que c'est sérieux, et que tu es disponible. »

Le 4 septembre 1997, j'ai accompagné Bill à l'Inter-bike Expo et j'ai annoncé mon retour pour la saison 1998. J'ai donné une conférence de presse devant une salle pleine de journalistes et d'experts en cyclisme, en les informant de mes projets. J'ai expliqué la situation avec Cofidis, sans cacher que je me sentais trahi par eux. Mon cancer m'avait éloigné de la scène internatio-nale pendant une année entière, et l'équipe française me laissait tomber juste au moment où j'avais retrouvé la santé et l'envie de revenir à la compétition. Voilà : le monde du cyclisme savait que je me vendais aux enchères publiques. Je me suis rassis en attendant les offres.

Aucune réaction.

On ne voulait pas de moi. L'un des grands directeurs français est allé dire quelques mots à Bill, mais quand il a appris ce que Bill exigeait pour ma prestation, 500 000 dollars, il a répondu : « Mais c'est un salaire de champion ! Ce sont des prétentions dignes d'un grand coureur. » Une autre équipe, Saeco-Cannondale, a envisagé de me faire une proposition et pris rendez-vous avec Bill pour le lendemain. Le type n'est pas venu au rendez-vous. Bill a dû lui courir après ; il a fini par le trouver en réunion autre part. Il lui a dit : « Alors, qu'est-ce que vous fichez ? »

Et l'autre lui a répondu : « Nous ne donnons pas suite. »

Aucune équipe européenne n'était prête à me prendre. Pour vingt coups de fil passés, Bill a dû rece-voir en tout trois réponses.

À mesure que le temps passait sans apporter d'offre sérieuse, ma colère montait, et c'était Bill qui en faisait les frais. Notre amitié en a beaucoup souffert. Depuis dix-huit mois, il était le messager des mauvaises nouvelles. Il avait dû m'annoncer que je n'avais pas d'assurance maladie, que Cofidis réactualisait mon contrat. Et maintenant c'était encore lui qui devait me dire que je n'intéressais personne.

J'ai appelé ma mère pour lui raconter mes démêlés avec Cofidis. Je lui ai expliqué qu'aucune autre équipe ne s'intéressait à moi. Aucune. Au bout du fil, je la sentais tendue. Sa combativité reprenait le dessus ; bientôt, je l'ai sentie dans sa voix.

« Tu sais quoi ? me dit-elle. Laisse-les tomber. Parce que nom d'un chien, tu vas leur montrer ce que tu as dans le ventre. Ils viennent de faire une grosse erreur. »

Partout je rencontrais des gens qui me tournaient le dos, qui me considéraient comme un diminué. Un soir, j'ai accompagné Kik à un cocktail avec des collègues de sa nouvelle boîte, une société high-tech. À un moment, nous avons été séparés. Kik bavardait à l'autre bout de la salle avec deux directeurs. Tout d'un coup, l'un des deux lui dit : « Alors, c'est ton nouveau copain ? » Et de faire une allusion obscène à mes testicules. « Tu es sûre qu'il est assez bien pour toi ? C'est pas un homme, c'est une demi-portion. »

Kik se fige sur place : « Je ne m'abaisserai même pas à répondre. Non seulement ce n'est pas drôle mais c'est immonde. » Elle tourne les talons, vient me retrouver et me raconte ce qui vient de se passer. J'étais furieux. Pour lui dire ça, il fallait que ce type soit d'une bêtise insondable, ou alors c'était un abruti qui fréquentait les soirées pour lever le coude à l'œil. Toujours est-il que je n'allais pas le laisser s'en tirer comme ça. En m'approchant du bar sous le prétexte d'aller me chercher un verre, je me suis arrangé pour passer près de lui et pour le bousculer violemment.

Kik n'a pas apprécié. Du coup, une dispute a éclaté entre elle et moi. Mais j'étais dans une rage telle que je ne pouvais même pas discuter. Je l'ai raccompagnée chez elle et je suis rentré chez moi ; je me suis assis à mon ordinateur et j'ai envoyé un mail incendiaire à ce mufle, en lui expliquant ce qu'était le cancer des testicules, en lui donnant les statistiques. J'ai récrit ma lettre une bonne douzaine de fois : « Je n'arrive pas à croire que vous puissiez dire des choses pareilles, surtout à mon amie. Et si vous vous trouvez drôle, vous devriez consulter un psychiatre. Le cancer, c'est une question de vie et de mort, pas la question de savoir si j'ai une roupette, ou deux, ou cinquante. » Après ça, j'étais toujours aussi en colère ; je suis retourné chez Kik au milieu de la nuit et on a longuement parlé. Elle avait peur que le type essaie de la faire renvoyer : la question, bien sûr, était de savoir jusqu'à quel point il fallait ravaler ses principes pour préserver son emploi.

Entre-temps, Bill continuait de chercher une équipe qui veuille bien m'embaucher. Il avait l'impression d'essayer de fourguer un nageur de troisième catégorie à qui personne n'aurait serré la main. Les gens le traitaient comme un rat. Mais il ne démordait pas, et il m'épargnait les commentaires les plus violents. On lui avait dit, par exemple : « Allons. Ce type-là, vous ne le reverrez jamais dans le peloton. Lui, pédaler à cette vitesse ? Vous voulez rire ? »

Bill a fini par avoir un espoir du côté de l'US Postal, une nouvelle équipe entièrement financée par des capitaux et des sponsors américains. Le principal investisseur était mon ami Tom Weisel, le financier de San Francisco, l'ancien propriétaire de l'équipe Subaru-Montgomery. La seule anicroche était le salaire ;

comme Cofidis, l'US Postal m'offrait un salaire minimum. Bill est allé rencontrer Mark Gorski, le directeur,
à San Francisco. Les négociations se sont poursuivies
d'arrache-pied, en dents de scie. Au bout de plusieurs
jours, nous n'avions toujours pas trouvé de terrain
d'entente.

J'étais à deux doigts de baisser les bras. L'offre de
Cofidis tenait toujours, mais je leur en voulais tellement que je préférais presque abandonner la compétition plutôt que de courir pour eux. Mon assurance
invalidité me rapportait 20 000 dollars par mois sur
cinq ans, soit 1,5 million non imposable. Lloyds, mon
assureur, a prévenu Bill que si je voulais reprendre les
courses, je perdrais mes droits dessus. Il était évident
que, quitte à risquer un retour, mieux valait le faire en
le voulant à cent pour cent. Sinon, c'était vraiment
lâcher la proie pour l'ombre.

Avant que Bill quitte San Francisco, nous nous
sommes dit qu'il ne perdrait rien à passer voir Tom
Weisel pour lui faire ses adieux et parler d'homme à
homme : ce serait la meilleure manière de vérifier que
nous avions exploré toutes les pistes. Le bureau de
Tom occupait une suite imposante dans l'immeuble de
la Transamerica, et offrait une vue stupéfiante sur la
ville. Bill y est entré le cœur battant.

Mark Gorski assistait à l'entretien. Tout d'un coup,
Tom dit : « Dites-moi, Bill, qu'est-ce qu'il réclame ?

— Il veut un salaire de base de 215 000 dollars par
an ; avec une prime à la performance en plus. »

L'Union cycliste internationale accordait des points
sur la base des prestations réalisées dans les grandes
courses ; à moi d'obtenir de bons résultats si je voulais
compenser en prime ce qu'on me refusait en salaire.
Bill a réclamé 500 dollars par point UCI jusqu'à cent
cinquante points, et 1 000 dollars au-delà.

« Accepteriez-vous que nous plafonnions le nombre de points UCI ? » a demandé Tom.

D'une certaine manière, c'était un compliment. Un aveu : en clair, ils me croyaient capable d'engranger assez de points pour commencer à leur coûter cher.

« Pas question », a dit Bill.

Tom a fixé sur lui le long regard froid du négociateur blasé. Il y avait plusieurs semaines que nos tractations ne nous menaient nulle part ; parmi tous les gens que nous avions rencontrés, Tom Weisel n'était pas le plus tendre en affaires. Mais il me connaissait, et il croyait en moi. Il a ouvert la bouche. Bill était prêt à encaisser le coup.

« Je le prends, a dit Tom. C'est comme si c'était fait. »

Bill a failli pousser un soupir audible. Enfin, un contrat. Je revenais dans le milieu des courses. J'ai signé, et nous avons présenté la nouvelle équipe lors d'une grande conférence de presse. « Je ne suis pas une marchandise avariée, j'ai simplement perdu la forme », ai-je annoncé. Je passerais novembre et décembre à m'entraîner aux États-Unis, et je partirais en janvier reprendre les courses en Europe, pour la première fois depuis dix-huit longs mois. Je venais de signer pour mon ancienne vie de routard, avec une valise pour tout bagage.

Mais la présence de Kik compliquait les choses. Je suis allé à Plano rendre visite à ma mère. Le samedi matin, en prenant le café, je lui dis : « Si on allait regarder des diamants aujourd'hui ? » Elle rayonnait. Elle avait compris. On a passé la journée à faire la tournée des grands bijoutiers de Dallas.

De retour à Austin, j'ai fait préparer un dîner chez moi pour deux personnes. Kik est venue, nous sommes allés nous asseoir sur le parapet derrière la maison pour regarder le coucher de soleil sur le lac. Enfin, je lui ai dit : « Il faut que je retourne en Europe, et je n'ai pas envie d'y aller sans toi. Tu m'accompagnes ? »

Le soleil a disparu derrière la rive opposée et le crépuscule est descendu sur nous. Il n'y avait pas un bruit ; la seule clarté venait des fenêtres éclairées. Je me suis levé.

« Quelque chose est arrivé aujourd'hui. Je voudrais te le montrer. »

J'ai mis la main dans ma poche et je l'ai refermée sur l'écrin de velours.

« Avance-toi dans la lumière. »

J'ai ouvert l'écrin et le diamant a jeté ses feux.

« Épouse-moi. »

Kik a accepté.

Nous n'avions jamais parlé de mon pronostic. Elle m'avait accompagné tous les mois à mes bilans de santé, elle avait regardé mes radios, mais nous n'avions jamais ressenti le besoin de nous poser les grandes questions. Quand nous nous sommes fiancés, une amie de sa mère s'est étonnée auprès de celle-ci : « Comment peux-tu laisser ta fille épouser un cancéreux ? » et ça nous a forcés à regarder les choses en face. Kik m'a dit simplement : « Tu sais, je préfère un an merveilleux à soixante-dix ans médiocres. Voilà ce que je pense. La vie c'est l'inconnu. On ne peut pas savoir. Personne ne peut savoir. »

Nous avons entassé toutes nos affaires dans la voiture, direction Santa Barbara, en Californie, où je devais suivre un entraînement intensif de deux mois. Nous avons loué une petite maison sur la plage et nous nous y sommes tellement attachés que nous avons décidé de nous marier là. Nous avons fixé la date en mai. Mais d'abord, il y avait le déménagement en Europe en janvier et toute la saison d'hiver et du printemps 1998 à passer là-bas.

Je suis retourné en salle de musculation, j'ai repris les entraînements de base, les presses, le travail des jambes ; peu à peu, j'allongeais mes temps de sorties. À ce camp d'entraînement, j'ai surpris tout le monde par mes capacités sur la selle. Un après-midi où je grimpais des cols avec Frankie Andreu, il m'a dit : « Dis donc, t'en fais baver à tout le monde et tu sors d'un cancer. »

Officiellement, désormais, j'étais guéri. Le 2 octobre, j'avais fêté le premier anniversaire de mon diagnostic, ce qui voulait dire qu'on ne parlait plus de rémission mais de guérison. D'après mes médecins, le risque de rechute était infime. Un jour, j'ai reçu un petit mot de Craig Nichols qui me disait : « Il est temps de passer à autre chose. »

Mais comment passe-t-on à autre chose ? Là-dessus, personne ne vous donne de conseils. D'abord, qu'est-ce que ça signifie ? Quand vous terminez votre traitement, on vous renvoie chez vous en vous disant, *ça y est, vous êtes guéri, maintenant vivez. Bon vent*. Mais il n'existe aucune structure de soutien pour aider à surmonter les difficultés psychiques qu'on rencontre en essayant de se réinsérer dans le monde après s'être battu pour sa vie.

On ne se réveille pas un beau matin en disant : « Bon, le cancer c'est fini, maintenant, je reprends la vie comme avant. » L'exemple de Stacy Pounds me l'avait prouvé. Mon corps était guéri, pas mon âme. J'entrais dans une phase qu'on pourrait appeler l'art de survivre.

Quelle forme étais-je censé donner à ma vie ? Que faire, maintenant ? Et mes cauchemars qui revenaient sans cesse ? Et mes rêves, alors ?

8.

Survivre

Quand j'étais malade, je me promettais de ne jamais plus jurer, de ne plus boire une seule bière, de ne plus me mettre en colère. J'allais être le type le plus génial et le plus exemplaire de la terre. Mais la vie continue. Les choses changent, les bonnes intentions s'oublient. On reprend une bière. On lâche un juron.

Comment se glisse-t-on peu à peu dans le monde de tous les jours ? Après le cancer, c'était tout le problème. Quant au vieux dicton, vis chaque jour comme si c'était le dernier, il ne m'a pas aidé du tout. C'est vrai, c'est bien beau comme idée, mais dans la pratique ça ne marche pas. Si je ne devais vivre que pour l'instant présent, je serais un bon à rien très sympa avec une barbe de trois jours au menton. Croyez-moi, j'ai essayé.

Les gens voient le come-back de Lance Armstrong comme un triomphe, mais au début ç'a été un désastre. Quand vous avez passé une année entière dans la terreur de mourir, vous trouvez que vous méritez de passer le restant de vos jours en vacances. Naturellement c'est impossible ; il faut retourner à sa famille, ses collègues, son métier. Mais une partie de moi refusait de retrouver mon ancienne vie.

En janvier 98, nous avons émigré en Europe avec

l'équipe US Postal. Kik a quitté son boulot, donné son chien, loué sa maison et empaqueté toutes ses affaires. Nous avons loué un appartement au Cap-Ferrat, à mi-chemin entre Nice et Monaco, et je l'ai laissée seule pour suivre mon équipe sur les routes. Une course ce n'est pas un endroit pour les épouses et les amies. C'est un peu comme au bureau : quand on part travailler le matin, on n'emmène pas sa femme dans la salle de réunion.

Kristin s'est donc retrouvée seule, sans amis, sans famille, dans un pays étranger dont elle ne parlait pas la langue. Mais elle a réagi d'une manière tout à fait typique ; elle s'est inscrite à un cours de français intensif, elle a meublé l'appartement et elle s'est installée pour la grande aventure, sans la moindre appréhension. Pas une fois elle n'a dit : « Qu'est-ce que je fiche ici ? » J'étais fier d'elle.

Je n'assurais pas aussi bien qu'elle. Ça ne se passait pas sans problèmes sur la route, où j'ai dû me réhabituer aux rigueurs des courses européennes. J'avais oublié ce que c'était. Lors de mon dernier séjour, j'étais en vacances avec Kik, on naviguait d'hôtel de luxe en hôtel de luxe, on jouait les touristes ; maintenant, c'était retour à la case départ avec la bouffe infâme, les lits avachis dans les hôtels minables, les déplacements incessants. Ça ne me plaisait pas du tout.

Au fond de moi-même, je n'étais pas prêt. Si j'avais mieux compris cet état qu'est la survie, j'aurais su que, psychologiquement, mon retour à la compétition serait un chemin bordé d'épines. Quand la journée avait été mauvaise, j'avais tendance à dire : « J'ai trop forcé. J'ai subi trois opérations, trois mois de chimio et un an en enfer, pas étonnant que je ne sois pas performant. Je ne retrouverai jamais la forme d'avant. » En réalité, j'aurais dû me dire : « Pas grave, j'étais pas dans un bon jour. »

Je roulais le doute à l'âme ; et quelques ressentiments, aussi. Je ne gagnais plus qu'une fraction de mon ancien salaire et je n'avais pas de nouveaux sponsors. Sarcastique, j'appelais ça « la taxe cancer 80 % ». Je m'étais imaginé qu'à la minute même où je remonterais sur un vélo et où j'annoncerais mon retour à la compétition, les grosses entreprises américaines se bousculeraient à ma porte ; en voyant le calme plat, j'ai accusé Bill. Je le rendais dingue, à lui demander sans arrêt pourquoi il ne m'apportait pas de nouveaux contrats. Un jour, pendant cet hiver où j'étais en Europe et lui au Texas, une dispute a éclaté entre nous, au téléphone. Une fois de plus, je me plaignais de ne rien voir venir du côté des sponsors.

« Écoute-moi bien, Lance, m'a dit Bill. Je vais te trouver un nouvel agent. J'en ai marre et plus que marre. Tu crois que j'ai besoin que tu me parles comme ça ? Eh bien tu te trompes. Je te rends mon tablier. »

Ça m'a coupé la chique. Au bout d'un moment, j'ai dit : « Mais... je ne veux pas me séparer de toi. »

J'ai cessé de passer mes colères sur Bill, mais je n'ai pas pu m'empêcher de broyer du noir en voyant que personne, ni les équipes professionnelles européennes ni les grosses sociétés américaines, ne voulait de moi.

Après ces dix-huit mois d'arrêt, j'ai couru ma première course professionnelle, la Ruta del Sol, une épreuve sur cinq jours à travers l'Espagne. J'ai fini quatorzième, et ça a fait du bruit ; mais j'étais déprimé, mal à l'aise. J'étais habitué aux premières places, pas à la quatorzième. De plus, je détestais sentir tous ces yeux braqués sur moi pour cette première course. Je vivais mal l'anxiété de la performance, la pression de tout ce cirque médiatique, je regrettais de ne pas m'être engagé sans publicité, de ne pas avoir couru bouche cousue et combattu mes doutes anonymement. Je voulais rouler dans le peloton et sentir revenir mes jambes.

Quinze jours plus tard, c'était Paris-Nice, l'une des courses par étapes les plus pénibles en dehors du Tour de France, une épreuve sur huit jours connue pour ses conditions climatiques particulièrement éprouvantes, puisqu'elle se court en hiver. Avant la course proprement dite, il y avait un prologue, un contre-la-montre. Le prologue est une sorte de sélection ; ses résultats déterminent qui part en tête du peloton. Je me suis classé dix-neuvième. Pas mal pour un rescapé du cancer, mais pas assez bien pour moi, qui avais l'habitude de gagner les contre-la-montre.

Le lendemain matin, je me réveille sous une pluie grise, par un vent violent et des températures négatives. Tout de suite, j'ai su que je n'avais aucune envie de rouler par ce sale temps. J'ai avalé mon petit déjeuner d'un air morose et je suis allé rejoindre l'équipe pour discuter de la tactique du jour : on décide que si notre leader, George Hincapie, peine pour une raison ou une autre, tout le monde l'attendra pour l'aider à remonter.

Dans l'aire de départ, je m'enferme dans une voiture pour essayer de ne pas prendre froid, tout en rouspétant que je serais bien mieux n'importe où plutôt qu'ici. Quand on part dans cet état d'esprit, ça ne risque pas de s'arranger ; et en effet, une fois dehors, dans le froid, mon mental n'a fait que se détériorer. J'ai enfilé mes jambières et mon coupe-vent avec une tête de trente-six pieds de long.

On est partis sur un long plat, fouettés par une pluie en biais et transpercés par un vent de travers qui abaissait encore la température. Rien n'est plus glacial et plus démoralisant qu'une longue route plate sous la pluie. Au moins, dans une côte, on peine tellement dur qu'on se réchauffe un peu, mais sur le plat, on est bon pour se faire glacer et tremper jusqu'aux os. Aucune surchaussure, aucun coupe-vent n'est efficace. Dans le passé, ça m'avait plutôt réussi de supporter des conditions qui faisaient flancher les cyclistes les uns après les autres. Ce jour-là, c'était différent.

Hincapie crève.

On s'arrête tous. Le peloton file en avant. Le temps de repartir, les leaders ont vingt minutes d'avance et, avec le vent, le retard sera encore plus difficile à rattraper. Il nous faudra une heure d'effort violent pour combler l'écart. On repart pourtant, tête baissée.

Dans ces bourrasques qui me battent le flanc et me glacent à travers mes vêtements, j'ai du mal à garder l'équilibre, et pourtant je pédale. Tout d'un coup, je remonte mes mains sur le guidon, je me redresse sur ma selle et je rejoins le bord de la route en roue libre.

J'ai abandonné la course. Déclaré forfait. J'ai enlevé mon dossard en me disant : *c'est vraiment pas comme ça, à me geler et à me tremper dans un caniveau plein de flotte, que j'ai envie de passer le restant de mes jours.*

Frankie Andreu était juste derrière moi. Il n'oubliera jamais le moment où je me suis redressé sur mon vélo et où j'ai gagné le bas-côté. Ce jour-là, il a cru qu'il n'était pas près de me revoir dans une course — si tant est que j'y revienne jamais. Plus tard, il m'a avoué avoir pensé alors : il est fichu.

Quand le reste de l'équipe est arrivé à l'hôtel à la fin de l'étape, je pliais bagages. J'ai dit à Frankie : « J'abandonne. Je ne cours plus, je rentre chez moi. »

Je me fichais que mes coéquipiers comprennent mon geste. J'ai dit au revoir, j'ai jeté mon sac sur mon épaule et je suis parti.

La décision d'abandonner n'avait rien à voir avec ma condition physique. J'étais fort. Mais je ne me sentais pas à ma place. Je n'étais pas sûr d'avoir envie de finir mes jours à rouler dans le froid en souffrant le martyre.

Quand je l'ai jointe au téléphone, Kik avait terminé sa journée et faisait quelques courses : « Je rentre ce soir. » La réception était mauvaise, elle m'entendait mal. « Qu'est-ce qui se passe ?

— Je t'en parlerai plus tard.

— Tu es blessé ? » Elle croyait que j'avais fait une chute.

« Non, tout va bien. À ce soir. »

Deux heures plus tard, elle m'attendait à l'aéroport. Nous n'avons desserré les dents qu'une fois installés dans la voiture et en route pour la maison. « Ça va pas. J'en ai marre.

— De quoi ?

— Je sais pas combien il me reste à vivre, mais j'ai pas envie de passer mon temps sur un vélo. Je déteste ça. Je déteste le sale temps. Je déteste être loin de toi. Je déteste la vie en Europe. J'ai fait mes preuves dans la Ruta del Sol, j'ai montré que je pouvais encore me tenir sur un vélo. J'ai plus rien à prouver, ni à moi-même ni aux cancéreux. Alors basta. »

Je m'attendais à ce qu'elle proteste : « Et mon cours de français, et mon boulot, pourquoi m'as-tu fait venir ici ? » Mais non, rien de tout ça. Très calme, elle a dit : « Bon, comme tu voudras. »

Dans l'avion qui me ramenait au Cap-Ferrat, j'avais vu une publicité pour Harley Davidson qui résumait parfaitement mon état d'esprit. Elle disait : « Si je devais revivre ma vie, je... » suivi d'une liste de toutes sortes de choses telles que « j'admirerais les couchers de soleil ». J'avais arraché la page du magazine. En expliquant à Kik ce que je ressentais, je la lui ai tendue : « C'est ça qui va pas avec le cyclisme. J'ai pas envie d'y consacrer ma vie entière.

— Bon, on passe une bonne nuit là-dessus, on attend deux ou trois jours et ensuite on prend une décision. »

Le lendemain, elle est retournée à ses cours de français et moi je n'ai strictement rien fait. J'ai passé la journée tout seul vautré dans un fauteuil, sans jeter un seul regard sur mon vélo. À l'école de langues, il y avait une règle stricte : il était interdit d'y recevoir des appels téléphoniques. J'ai appelé Kik trois fois. « Je supporte pas de tourner en rond à ne rien faire. J'ai appelé l'agence de voyages. Ça y est. On s'en va.

— Je suis en plein cours, a dit Kik.

— Je passe te prendre. De toute façon, tu perds ton temps dans cette taule. »

Elle a quitté sa classe, elle est allée s'asseoir sur un banc dehors et elle s'est mise à pleurer. Elle qui peinait pour apprendre une langue étrangère, elle qui avait meublé et décoré notre appartement, qui s'était adaptée à la manière de vivre et de faire les courses en France, à la monnaie, aux autoroutes, aux péages, elle avait fait tous ces efforts pour rien.

Quand je suis arrivé et que je l'ai trouvée en larmes, je me suis inquiété. « Pourquoi pleures-tu ?

— Parce qu'on s'en va.

— Comment ça ? Mais tu n'as pas d'amis, tu ne parles pas français, tu n'as pas ton travail. Pourquoi voudrais-tu rester ici ?

« — Parce que je me suis fixé des objectifs et que j'aurais aimé aller au bout. J'ai envie d'apprendre le français. Mais si tu penses qu'il faut rentrer, on rentre. »

Ce soir-là, Kik a déployé à faire nos paquets toute l'énergie qu'elle avait mise à nous installer. En vingt-quatre heures, nous avons été plus efficaces que la plupart des gens en quinze jours. Nous avons appelé Kevin Livingstone pour lui donner toutes nos affaires, nos serviettes de toilette, notre argenterie, nos lampes, notre batterie de cuisine, notre vaisselle, notre aspirateur. Je lui ai dit : « On foutra plus jamais les pieds ici. J'ai plus besoin de tout ce barda. » Kevin n'a pas essayé de me dissuader — il me connaissait trop bien pour ça. Il n'a pas desserré les dents. Je voyais bien qu'il n'approuvait pas ma décision, mais il ne se serait jamais permis un commentaire. Mon retour au cyclisme l'avait toujours inquiété. « Fais attention à ta santé, me disait-il toujours. Vas-y doucement. » Il avait visité avec moi le royaume du cancer, et une seule chose lui importait désormais : ma santé. Il était tellement triste, en me voyant décharger les cartons chez lui, que j'ai cru qu'il allait se mettre à pleurer. « Prends ça, ai-je dit en lui donnant ma vaisselle, prends tout. »

Ç'a été un cauchemar. Mon seul bon souvenir c'est Kik, si sereine au milieu de toute cette confusion. Je ne lui en aurais pas voulu si elle avait craqué ; elle avait démissionné de son boulot, déménagé en France, tout sacrifié, et du jour au lendemain je repartais pour Austin et j'étais prêt à prendre ma retraite. Mais elle ne m'a pas abandonné, elle m'a soutenu, avec une compréhension et une patience infinies.

Aux États-Unis, tout le monde se demandait où j'étais passé. Carmichael était chez lui, un matin à huit heures, quand le téléphone a sonné. C'était un journaliste français. Il lui demande : « Où est Lance Armstrong ? » Chris lui répond : « Il fait Paris-Nice. » Et l'autre, dans un anglais balbutiant : « Non, il est fini. » Chris lui raccroche au nez. Une minute plus tard, rebelote. Deuxième reporter français.

Chris appelle Bill, qui lui avoue qu'il est sans nouvelles de moi. Même échec auprès d'Och. Chris essaie de me joindre sur mon portable, appelle chez moi, laisse des messages. Je ne me manifeste pas, ce qui n'est pas dans mes habitudes.

Enfin, j'appelle Chris de l'aéroport : « Chris, je rentre. J'en ai marre de tout ça, des hôtels pouilleux, du temps infect, de la bouffe dégueulasse. Qu'est-ce que ça m'apporte ?

— Fais ce que tu veux, Lance, mais ne décide rien sur un coup de tête. »

Calmement, il essaie de gagner du temps.

« Ne dis rien à la presse. Ne fais aucune déclaration, n'annonce pas ton abandon. »

Après Chris, ç'a été le tour de Stapleton. « C'est terminé pour moi, mon vieux. Je leur ai montré ce dont j'étais capable, maintenant je tire ma révérence. »

Bill a gardé son calme. « D'accooord. » Il avait parlé à Chris, il savait tout. Comme Chris, il a essayé de jouer les prolongations. « Comment tu comptes présenter la chose ? »

À sa manière toujours décontractée, il me suggérait de ne pas annoncer tout de suite mes intentions. « Attendons une semaine ou deux, Lance. Pour l'instant ça ferait un drôle de grabuge.

— Non, tu comprends pas. C'est tout de suite.

— Lance, j'ai parfaitement compris que tu prends ta retraite. Cela dit, on a deux ou trois petites questions à régler d'abord. Patiente quelques jours. »

Après Bill, j'ai appelé Och. Notre conversation a été typique.

« J'ai déclaré forfait sur Paris-Nice.

— La belle affaire.

— J'abandonne. Le cyclisme, c'est terminé.

— Attends au moins demain pour arrêter ta décision. »

Kik et moi, nous avons repris l'avion pour Austin. Nous sommes arrivés épuisés par le décalage horaire ; chez moi, le téléphone sonnait sans arrêt ; tout le monde se demandait pourquoi j'avais disparu de la circulation. Les choses ont fini par se calmer. Après avoir dormi tout notre soûl, nous sommes allés trouver Bill dans son cabinet.

Moi, bille en tête : « Je suis pas ici pour qu'on discute de savoir si je remonte ou pas sur un vélo. Le sujet est clos. Le trait est tiré, et je me fiche de ce que tu en penses. »

Bill s'est tourné vers Kik, qui lui a rendu son regard en haussant les épaules. Ils savaient tous les deux que, quand j'étais dans cet état, ce n'était même pas la peine de discuter avec moi. Épuisée, déçue, Kik n'était plus que l'ombre d'elle-même ; mais dans ce regard, elle a su faire passer un message à Bill. Elle lui disait : *Sois patient avec lui ; c'est une épave.*

Au bout d'un long silence, Bill a repris la parole. « Bon. On est tout de même obligés de respecter les formes. On va faire une déclaration. C'est le minimum.

— Balance donc un communiqué de presse.

— Ce n'est pas une bonne idée, m'a dit Bill.

— Pourquoi ?

— Tu connais ces épreuves, la Ruta chais pas quoi, le Paris trucmuche ? m'a dit Bill. Ici, en Amérique, personne n'en a jamais entendu parler, mon vieux. Ici, personne ne sait que tu as remis les fesses sur une selle. Alors tu peux toujours monter une conférence de presse et aller raconter au monde entier que tu prends ta retraite, si ça t'amuse. Je sais ce que tu penses : tu trouves que tu as fait un fabuleux come-back, et je suis d'accord avec toi. C'est vrai, tu as réussi quelque chose de stupéfiant. Rien que ta victoire sur le cancer, c'est un retour. Mais il n'y a que nous qui le sachions.

— J'ai fait quatorzième sur la Ruta del Sol, tout de même.

— Lance, aux yeux du public, tu resteras le type qui a eu le cancer et qui n'est jamais remonté sur un vélo. Voilà ce que tu seras. »

Deuxième longue pause. Je voyais les yeux de Kik se remplir de larmes.

« En effet, ai-je dit. Je ne peux pas m'en aller comme ça. »

Stapleton a joué finement. Il m'a cité les mille choses qu'il restait à faire avant que je puisse me retirer en bonne et due forme. « J'ai bien compris que tu prends ta retraite, m'a-t-il répété. Mais de quelle manière ? » Il m'a demandé si je voulais donner une conférence live ou par téléphone, et il m'a suggéré de rencontrer les sponsors. Ensuite, il m'a dit : « Tu ne crois pas que tu pourrais courir au moins une course d'adieu ? » Je ne pouvais pas quitter le cyclisme sans une dernière apparition dans une épreuve américaine.

« Pourquoi pas les Championnats des États-Unis, en juin ? Ce sera ta dernière. C'est dans tes cordes, tu le sais très bien. *Ça*, ce serait un come-back. Ça marquerait les esprits.

— Ouais... je sais pas. Je crois pas que j'aie envie de remonter sur un vélo. »

Mais à force d'arguments et de patience, Bill a

réussi à me convaincre de ne pas précipiter les choses. À chaque complication évoquée, il gagnait un peu de temps. Je ne pouvais pas, par exemple, me retirer de la scène avant la Course des Roses, qui aurait lieu en mai.

Finalement, il m'a eu à l'usure. Je lui ai promis de ne faire aucune déclaration publique. Mais entre-temps, j'ai décidé de prendre quelques jours de repos.

À l'US Postal, Tom Weisel m'a promis de patienter. Mais ces quelques jours ont débordé sur une semaine, puis sur un mois. Je n'avais même pas déballé mon vélo. Le paquet prenait la poussière dans le garage.

J'étais l'image même du fainéant. Je jouais au golf tous les jours, je faisais du ski nautique, je buvais de la bière, je restais vautré sur le canapé à zapper d'une chaîne à l'autre.

J'avais retrouvé mon tex-mex préféré, Chueys, et j'enfreignais toutes les règles diététiques de mon régime d'entraînement. Chaque fois que je rentrais d'Europe, aussi pénible soit l'effet du décalage horaire, je m'arrêtais chez Chueys sur le chemin de l'aéroport et je commandais un burrito à la sauce tomate relevée, arrosé de margaritas ou encore de Shiner Bock. Désormais, j'y prenais presque tous mes repas. Je ne voulais plus me priver de rien. J'avais reçu une deuxième chance, et j'avais bien l'intention d'en profiter.

Mais je n'en profitais pas vraiment. Il manquait l'insouciance, la liberté, le bonheur. Toute cette joie était forcée. J'essayais de recréer l'atmosphère de mon voyage en Europe avec Kik, mais les choses avaient changé et je ne comprenais pas en quoi. En réalité, j'avais honte. J'étais pétri de doutes quant à mes capacités d'athlète et gêné d'avoir déclaré forfait sur Paris-

Nice. *Mon fils, on ne démissionne jamais*. J'avais démissionné.

Le cancer m'avait transformé, à cause, justement, de cette fameuse survie. En me disant, bon, maintenant je fais quoi ? j'obéissais au schéma classique. J'avais survécu à la bataille contre le crabe, mais dans ce grand bouleversement, j'avais perdu un métier, un style de vie ; quand j'ai tenté de retrouver cette vie, je n'ai plus rien reconnu, plus rien n'était pareil... je n'arrivais pas à la reprendre en main.

Je détestais le vélo, mais en même temps je me disais *qu'est-ce que je sais faire d'autre ? Garçon d'étage dans un bureau ?* Là, au moins, j'aurais mes chances comme champion. Incapable de prendre une décision, je cherchais simplement à fuir. Oui, je fuyais mes responsabilités.

Je sais maintenant que survivre au cancer ce n'est pas seulement chasser les tumeurs de son corps, c'est aussi recouvrer la santé mentale, la santé de l'âme.

Personne ne le comprenait, sauf Kik. Alors qu'elle avait mille raisons d'être désemparée et furieuse contre moi, qui lui coupais sans arrêt l'herbe sous le pied, elle gardait tout son sang-froid. Pendant que j'étais parti jouer au golf, elle vivait chez moi, privée de sa maison, de son chien, de son boulot, elle épluchait les petites annonces en s'inquiétant de faire bouillir la marmite. Ma mère compatissait. Quand elle nous appelait, elle demandait à parler à Kik ; elle lui disait : « Et toi, comment ça va ? »

Mais au bout de plusieurs semaines de ce régime à base de golf, de bières et de bouffe tex-mex, Kik a décidé que trop c'était trop. Il fallait bien que quelqu'un essaie de m'ouvrir les yeux. Un matin, on prenait notre café dans le patio. Je pose ma tasse et je lui dis : « Bon, à plus. C'est l'heure de mon golf.

— Lance, et moi, qu'est-ce que je fais aujourd'hui ?

— Comment ça ?

— Tu ne m'as pas demandé quel était mon programme. Tu ne m'as pas demandé ce que j'avais envie de faire, si ça ne me dérangeait pas que tu partes jouer au golf. Tu viens de me dire à quoi tu vas passer ta matinée. Mais moi, ça t'intéresse, ce que je fais ?

— Oh, euh... excuse-moi.

— Qu'est-ce que je fais, moi, aujourd'hui ? Hein ? réponds-moi. »

Je suis resté muet. Je ne savais plus quoi dire.

« Il faut que tu choisisses. Il faut que tu décides si tu vas vraiment prendre ta retraite, et devenir un plouc qui passe son temps entre les terrains de golf, les bars à bière et les restaurants tex-mex. Si c'est oui, pas de problème. Je t'aime et je t'épouserai de toutes manières. Mais moi, j'ai besoin de savoir ; j'ai besoin de pouvoir prendre mes décisions, de me remettre sur le marché du travail, de me trouver un boulot pour payer ton golf. Alors vas-y, je t'écoute.

« Mais si tu n'abandonnes pas le vélo, alors il faut que tu arrêtes de vivre comme un traîne-savates, de manger et de boire n'importe quoi ; il faut que tu décides une fois pour toutes parce que ne pas prendre de décision c'est déjà en prendre une, et ça ce n'est pas digne du Lance que je connais. Ce n'est pas toi. D'ailleurs, en ce moment, je ne sais pas qui tu es. Je t'aime, mais il faut que tu saches où tu vas. »

Elle m'avait parlé sans colère. Elle avait entièrement raison. Ne sachant pas où j'allais, je vivais au jour le jour. Tout d'un coup, je me suis vu dans ses yeux, un mec fini, et ça ne m'a pas plu du tout. Elle refusait une vie d'oisiveté, et c'était bien normal.

Sans s'énerver, elle a conclu : « Dis-moi si tu as

l'intention de rester à Austin, parce que dans ce cas je cherche du boulot. Je ne vais pas passer mes journées à la maison pendant que tu joues au golf. Je m'ennuie à mourir. »

En temps normal, je n'aurais pas accepté ce genre de réflexions. Mais elle m'avait parlé avec douceur, sans me heurter. Kik savait comme je pouvais me braquer quand on me prenait de front ; c'était toujours ma rébellion contre la coercition et l'autorité qui refaisait surface. Je déteste me sentir acculé, et quand on essaie de me coincer dans un raisonnement ou dans un affrontement psychologique ou physique, je me débats comme un beau diable. Mais là, je ne me sentais ni attaqué ni blessé, je n'avais pas l'impression qu'elle me harcelait. J'étais sensible à la voix de l'honnêteté et de la vérité. Et, tranquillement, elle venait de m'asséner une vérité profonde. Je me suis levé.

« D'accord. Je vais y réfléchir. »

Je suis parti jouer au golf, parce que je savais qu'elle n'avait rien contre. Ce n'était pas ça l'important. L'important, c'était que je me trouve.

Kristin, Stapleton, Carmichael et Och conspiraient contre moi. Derrière mon dos, ce n'étaient que conciliabules pour savoir comment me remettre en selle. Je continuais de déclarer que je mettais fin à ma carrière, mais avec de moins en moins de conviction au fil des jours. Bill avait achevé de me convaincre de m'engager dans une dernière épreuve, les Championnats professionnels des États-Unis, qui auraient lieu à Philadelphie en mai.

Aussitôt, Chris Carmichael a pris l'avion pour Austin. Il a jeté un coup d'œil dans mon garage, il a vu mon vélo toujours dans son emballage, et il a secoué la tête. Comme Kik, il pensait qu'il fallait que je décide une fois pour toutes si mon avenir se ferait avec ou sans le vélo. « C'est pas tout d'être en vie, il faut la vivre, sa vie », me répétait-il. Mais il savait que je n'étais pas prêt à refaire tous les sacrifices qu'exige un grand retour. Pour justifier son déplacement, il a prétexté vouloir monter mon programme de préparation aux Championnats des États-Unis. La deuxième Course des Roses approchait ; cette fois, ce serait un critérium dans le centre-ville d'Austin, qui exigerait de moi un minimum de condition physique. « Tu ne peux pas te montrer dans cet état, m'a dit Chris en me désignant d'un geste. Ce ne serait pas la meilleure publicité pour ta fondation. »

Quelle que soit ma décision quant à mon avenir, Chris jugeait absolument nécessaire de m'envoyer m'entraîner pendant un minimum de huit à dix jours. Et pas à Austin. « Allez, on va voir du pays. Ici, tu ne peux pas te concentrer. Tout ce golf, toutes ces distractions... »

Où, alors ? En Arizona ? trop chaud. Au Colorado ? trop élevé en altitude. Tout d'un coup, il m'est venu une idée : « Tu te souviens de Boone ? La petite ville hippie de Caroline du Nord ? »

Boone était nichée dans les hauteurs des Appalaches, sur le parcours du Tour DuPont ; j'en avais gardé un souvenir ému. J'y avais remporté le Tour DuPont à deux reprises, et j'avais peiné plus d'un après-midi à l'assaut du pic le plus haut, Beech Mountain, qui était l'étape de montagne la plus décisive de la course. Le pays était âpre mais beau, et Boone une petite ville universitaire peuplée principalement d'étudiants et de professeurs. Ce choix était d'autant plus judicieux que l'université offrait tous les équipements pour s'entraîner, et qu'il y avait plein de chalets à louer dans les bois environnants.

J'en ai trouvé un sur Internet, que j'ai réservé tout de suite. Ensuite, j'ai décidé un vieil ami à s'entraîner avec moi. À trente-huit ans, Bob Roll était un ancien coureur sur route converti depuis au VTT ; son moral et sa bonne humeur étaient exactement ce qu'il me faudrait pendant dix jours.

Nous avons pris l'avion pour Charlotte, puis la voiture ; trois heures plus tard, nous étions dans les montagnes. Premier arrêt, Appalachian State University, où Chris s'est arrangé avec le centre d'entraînement des sportifs pour me tester sur le vélo d'appartement et voir où j'en étais. Un seul coup d'œil à mes VO_2 max et à mes seuils d'acide lactique a suffi à lui confirmer ce qu'il savait déjà : j'étais gras comme un cochon et complètement délabré. Normalement, mes valeurs physiologiques étaient au top du top. Ma VO_2 max, d'habitude à 85, était descendue à 64.

Chris a dit aux entraîneurs : « Vous verrez. Quand il reviendra, dans une semaine, après trente-cinq heures d'entraînement, il sera remonté à 74. »

Chris savait que j'étais capable d'augmenter mes seuils en très peu de temps ; il ne doutait pas que je serais de nouveau en condition au bout de quelques jours. Mais, juste pour le plaisir, il m'a mis au défi de retrouver mes watts — la puissance développée au pédalage — en une semaine : « Je te parie cent dollars que tu dépasseras pas cinq cents.

— Pari tenu. »

À partir de ce moment, notre temps s'est partagé entre les repas, le sommeil et le vélo. Le printemps s'installait à peine dans les montagnes, et emmaillotait de brouillard et de bruine les bois de conifères. Nous roulions sous la pluie tous les jours. Le froid me brûlait les poumons, à chaque expiration je crachais un nuage gelé, mais cette fois ça ne me dérangeait plus. Je me sentais purifié. On empruntait des routes minuscules qui serpentaient à flanc de colline, et qui n'étaient pas toujours goudronnées ni portées sur les cartes. On roulait sur du gravier, sur du remblai, sur des aiguilles de pin, en évitant les branches basses.

Le soir, Chris nous cuisinait des marmites de pâtes et des platées de pommes de terre au four ; on s'asseyait autour de la table, on dévorait comme des ogres. Quant à nos conversations, elles sont impubliables. On se remémorait des anecdotes amusantes du bon vieux temps et des débuts de notre amitié, ou de mes débuts de pro.

J'appelais chez moi tous les soirs ; au fil des jours, Kristin se rendait compte que je redevenais le Lance d'antan, qui s'amusait, plaisantait, ne connaissait pas la déprime. Quand je lui parlais du froid et de la pluie, de tous les kilomètres qu'on avait faits dans la journée, je riais. Presque étonné, je disais : « Je me sens bien. »

J'ai découvert un certain plaisir à vivre avec l'idée fixe de l'entraînement, à rouler jusqu'au bout de mes forces dans la journée et à retrouver le cocon du chalet le soir. Il faisait un temps de cochon et ça ne me déplaisait pas : je me croyais sur Paris-Nice, en train de relever le défi des éléments qui avaient eu raison de moi. Le froid et l'humidité de Paris m'avaient mis à terre, mais je retrouvais maintenant la satisfaction de m'y confronter, comme autrefois.

Vers la fin de la semaine, on a décidé de tenter Beech Mountain. Chris savait très bien ce qu'il faisait : à une époque, cette montagne, je me l'étais mise dans la poche. Au bout d'une ascension exténuante de quinze cents mètres, on arrive à un sommet enneigé. Ç'avait été l'étape clé des deux Tours DuPont que j'avais remportés. Je me revoyais peinant dans la côte entre les foules massées sur le bord de la route ; en travers de la chaussée, on avait peint : « Go Armstrong. »

On est partis pour la énième fois dans le froid, la pluie, le brouillard. Au programme, un circuit de cent soixante kilomètres, puis Beech Mountain pour couronner la journée. Chris devait nous suivre en voiture pour qu'on puisse mettre les vélos sur le toit et redescendre dîner au chalet.

On a enfilé les tours de roue, indéfiniment, sous la pluie battante, quatre heures, puis cinq. Je suis arrivé au pied de Beech Mountain avec six heures de vélo dans les jambes, trempé jusqu'aux os. Mais je me suis levé sur la selle, et je me suis propulsé à l'assaut de la côte en laissant Bob sur place.

En commençant cette ascension, j'ai eu une vision étrange : sur la route, mon nom n'était pas complètement effacé.

Mes roues filaient sur les lettres blanches et jaunes délavées. J'ai jeté un coup d'œil entre mes pieds. On distinguait encore : « Viva Lance. »

Plus je continuais, plus la côte raidissait. J'ai forcé sur les pédales, et j'ai senti éclore une petite suée de satisfaction, une chaleur sous ma peau, un peu comme sous l'effet de l'alcool. Mon corps réagissait instinctivement. Et, instinctivement, je me suis mis en danseuse, j'ai pris la cadence. Tout d'un coup, Chris a surgi dans la voiture. Il a baissé sa vitre et s'est mis à m'exhorter : « Go, go, go ! » Je l'ai regardé du coin de l'œil. Il s'est mis à hurler en français : « Allez, Lance, allez, allez ! » J'ai poussé encore plus fort ; le souffle de plus en plus court, j'ai accéléré.

Cette ascension a provoqué un déclic en moi. Je me suis mis à réfléchir à ma vie, j'en ai revu toutes les étapes, les premières courses, ma maladie, la manière dont elle m'avait changé. C'était peut-être l'acte brut de grimper, de m'élever, qui me poussait à me poser les questions que j'éludais depuis des semaines. Il était temps de cesser de temporiser. Je me suis dit, *Avance. Tant que tu peux bouger, tu n'es pas malade.*

J'ai regardé le sol défiler sous mes roues, l'eau gicler sous les boyaux, les rayons tourner. J'ai vu les lettres de mon nom à demi effacées. *Go Armstrong.*

Plus je montais, plus ma vie m'apparaissait dans son ensemble. Je l'ai vue prendre forme, cette vie privilégiée, j'en ai aperçu les objectifs aussi. Ce n'était pas compliqué : j'étais fait pour une longue, pour une pénible ascension.

J'approchais du sommet. Derrière moi, Chris voyait, à ma position sur la selle, que je changeais d'attitude. Il sentait mes épaules s'alléger d'un poids.

Je suis arrivé en haut sans effort et j'ai ralenti doucement jusqu'à l'arrêt. Chris a garé la voiture, il en est descendu. Nous n'avons pas parlé de ce que nous venions de vivre. Il m'a regardé et il m'a dit : « Je vais mettre ton vélo sur la galerie.

— Non. Donne-moi mon imper, je redescends. »

Je m'étais retrouvé. J'étais redevenu coureur cycliste. Chris a souri, il est remonté en voiture.

J'ai fait la descente dans un mélange d'admiration et de respect pour ces montagnes paisibles, à l'âme magnifique. Les entraînements, silencieux, exigeaient beaucoup de moi ; je roulais imprégné de l'amour du vélo ; bientôt Boone est devenu une sorte de Terre sainte pour moi, un lieu de pèlerinage. Si je traverse de nouveau des passes difficiles, je sais que c'est à

Boone que je trouverai les réponses. Ces journées à Boone m'ont rendu ma vie.

Un ou deux jours plus tard, nous sommes retournés au centre d'entraînement universitaire faire des mesures de puissance. J'ai pédalé si fort que j'ai fait exploser le compteur. Les chiffres défilaient si vite que Chris n'arrivait pas à les lire. Il m'a fourré cent dollars dans la main en riant comme un fou.

Ce soir-là, au dîner, je lui ai dit, l'air de rien : « Je me demande si je pourrais m'engager dans cette course, tu sais, à Atlanta.

— On fonce », m'a dit Chris.

Aussitôt, nous nous sommes mis à tirer des plans sur la comète. Chris a passé des coups de fil pour financer mon come-back. Les sponsors ne se sont pas davantage bousculés, mais cette fois, je m'en moquais.

Chris a appelé Stapleton : « Prépare-toi. C'est un nouveau Lance qui revient. Le Lance du bon vieux temps. »

Il ne faudrait pas croire qu'il m'a suffi de sauter sur ma selle pour rafler tous les titres. Il y a eu des hauts et des bas, des bons et des mauvais résultats, mais la différence c'est que je ne me laissais plus abattre par les mauvais.

Après le séjour à Boone, j'ai savouré au quotidien le plaisir de rouler. Chaque jour a été une fête. Même quand je n'étais pas en forme, même quand je souffrais, quand je tombais, quand je n'en voyais pas le bout, pas une fois, jamais, jamais je n'ai envisagé d'abandonner.

J'ai même emmené mon vélo à mon mariage. Boone c'était en avril 1998, et nous nous sommes mariés en mai, à Santa Barbara, entourés d'une centaine d'in-

vités. Nous avons échangé nos vœux lors d'une cérémonie catholique toute simple — Kik est catholique —
et ensuite nous avons dansé toute la nuit. La fête était
trop belle pour qu'on ait envie de la quitter. Jusqu'au
petit matin, nous sommes restés à boire des cocktails
et à fumer des cigares avec nos copains au bar de l'hôtel, dans nos costumes de mariés.

Nous avons passé quelques jours dans un bungalow
de bord de mer, pas vraiment l'idéal pour une lune de
miel parce que, depuis Boone, je ne pensais plus qu'à
m'entraîner. Je roulais tous les jours. Enfin, ç'a été le
retour à Austin pour la Course des Roses, qui était
devenue un événement important. Le centre-ville était
partiellement fermé à la circulation et les rues étaient
illuminées de guirlandes. J'ai gagné le critérium avec
une bonne longueur d'avance. Quand je suis monté sur
le podium, Kik a sauté sur place en poussant des cris ;
pour elle, c'était un peu comme si j'avais gagné le
Tour de France. Je me suis rendu compte tout d'un
coup qu'elle ne m'avait jamais vu sur un podium.
« C'était rien », ai-je dit en haussant les épaules. Mais
au fond de moi, j'étais ravi.

Ce petit goût de victoire ne me déplaisait pas du
tout. Je l'ai savouré de nouveau en juin, lors de mon
retour officiel dans le circuit des courses, en finissant
quatrième du Championnat professionnel des États-
Unis remporté par mon ami et coéquipier George Hincapie.

Un matin, j'ai dit à Kik : « Tu ne crois pas que le
moment est venu d'aller revoir l'Europe ? » Elle a
hoché la tête, toute contente, et elle a refait les valises.
En fait, j'aurais pu lui dire : « On retourne en Europe »
et une fois en Europe : « On rentre à Austin » et une
fois à Austin : « Euh, je me suis trompé, on retourne

en Europe », elle aurait fait le voyage autant de fois sans se plaindre. Avec elle, rien ne prenait des proportions phénoménales.

Kik aimait le dépaysement et les langues étrangères. Quand je lui ai dit : « Bon, on essaie encore une fois », ça ne lui a posé aucun problème. Certaines femmes auraient vraiment eu du mal à suivre et c'est pour ça que je n'ai pas épousé ces femmes-là. J'en connais beaucoup qui, dès le premier séjour, n'auraient jamais pu s'adapter. Ma femme, elle, est une super-woman.

Prudents, nous avons commencé par louer un petit appartement à Nice ; Kik est retournée à ses cours de français et moi à mon cyclisme. J'ai participé au Tour du Luxembourg, et je l'ai gagné. Le soir de la première étape, j'ai appelé Kik, et elle s'est étonnée de ne pas me sentir plus enthousiaste. Mais je me méfiais tellement des écueils psychologiques que peut présenter un retour que je bridais mes émotions et mes attentes. Ce n'était qu'une course sur quatre jours ; aucun des grands champions n'aurait considéré ce genre de victoire comme un événement majeur. Mais c'était une grande victoire pour mon moral, parce que ça voulait dire que j'étais capable de remonter sur un podium ; de plus, ce qui n'était pas négligeable, ça me rapportait des points UCI. Ce trophée a effacé mes derniers doutes.

Ensuite, départ pour les Pays-Bas, où j'ai terminé quatrième sur le Tour de Hollande, une course d'une semaine. Cette année-là, j'ai fait l'impasse sur le Tour de France car je n'étais pas prêt à supporter la rigueur d'une période de trois semaines. Je me suis contenté de commenter quelques reportages télévisés, et d'assister en spectateur à la course la plus controversée et la plus traumatisante de l'histoire du cyclisme. En effectuant une série de raids dans les voitures d'équipes, la police française a découvert des coffres entiers pleins d'EPO et de stéroïdes anabolisants. Plusieurs responsables se sont retrouvés en prison du jour au lendemain ; les soupçons n'épargnaient personne, les cyclistes étaient révoltés par les méthodes utilisées. Sur les vingt et une équipes engagées, quatorze ont terminé le Tour. Une équipe a été éliminée, et les autres ont abandonné en signe de protestation.

Le dopage est l'un des écueils du cyclisme, ou de tout autre sport d'endurance d'ailleurs. Inévitablement, il est considéré par certaines équipes un peu comme l'arme atomique, indispensable pour rester performant dans le peloton. Je n'ai jamais partagé cette opinion, et je peux vous dire que depuis ma chimio, la seule idée d'introduire une substance étrangère dans mon organisme me révulse. Dans l'ensemble, le Tour 98 m'a inspiré des sentiments extrêmement mêlés : j'étais de tout cœur avec les coureurs pris dans la tourmente, dont certains m'étaient assez proches, mais d'un autre côté j'avais le sentiment que cette pagaille rétablirait un peu d'équité dans le Tour.

J'ai continué à progresser pendant tout l'été ; dès août, nous avions le sentiment, Kik et moi, que mon avenir de cycliste se dessinait avec assez de sûreté pour acheter une maison à Nice. Pendant qu'elle mettait son français encore hésitant à l'épreuve des tractations avec les banquiers et les marchands de meubles, je partais pour l'Espagne avec l'équipe disputer la Vuelta, une course de trois semaines qui compte parmi les plus exténuantes de la planète. En cyclisme, les trois grands tours sont le Giro d'Italia, la Vuelta de España et le Tour de France.

Le 1er octobre 1998, presque un an jour pour jour

après mon diagnostic, je terminais quatrième sur la Vuelta. Pour moi, c'était quasiment un tour de force. Au terme d'un circuit de 3 761 kilomètres sur vingt-trois jours, j'ai manqué la troisième marche du podium de six secondes. Le vainqueur, Abraham Olano, un Espagnol, n'avait que deux minutes dix-huit secondes d'avance sur moi. De plus, j'avais failli m'adjuger l'étape de montagne la plus dure de la course par des vents frisant le blizzard, avec un thermomètre bloqué au-dessous de zéro. La course avait été si éprouvante que près de la moitié des engagés avaient déclaré forfait. Je n'avais pas abandonné.

Une quatrième place sur la Vuelta, c'était plus qu'un retour. Dans ma vie antérieure, j'avais été bon dans les épreuves d'un jour mais jamais très performant dans les courses par étapes. La Vuelta voulait dire non seulement que j'étais revenu à la compétition, mais que j'étais meilleur. Désormais, les grands tours étaient à ma portée. En glanant toute une tripotée de points UCI, tout d'un coup je devenais le coureur qu'on s'arrache.

Pendant que je courais la Vuelta, de son côté Kik disputait une épreuve d'endurance appelée déménagement. L'appartement que nous quittions était situé au troisième étage. Elle appelait l'ascenseur, y entassait nos affaires, nos vêtements, notre vaisselle et toute ma panoplie de cycliste. Elle descendait, déchargeait dans l'entrée de l'immeuble, chargeait le coffre de la voiture. Elle allait jusqu'à la maison, à laquelle on accédait par un escalier très raide à flanc de colline. Elle déchargeait la voiture, montait tous les paquets, les déposait dans la nouvelle maison. Ensuite elle repartait pour l'appartement et elle recommençait, autant de fois qu'il le fallait compte tenu de la capacité de l'ascenseur et de la voiture. Elle a tenu comme ça pendant deux grosses journées d'affilée, mais à la fin elle avait les yeux voilés de fatigue.

Quand je suis rentré d'Espagne, j'ai trouvé mes vêtements bien rangés et le frigo plein. Kik m'a tendu mon nouveau trousseau de clefs. Je ne sais pas pourquoi, ça m'a rendu fou de bonheur. Cette maison, c'était le point culminant de l'année. La réussite. Nous nous étions installés en Europe, j'avais repris ma carrière en main. Kik commençait à se débrouiller en français, nous avions construit notre vie ensemble, chez nous, et ça représentait tout pour nous. Elle s'extasiait : « Oh, mon Dieu, ça y est. On a démarré. »

Nous sommes allés fêter ça sur les bords du lac de Côme, l'un des endroits que j'aimais le plus au monde. Dans un hôtel de rêve, j'avais réservé une chambre choisie entre toutes pour sa terrasse gigantesque et sa vue sur les montagnes ; nous avons passé ces quelques jours à dormir, à nous promener et à assister à des dîners élégants.

Nous sommes retournés à Austin passer les fêtes d'automne et de fin d'année. Peu après notre retour, j'ai reçu un mail du directeur sportif de l'US Postal, Johan Bruyneel. Il me félicitait pour ma prestation sur la Vuelta. « Cette quatrième place dépassait sans doute vos espérances », m'écrivait-il. Suivait une remarque énigmatique : « Vous aurez fière allure sur le podium du Tour de France 99. »

C'était tout. J'ai sauvegardé son message sur disquette, je l'ai imprimé et je l'ai relu. Le Tour ? Johan ne voyait pas en moi un simple vainqueur d'étape, mais un favori. Il me croyait capable de remporter le Tour.

Ça méritait d'y réfléchir.

Les jours suivants, j'ai lu et relu son message. Après une année d'errance, de doutes, je savais ce qu'il me restait à faire.

Gagner le Tour de France.

La survie vous apprend qu'une fois la crise passée et le désespoir surmonté, une fois acceptée la réalité de la maladie et fêté le retour de la santé, ce sont les routines et les habitudes, comme se raser le matin avant d'aller au boulot, avoir une femme à aimer et un enfant à élever, qui filent vos jours et en tissent une étoffe qui s'appelle la vie.

L'un des grands plaisirs de Boone, c'était les vues qui s'ouvraient devant moi quand, au détour d'un virage inattendu, le paysage se dégageait soudain, le rideau d'arbres s'écartait, dévoilant des successions infinies de montagnes, jusqu'à l'horizon. De plus en plus, c'est ainsi que m'apparaissait ma vie.

Je voulais un enfant. Quand j'étais malade, la paternité m'était cachée, telle une occasion ratée, derrière un tournant peut-être impossible à prendre. Maintenant, je découvrais des horizons aussi limpides que ceux des paysages montagneux, et je ne voulais plus attendre. Heureusement, Kik était prête elle aussi. Malgré les bouleversements de ces derniers mois, nous nous comprenions parfaitement et nous avions su conserver cette harmonie sereine qui donne le désir de s'unir pour créer la vie.

L'ironie de la situation, c'était que cela nous entraînerait dans un processus presque aussi compliqué que le traitement du cancer ; cela demanderait autant de recherches, autant de planification, toute une batterie de seringues et de médicaments, et deux opérations. J'étais stérile. Kik ne pouvait démarrer une grossesse que par fécondation in vitro, grâce au sperme que j'avais déposé en banque à San Antonio ce jour terrible d'octobre 1996.

Dans les pages qui suivent, nous vous livrons un compte rendu aussi fidèle et transparent que possible de ce que nous avons dû vivre. Beaucoup de couples taisent leur expérience de la fécondation in vitro, et c'est leur droit. Ce n'est pas notre point de vue. Nous sommes conscients de risquer de choquer en détaillant notre démarche, mais nous avons décidé de la partager avec les couples stériles confrontés à l'angoisse de ne jamais avoir d'enfants. Nous voulons les informer, pour qu'ils sachent ce qui les attend. Pour nous, ç'a été une épreuve pénible, mais que nous ne regrettons pas.

Nous voulions mettre le bébé en route dès la nouvelle année ; je me suis renseigné sur la FIV aussi méthodiquement que je m'étais renseigné sur le cancer, ratissant les sites Internet et consultant le corps médical. Nous avions prévu d'aller à New York rencontrer les experts de l'Université de Cornell. Mais plus la date approchait, plus nous hésitions. Nous étions las de voyager tout le temps, et cette nouvelle expérience promettait d'être suffisamment médicalisée et impersonnelle sans y ajouter le stress de la vivre parachutés pendant plusieurs semaines dans une chambre d'hôtel new-yorkaise ; ça me rebutait autant qu'une séance de chimio. Nous avons donc changé d'optique et décidé de consulter à Austin.

Le 28 décembre, le Dr Thomas Vaughn nous recevait pour la première fois. Nous étions nerveux. J'avais le regard dur et les lèvres pincées, mon attitude habituelle dès que je mettais le pied dans un cabinet médical, et que Kik appelait mon « look hosto ». Pour compenser ma mine lugubre, elle arborait son sourire

Colgate ; elle voulait que le Dr Vaughn nous juge aptes à devenir parents.

Tandis que nous discutions de la procédure, j'ai remarqué qu'elle rougissait légèrement. Elle n'avait pas l'habitude du langage clinique. Moi, depuis mon cancer du testicule, je pouvais parler ouvertement des questions sexuelles avec le premier venu. Nous avons quitté le cabinet du médecin avec une ébauche de programme, étonnés que ça puisse se faire si vite — si tout marchait bien, Kik pouvait être enceinte dès février. Les dates c'était très important : si j'avais des prétentions sur le Tour de France, il fallait planifier l'arrivée du bébé en fonction du calendrier de mes courses.

Deux jours plus tard, Kik est allée passer une hystérographie. Les infirmières l'ont ligotée sur une table et lui ont inséré par les voies naturelles un engin de torture qui diffusait un produit de contraste. Le but de la radio était de s'assurer qu'elle n'avait pas les trompes bouchées ou un problème anatomique quelconque. Les infirmières ont dû s'y prendre à deux fois, et Kik a tellement souffert qu'elle s'est mise à sangloter. Typiquement, elle a réagi en disant : « Ce que je suis nulle ! »

Le lendemain, c'était le réveillon du nouvel an, son dernier soir de libations. À partir du 1er janvier, elle avait décidé de faire une croix sur l'alcool et le café. Le lendemain matin, ma petite accro de l'arabica se réveillait avec une gueule de bois, en manque de caféine ; cela ne l'a pas empêchée de respecter son régime. Nous voulions un bébé impeccable.

Une semaine plus tard, nous avions rendez-vous à l'hôpital pour ce que nous pensions être un entretien avec une infirmière spécialisée. Erreur. En entrant dans la pièce, je ne plaisante pas, on se serait cru à une séance de préparation militaire. Assis à deux longues tables se faisant face, des couples se tenaient par la main dans un silence à couper au couteau. Une bécasse d'infirmière nous a dit qu'elle devait nous prendre en photo pour ses dossiers, alors on a serré les dents en souriant devant l'objectif ; ensuite, il a fallu se taper deux heures d'éducation sexuelle, et les éternels films de spermatozoïdes remontant les trompes. On avait déjà vu tout ça au lycée, on connaissait la musique. Les infirmières nous ont distribué des documentations qu'il a fallu feuilleter page par page. Je gigotais sur ma chaise, et j'amusais Kik en lui dessinant des spermatozoïdes, un cercle percé d'un trait, et en lui racontant des blagues à l'oreille. Je lui disais que j'avais l'impression d'être à une réunion Al-Anon : « Salut, moi c'est Lance, j'ai pas de sperme. »

Je la poussais du coude pour qu'on s'en aille, mais on n'arrivait jamais à trouver le moment propice. Nous ne voulions pas paraître impolis. Finalement, incapable de tenir une minute de plus, Kik a ramassé ses documents, elle s'est levée et a gagné la porte au pas de course, moi sur ses talons. Une fois dehors, on a éclaté de rire comme des gamins et on s'est précipités dans la voiture, hors d'haleine, en se demandant si on était trop immatures pour faire un gosse.

Quelques jours plus tard, nouveau rendez-vous au cabinet médical pour des examens. Kik est devenue toute pâle pendant la prise de sang. Je l'ai traitée de poule mouillée, mais en fait je compatissais ; elle qui a la phobie des aiguilles, elle était partie pour quelques semaines difficiles.

Le soir même, elle devait commencer son traitement au Lupron. Le Lupron est une substance qui bloque l'ovulation ; il lui en fallait dix unités par vingt-quatre heures, c'est-à-dire une injection chaque soir jusqu'à ce qu'on lui dise d'arrêter. Pour quelqu'un comme elle, ces piqûres étaient hyper-angoissantes. Et par-dessus le marché, elle devait se les administrer elle-même.

Tous les soirs, donc, à vingt heures trente précises, elle allait dans la salle de bain se piquer la cuisse. La première fois, ses mains tremblaient tellement qu'elle a eu du mal à expulser les petites bulles de la seringue. Et puis elle a pincé sa peau entre pouce et index, elle a lâché un gros juron et elle s'est piquée.

Au milieu de la semaine, l'US Postal est venue à Austin pour des tests en soufflerie. Nous avons fait les honneurs de la ville et accompagné tout le monde au restaurant ; mais au moment où on apportait les entrées, Kik a regardé sa montre : huit heures et demie. Elle s'est excusée, et elle est descendue aux toilettes « se shooter comme une camée », pour reprendre ses termes délicats.

Après la soufflerie, camp d'entraînement en Californie ; j'ai dû partir avec l'équipe, c'est-à-dire abandonner Kik pendant quelques jours. Pendant mon absence, elle a fait le grand pèlerinage à la clinique de San Antonio, où mon sperme attendait le grand jour moyennant un loyer annuel de cent dollars.

Le matin de bonne heure, elle est allée au cabinet de fécondation in vitro prendre un gros récipient cryogénique qui occupait tout le siège du passager. Au bout d'une heure de voiture, elle arrivait à la banque, montait au treizième étage, remettait le conteneur à une infirmière qui lui préparait notre petite famille pour le voyage, pendant qu'elle lisait un magazine de décoration. À ma demande, l'infirmière a entrouvert le réservoir pour lui montrer les initiales L.A. gravées dans le verre. « J'ai prié pour que ce ne soit pas la fiole d'un type qui s'appellerait Larry Anderson », m'a dit Kik après. Au retour, elle a conduit avec une prudence extrême. Je l'appelais régulièrement pour savoir si tout se passait bien. Je ne me sentirais rassuré qu'une fois le conteneur déposé au centre de fécondation d'Austin. Ce n'était pas le romantique tête-à-tête aux chandelles que nous avions imaginé, mais nous étions tout à fait prêts à concevoir cet enfant.

Kik continuait de s'injecter son Lupron. Un soir, elle a invité des copines à dîner. À huit heures et demie, comme les filles s'étonnaient qu'elle puisse se piquer elle-même, elles l'ont accompagnée dans la salle de bain. Était-ce par trac, par maladresse, toujours est-il que le flacon lui échappe des mains et tombe sur le carrelage. Horrifiée, les yeux pleins de larmes, elle regarde les morceaux de verre éparpillés en sachant parfaitement qu'une piqûre manquée, c'était tout le cycle à recommencer le mois suivant. Il était neuf heures moins le quart, un samedi soir. Pendant que ses amies se dépêchent de nettoyer avant que le chien vienne lécher les éclats de verre, elle fouille comme une folle dans son agenda pour trouver le nom de l'infirmière de garde. En pleurs, elle lui explique la situation. « Oh ! mon Dieu », dit l'infirmière. Elles appellent les pharmacies ouvertes, elles en trouvent une, et Kik fonce à toute allure sur l'autoroute. Le pharmacien l'a attendue : il lui donne le flacon et lui tapote l'épaule en lui souhaitant bonne chance.

Deux ou trois jours plus tard, elle est retournée chez le Dr Vaughn subir une échographie pour compter et mesurer ses ovules. C'était difficile, pour elle, de s'y rendre sans moi. Toutes les autres femmes étaient accompagnées de leur mari ; tandis qu'elle lisait son magazine *People*, elle sentait leurs yeux braqués sur elle. Elle lisait dans leurs pensées : que faisait là une aussi jeune femme, et pourquoi venait-elle toujours seule ?

Le Dr Vaughn l'a mise alors sous Gonal-F, un produit qui stimule les follicules et la production d'ovules. Désormais, le régime comprendrait deux piqûres par jour : cinq unités de Lupron et trois flacons de Gonal-F. À ce moment-là, Kik m'a décrit son corps, qu'elle considérait autrefois comme un temple, comme « un croisement entre un coussin à aiguilles et un poulailler ».

Le Gonal-F était difficile à mélanger. Il se présentait sous forme de poudre en flacon. Kik devait prendre une seringue munie d'une grosse aiguille — dont la seule vue la rendait malade —, aspirer une demi-unité d'une solution stérile, décapsuler le flacon de poudre, injecter le liquide dans le flacon. Ensuite, elle remplissait la seringue de ce mélange, lui donnait une pichenette pour expulser la bulle, fixait l'aiguille sur la seringue et poussait le liquide jusqu'au bout. Enfin, elle pouvait s'enfoncer cette maudite aiguille dans la cuisse.

Le 22 janvier à sept heures du matin, le Dr Vaughn lui faisait une énième prise de sang avec une énième aiguille. Elle a regardé à l'autre bout de la pièce en se concentrant très fort sur un poster de dessin animé scotché au mur ; elle se demandait comment elle supporterait l'accouchement si elle ne pouvait pas donner quelques centimètres cubes de sang sans tourner de l'œil. À quatre heures de l'après-midi, le jour même, elle retournait chez le Dr Vaughn pour sa deuxième échographie : elle avait produit douze ovules, qui se développaient normalement.

Comble de l'ironie, ce même jour je me rendais de Californie dans l'Oregon. Le Dr Nichols avait quitté Indianapolis pour Portland, et je devais le revoir pour mon bilan semestriel. C'était toujours lui qui me suivait. Si Kik et moi consultions chacun de son côté pour deux raisons différentes, nous nous consolions en nous disant que nous avions un point commun : confirmer la possibilité de vie.

Kik était presque prête pour la ponction, l'opération chirurgicale qui consiste à prélever les ovules. Pour notre plus grand soulagement, je suis rentré à la maison la veille. Ce jour-là elle a dû subir deux prises de sang et deux échographies, ainsi qu'une piqûre de HCG, ce marqueur sanguin qui avait hanté mes cauchemars pendant ma chimio. Dans le cas de Kik, l'HCG était une bonne chose puisqu'elle permettrait de faire arriver les ovules à maturité avant la ponction.

Elle a reçu sa piqûre à dix-neuf heures trente tapantes, soit trente-six heures avant l'opération. Elle attendait, tremblante, sur la table, de se faire percer par cette aiguille qui était la plus grosse de toutes. Mais l'infirmière avait des gestes très doux.

Cette nuit-là, elle a rêvé de couteaux et de poulaillers.

Le matin fatidique, nous étions debout à six heures. Au centre chirurgical, Kik a enfilé sa tenue pour le bloc, bonnet et casaque bleus. L'anesthésiste est venu nous expliquer la procédure et nous a tendu tout un paquet de décharges à signer. Nous avons paraphé les papiers d'une main nerveuse, y compris celui qui donnait aux médecins le droit de lui ouvrir le ventre pour prélever les ovules au cas où la procédure normale se révélerait infructueuse. Kik est entrée au bloc sur ses deux pieds.

On l'a littéralement ficelée sur la table, crucifiée serait même plus exact. Après l'anesthésie, elle ne se souvient de rien, et tant mieux : le chirurgien lui a enfoncé dans le corps une aiguille très très longue, et un cathéter.

Quand elle est revenue à elle, en salle de réveil, elle m'a vu penché au-dessus d'elle. « Tu viens dans le lit avec moi ? » Je me suis glissé à côté d'elle et je lui ai tenu compagnie pendant qu'elle somnolait. Quand elle a été bien réveillée, nous avons pu sortir. J'ai poussé son fauteuil jusqu'à la voiture et, pour la deuxième fois de ma vie, je suis rentré à la maison en respectant la limite de vitesse.

Kik a passé le reste du week-end à se reposer, à dormir et à regarder des films. Moi, je m'occupais d'elle, je lui faisais la cuisine. Barbara, la femme de Bart Knaggs, lui a apporté des fleurs, et un carton d'œufs, en lui disant : « Pour remplacer les tiens. » Quand Kik riait, ça lui faisait mal ; mais pas aussi mal que la piqûre de progestérone que le Dr Vaughn lui avait prescrite tous les soirs. C'était l'aiguille la plus grosse, la plus longue, le produit le plus visqueux que nous avions dû utiliser jusque-là. J'ai dû lui faire ces injections moi-même.

Le 1er février, le Dr Vaughn nous appelait pour nous transmettre notre rapport de fécondation. Ils avaient décongelé le sperme et fécondé les ovules par une manipulation appelée injection intracytoplasmique de spermatozoïdes, qui consistait à injecter un spermatozoïde dans chaque ovule. Nous avions neuf ovules fécondés viables, dont six parfaits, deux éventuels et un rompu. Nous avons décidé d'implanter trois des six parfaits dans l'utérus de Kik et de congeler les trois autres. Ça faisait bizarre de se dire qu'on mettait sa progéniture au frigo.

Après avoir raccroché, nous avons eu un moment de flottement. Je me pose la question tout haut : « Qu'est-ce qu'on fera si les trois marchent ? » Le risque était tout de même de se retrouver avec trois bambins qui hurleraient, courraient dans tous les sens, taperaient de la cuiller sur la table en même temps.

Trois jours après la ponction, nous sommes retournés à l'hôpital pour le « transfert ». Sous la froideur de ce terme clinique, se cachait ce qui était pour nous le jour le plus important de notre vie après notre mariage. À l'hôpital de jour, Beth Williams, l'embryologiste, nous a expliqué qu'elle avait passé le week-end à féconder nos embryons. En décongelant le sperme, elle avait été heureuse de constater que les spermatozoïdes étaient bien vivants, et qu'ils avaient l'air en parfait état ; ç'a été un soulagement, parce que ce n'est pas toujours le cas après cryoconservation. Tout s'était bien passé, et elle avait même des clichés à nous montrer. « Tenez, voici la photo de groupe », nous a-t-elle dit en nous tendant une image trouble de trois embryons, puis des photos de chacun d'eux. Chaque embryon comprenait huit cellules, et se divisait exactement comme prévu.

« On peut déjà savoir le sexe ? » a demandé Kik.

Non, lui a dit le Dr Williams ; à ce stade on ne pouvait connaître le sexe qu'en prélevant l'une des cellules et en faisant une analyse d'ADN. Les prélèvements, j'en avais soupé pour le restant de mes jours : « Euh, non merci. Un peu de suspense, c'est très bien. »

Après le départ de Beth, une infirmière est venue nous apporter deux blouses, une pour Kik et une pour moi. Pendant que nous nous habillions, Kik me dit : « Tu ressembles à un beau mec d'*Urgences*. » Pris de fou rire, nous avons demandé au Dr Vaughn d'immortaliser sur pellicule nos derniers instants de couple sans enfants. Ensuite, on nous a fait entrer dans une petite salle d'opération à l'ambiance douce et tamisée. Nous n'avions pas peur du tout, au contraire. Tout excités, nous souriions de toutes nos dents comme deux idiots. Le médecin a indiqué à l'équipe d'embryologistes que c'était le moment, et ils sont entrés avec nos trois embryons dans une seringue. Je me suis assis sur un tabouret à côté de Kristin et j'ai pris ses mains dans les miennes sous le drap. En moins de cinq minutes, c'était fait. Nous ne nous étions pas quittés des yeux.

Ensuite, on a soulevé Kik très doucement sur un chariot et on l'a transportée dans la petite salle de réveil, où elle a dû observer un repos absolu pendant une heure. Je me suis affalé sur un lit à côté d'elle, et nous sommes restés à regarder le plafond en échangeant des plaisanteries sur nos futurs triplés.

Au bout de cette première heure, une infirmière est venue nous expliquer que Kik ne devrait pas bouger le petit doigt pendant les deux prochains jours. Je l'ai ramenée à la maison en conduisant tout doucement, je l'ai mise au lit et j'ai été aux petits soins pour elle. Je lui ai servi son déjeuner sur un plateau et, pour le dîner, j'ai mis la table avec de jolies serviettes en tissu en annonçant : « Armstrong, cinq couverts. »

J'ai fait le service avec la classe d'un maître d'hôtel. Kik n'avait le droit de s'asseoir que pour les repas ; entre la salade et le plat principal, je l'ai fait s'allonger sur le canapé et elle m'a adoubé « aubergiste ».

Quand elle s'est réveillée le lendemain matin, je lui embrassais le ventre. Ce jour-là elle commençait un autre traitement, de nouvelles substances que nous avions baptisées « les couveuses ». Avant de les implanter, les embryologistes avaient percé chacun des ovules fécondés d'un trou microscopique qui, combiné aux « couveuses », aiderait les embryons à éclore et à s'implanter dans l'utérus.

Nous ne saurions pas avant deux semaines, soit le 15 février, si elle était enceinte. Nous mourions d'impatience. Sans arrêt, nous essayions de remarquer des changements subtils, mais compte tenu qu'elle se bourrait de piqûres et de pilules depuis des semaines, il était difficile de comparer son état présent à son état normal. Je m'inquiétais : « Tu remarques une différence ? » Et elle : « Mais quelle différence ? Est-ce que j'ai quelque chose de changé ? » La même question revenait, indéfiniment.

Le onzième jour après le transfert, à la première heure, Kik était à l'hôpital pour un dosage d'HCG. Nous allions enfin savoir. À l'aller comme au retour, elle était tellement nerveuse qu'elle a éteint l'autoradio pour prier en silence. Comme les résultats ne seraient connus que vers treize heures trente, on a tué le temps comme on a pu, entre un énorme petit déjeuner, une douche interminable et les bagages pour l'Europe.

Au moment où elle sortait le chien, le téléphone sonne. Je décroche, je fais : « Hon, hon », j'écoute, et mes yeux se remplissent de larmes. Je raccroche et je la serre contre moi : « Chérie, tu es enceinte. » Elle a jeté ses bras autour de moi en disant : « Tu es sûr ? » J'ai ri, et ensuite on a pleuré tous les deux.

Maintenant que nous étions certains qu'elle était enceinte, la question restait de savoir : combien de bébés ?

Tout joyeux, je criais haut et fort que j'espérais être bientôt papa de trois garçons. « Plus on est de fous, plus on rit. » Kik levait les yeux au ciel en disant : « Mon mari a une vie fantasmatique très riche. Ou alors il prend plaisir à me tourmenter.

— Je t'imagine sur un vol international de onze heures avec les triplés. Voir aussi : démence, épuisement, catatonie, insomnie. »

Kik s'imposait une hygiène de vie draconienne. Elle veillait à manger de tout, marchait six kilomètres par jour, prenait des vitamines, faisait la sieste. Elle a acheté une pile de livres sur la grossesse, et on est allés voir des berceaux. Nos amis s'inquiétaient tout le temps de savoir si elle avait déjà eu des nausées, mais elle se sentait tellement bien qu'elle s'est demandé si l'hôpital n'avait pas confondu son échantillon avec celui d'une autre patiente.

Histoire de se rassurer, elle est allée acheter un test à la pharmacie. Deux lignes se sont aussitôt dessinées. « C'est bon, je voulais juste vérifier. »

Enfin, j'ai dû aller retrouver l'US Postal en Europe. Kik était retenue par quelques examens complémentaires, mais elle me rejoindrait dès que possible. Le 5 mars, elle avait rendez-vous pour une échographie qui indiquerait le nombre de bébés vivants. Je l'avais presque convaincue qu'elle allait avoir trois garçons ; or nous n'avions plus qu'un seul bébé. Ni triplés, ni jumeaux. Sous son soulagement, se cachait une étrange déception, non pas parce qu'elle tenait absolument à mettre trois enfants au monde, mais parce qu'elle ne pouvait s'empêcher de faire le deuil des deux autres. Elle a demandé au Dr Vaughn si nous avions pu commettre une erreur infime qui aurait empêché les bébés de vivre. Il l'a rassurée : même dans un processus scientifique, mené en milieu stérilisé, la nature nous joue parfois des tours inexplicables.

Tout d'un coup, il a dit : « Ça c'est un cœur qui sait battre, ou je ne m'y connais pas. »

Il pointait le doigt sur un petit haricot qui clignotait

comme un gros point lumineux sur l'écran. Kik a ri :
« Ça ne vient certainement pas de mes gènes. C'est
signé Lance. » Le Dr Vaughn a imprimé l'image pour
qu'elle puisse me l'apporter.

Quelques jours plus tard, elle débarquait à Nice. Elle
m'a tendu l'échographie. Je l'ai regardée, médusé,
hypnotisé. Ce haricot au cœur battant me rendait littéralement à la vie. Je me sentais purifié, plein de respect, comme à Boone. J'avais l'impression d'avoir
survécu, enfin.

« Roule comme le vent, m'a dit Kik. Papa Armstrong a une famille à nourrir. »

9.

Le Tour

La vie est longue, du moins souhaitons-le. Mais tout est relatif : dans une ascension, chaque minute peut compter pour une éternité ; c'est pourquoi je ne connais pas beaucoup de choses qui paraissent aussi longues que le Tour de France. Il est long comme un rail d'autoroute qui s'étire sur le ruban plat et brûlant de l'oubli. Interminable comme les foins parcheminés qui s'étalent à perte de vue sous le soleil d'été. Infini comme la vue que l'on découvre du haut des Pyrénées, et qui embrasse trois pays.

Rien n'est plus facile que de voir le Tour de France, deux cents coureurs bouclant le tour du pays — sans oublier ses montagnes — en trois semaines au cœur de l'été, comme une entreprise totalement inutile. Rien ne pousse à atteindre un tel summum d'idiotie, à part le fait que certaines personnes, dont je fais partie, ont besoin d'aller chercher leur raison d'être au plus profond de leur résistance (je suis le type qui encaisse tout). Sur le Tour, c'est à qui souffrira le plus... et pour rien.

Mais, pour des raisons qui me sont propres, je ne suis pas loin de considérer ce geste gratuit comme la performance sportive la plus élégante au monde. Pour moi, bien sûr, l'important c'est d'être en vie, et le Tour m'y aide.

Un peu d'histoire : la bicyclette est née de la révolution industrielle, petite sœur du moteur à vapeur et du télégraphe. Le premier Tour a lieu en 1903, en réponse à un challenge sportif lancé par le journal *L'Auto*, ancêtre de *L'Équipe*. Sur les soixante partants, il n'y a que vingt et un arrivants. L'événement connaît un retentissement national immédiat. On estime à cent mille le nombre de spectateurs ayant jalonné les routes jusqu'à Paris. Quant aux magouilles, elles commencent dès le départ : boissons corsées d'alcool, éclats de verre et clous déversés sur la route par les leaders pour saboter la course des poursuivants. Sur les premières courses, les concurrents transportaient eux-mêmes leur nourriture et leur équipement ; ils roulaient sur des vélos à deux vitesses et freinaient avec les pieds. Les premières étapes de montagne apparaissent en 1910 (en même temps que les freins) et emmènent les cyclistes à l'assaut des Alpes malgré le risque d'attaque par des bêtes sauvages. En 1914, le départ est donné le jour de l'assassinat de l'archiduc François-Ferdinand. Cinq jours après la fin de la course, la guerre déferlait sur les Alpes.

Aujourd'hui, le Tour est une merveille de technologie. Les vélos sont si légers qu'on les soulève d'une main, et les coureurs sont équipés d'ordinateurs de bord, de cardiofréquencemètres et de radios émettrices. Mais l'esprit est resté le même : il s'agit de savoir qui surmontera le mieux l'adversité et aura la force de continuer jusqu'au bout. Après l'épreuve personnelle que je venais de traverser, je ne pouvais m'empêcher de penser que le Tour était taillé exactement à ma mesure.

Avant le début de la saison 1999, à l'occasion d'un dîner de l'association Faire connaître le cancer, à Indianapolis, je suis passé à l'hôpital voir mes anciens compagnons d'infortune. Scott Shapiro m'a dit : « Alors, vous reprenez la compétition ? les courses à étapes ? »

J'ai répondu oui, et j'ai risqué une question : « Vous croyez que je peux remporter le Tour de France ?

— Non seulement je le crois, mais j'espère bien. »

Je n'arrêtais pas de tomber.

Mon début de saison 1999 a été une véritable débâcle. Sur la seconde course de l'année, le Tour de Valence, j'ai failli me casser l'épaule. J'ai pris deux semaines de repos mais, à peine remonté sur le vélo, deuxième chute : lors d'un entraînement dans le midi de la France, alors que je double une dame âgée dans sa voiture, elle fait une embardée et me fauche. Après une deuxième interruption, j'ai mené, littéralement, une vie de chien sur Paris-Nice et Milan-San Remo ; je peinais dans le mauvais temps et ne franchissais jamais la ligne d'arrivée autrement que dans le peloton. J'ai mis ça sur le compte d'une condition pas vraiment idéale en début de saison, et j'ai persévéré ; à l'épreuve suivante, c'est de nouveau la chute. Au dernier virage de la première étape, je tente une échappée sous la pluie. Je dérape sur une plaque d'huile, mes roues se dérobent sous moi et je m'étale.

Je suis rentré chez moi. Mon problème c'est que j'étais rouillé. Alors, pendant deux grosses semaines, j'ai travaillé ma technique, jusqu'au moment où je me suis vraiment senti à l'aise sur la selle. À mon retour, j'avais retrouvé l'équilibre. J'ai fini par remporter quelque chose, un contre-la-montre dans le Circuit de la Sarthe. Mes résultats se sont remis à grimper.

Mais bizarrement, je n'étais plus aussi bon dans les courses d'un jour. Le coureur fou et impulsif d'autrefois avait disparu. J'étais toujours un attaquant, mais ma technique et mon style se faisaient plus subtils, moins ostensiblement agressifs. Mon énergie, psychologique comme physique, puisait à une source différente, et cette source c'était le Tour de France.

J'étais prêt à sacrifier la saison entière pour me préparer au Tour. Je misais tout dessus. J'ai fait l'impasse sur toutes les classiques du printemps — ces épreuves prestigieuses qui constituent l'épine dorsale des grandes courses internationales —, leur préférant une poignée de manifestations qui me permettraient d'apparaître au meilleur de ma forme en juillet. Personne ne comprenait ce que je faisais. Dans le passé, j'avais gagné ma vie grâce aux classiques. De tout temps j'avais brillé sur les courses d'un jour. On me prenait pour un fou. Qu'est-ce qui me passait par la tête de dédaigner les épreuves qui m'avaient si bien réussi autrefois ? Un journaliste a fini par venir me voir pour me poser la question.

« Non, je ne suis engagé sur aucune des classiques.

— Et... pourquoi ?

— Je me concentre sur le Tour.

— Oh, on vise le Tour, maintenant », me fait-il avec un sourire condescendant, comme si je venais de sortir une énormité.

Je l'ai regardé en pensant, *comme tu voudras, mon vieux. Qui vivra verra.*

Peu après, je rencontre Miguel Indurain dans l'ascenseur d'un hôtel. Lui aussi me demande ce que je deviens.

« Je passe presque tout mon temps dans les Pyrénées. Je m'entraîne.

— *¿Porqué ?*

— Pour le Tour. »

Il a haussé un sourcil étonné mais s'est abstenu de tout commentaire.

Comme moi, l'équipe US Postal au complet s'impliquait à fond dans le Tour. Elle comptait Frankie Andreu, notre capitaine, un sprinter puissant qui avait fait ses preuves dans de nombreuses courses et que je connaissais depuis mon adolescence. Il y avait Kevin Livingstone et Tyler Hamilton, nos deux jeunes grimpeurs. George Hincapie, champion professionnel des États-Unis, était un excellent rouleur, comme Frankie. En Christian Vandevelde, se profilait l'un des grands espoirs du cyclisme. Pascal Déramé, Jonathan Vaughters et Peter Meinert-Nielsen étaient des équipiers loyaux capables de rouler à fond pendant des heures sans se plaindre.

L'homme qui a fait de nous une équipe, c'était notre directeur sportif, Johan Bruyneel, un Belge impassible ancien coureur. Ayant été deux fois vainqueur d'étape du Tour pendant sa carrière, Johan savait quelles qualités requérait cette course. En 1993, il avait réalisé le meilleur temps d'étape de l'histoire du Tour et, en 1995, il avait battu Indurain au sprint dans un final spectaculaire à Liège. En tête, ç'avait été un véritable duel ; Johan n'avait pas décollé de la roue d'Indurain, jusqu'au moment où il l'avait doublé et battu sur le fil. C'était un coureur intelligent, qui n'était jamais à court de ressources et savait comment vaincre un concurrent plus fort que soi ; il a su insuffler à notre équipe ce sens aigu de la tactique.

C'était Johan qui avait eu l'idée des camps d'entraînement. Nous avons joué le jeu parce que nous avions décidé de ne pas nous plaindre, et c'est comme ça que nous sommes partis passer une semaine dans les Alpes et une autre dans les Pyrénées. Nous avons fait des reconnaissances sur les étapes de montagne du Tour, nous nous sommes entraînés sur les ascensions qui nous attendraient l'été suivant, roulant en file ininterrompue sept heures de rang dans les rigueurs de l'hiver. Sur tous ces trajets montagneux, j'ai travaillé en collaboration étroite avec Kevin et Tyler, nos grimpeurs, les gars qui devraient faire le gros du boulot quand il s'agirait de m'emmener dans les ascensions. Alors que la plupart des cyclistes profitaient de la morte saison pour se reposer ou courir les classiques, nous, nous enfilions les cols les uns après les autres dans des conditions éprouvantes.

Entre Johan et moi, la même plaisanterie revenait régulièrement. Janvier dans les Pyrénées, ce sont des torrents de pluie, tous les jours que Dieu fait. Je commençais à souffrir du mauvais temps et de ces épopées en montagne. Johan, lui, suivait au chaud dans la voiture et communiquait avec moi par radio.

Un jour, je lui dis : « Johan ?

— Oui, Lance, qu'est-ce que tu veux ?

— L'an prochain, je fais les classiques. »

À partir de ce moment-là, c'est devenu un leitmotiv. « Johan ?

— Laisse-moi deviner, Lance, me répondait-il d'une voix neutre. L'an prochain tu fais les classiques.

— Exact. »

Quand nous n'étions pas dans les Alpes ou les Pyrénées, je m'entraînais seul. Tout ce que je faisais tendait vers un seul but. Kik et moi vivions comme des moines, avec deux obsessions en tête : le Tour de

France et la santé de notre enfant. Tout le reste passait après, et n'était que distraction superflue. Mais cette simplicité de notre style de vie avait quelque chose d'apaisant.

J'ai pris le Tour à bras-le-corps. Je l'ai abordé comme un problème d'arithmétique, de biologie, de chimie et de nutrition tout confondu. J'ai entré sur ordinateur la vitesse potentielle de mon vélo selon différentes configurations, en fonction de mon poids et du poids de mon équipement, pour trouver l'équation qui m'amènerait le premier sur la ligne d'arrivée. J'ai conservé soigneusement toutes les courbes de mes entraînements, calibrant les distances, les watts, les seuils.

Je me suis mis à mesurer tout ce que j'ingurgitais. Je mangeais mathématique. Sur une petite balance de cuisine, je pesais toutes mes rations de pâtes et de pain, et ensuite je calculais mes watts en fonction des calories ingérées ; comme ça, je connaissais avec précision mes besoins quotidiens et je pouvais veiller à ne pas manger plus que ce que je brûlais. Je pourrais maigrir à cette seule condition.

Le cancer avait eu au moins un avantage inespéré : il avait refaçonné mon corps. Il m'avait affiné. Sur mes anciennes photos, j'avais l'air d'un pilier de rugby avec mon cou épais et mes épaules larges. C'était en partie pour ça que je fonçais comme un taureau. Mais paradoxalement, cette force était un handicap en montagne, parce qu'il fallait développer une puissance folle pour hisser tout ce poids au sommet. Jamais je ne m'étais senti aussi léger sur la selle que depuis que j'avais maigri. J'étais non seulement plus mince, mais aussi plus équilibré mentalement.

Si des doutes subsistaient quant à mes chances sur

le Tour, ils concernaient mes capacités de grimpeur. J'étais bon sprinter, mais la montagne était mon point faible. Il y avait des années qu'Eddy Merckx me disait de maigrir, et je comprenais enfin pourquoi. En montagne, deux ou trois kilos de moins font une différence énorme. Or j'en avais perdu plus de sept. Il ne m'en fallait pas plus : je suis devenu performant sur les cols.

Tous les matins, j'entamais ma journée avec le même petit déjeuner : muesli, pain et fruits. Les jours d'entraînement particulièrement intensif, j'y ajoutais des blancs d'œufs brouillés. Pendant ce temps, Kristin remplissait mes bidons d'eau ; dès huit heures je filais comme un boulet pour aller rejoindre Kevin et Tyler. La plupart du temps je roulais sans m'arrêter jusque vers trois heures de l'après-midi. Je rentrais me doucher et faire une sieste. Je me relevais vers le soir, pour peser mes pâtes et dîner en compagnie de Kik.

Nous ne faisions rien. Nous ne sortions jamais. Juste après le dîner, nous allions nous coucher pour que je puisse aborder en forme l'entraînement du lendemain. Et ainsi de suite pendant plusieurs mois. Les amies de Kik lui disaient parfois : « Oh, habiter sur la Côte d'Azur, c'est magique ! » Si elles avaient su.

Pendant que je m'entraînais, Kik faisait les courses ou se reposait dans la véranda. Nice était l'endroit idéal pour attendre un enfant, disait-elle : elle pouvait flâner à sa guise sur les marchés, s'acheter des fruits et des légumes frais. Le soir, elle feuilletait des livres sur la grossesse et suivait les progrès du bébé, gros d'abord comme une épingle, puis comme un citron. Nous avons marqué d'une pierre blanche le jour où elle a eu du mal à boutonner son jean pour la première fois.

Kristin était aussi dévouée que moi au but que je m'étais fixé. Le cyclisme est un boulot très, très dur, dont elle respectait les exigences. « Travaille bien aujourd'hui », me disait-elle quand je partais le matin. Si nous n'avions pas eu tous les deux le même engagement envers ce style de vie, ça n'aurait pas marché. Si elle s'était ennuyée, si elle s'était sentie trahie, si elle m'en avait voulu, nous n'aurions jamais pu traverser ces longs mois dans la paix. Elle apportait à mon entraînement le dévouement d'un véritable gregario.

Kevin s'en rendait compte, lui qui était notre ami et voisin mais qui, au retour des courses ou des camps d'entraînement, retrouvait un appartement vide et parfois du lait tourné dans le frigo. Chez moi, au contraire, il y avait toujours du linge propre, une maison impeccable, mon chat, mon chien et des repas équilibrés qui m'attendaient, même si ça représentait beaucoup de travail pour Kik. Moi qui avais toujours trouvé l'Europe inconfortable et solitaire, maintenant que j'étais un homme heureux en ménage j'apprenais à l'aimer.

Parfois, il m'arrivait de crever en pleine nature. J'appelais chez moi et Kik venait me chercher. Certains jours, elle prenait la voiture et montait me rejoindre simplement pour m'apporter à boire et à manger. Elle est bientôt devenue assez calée en cyclisme pour pouvoir me seconder efficacement. Elle savait ce qu'il me fallait et quand, elle savait repérer les journées éprouvantes, parler quand j'avais besoin qu'elle me parle ou se taire quand j'avais besoin qu'on me laisse tranquille.

Les jours d'entraînement intensif, elle attendait mon retour sur des charbons ardents parce qu'elle savait avec quelle minutie je me préparais, et combien il était important pour moi d'atteindre mon objectif. Quand ça n'avait pas marché comme je voulais, elle comprenait ma déception et ma mauvaise humeur.

À la fin avril, j'ai repris les courses ; je m'étais

engagé dans une prestigieuse classique d'un jour, l'Amstel Gold Race, pour tester ma condition. Dès le départ, je me suis senti différent, plus fort. J'ai passé le plus gros de la journée à batailler au duel contre Michael Boogerd, un Hollandais considéré comme l'un des trois meilleurs mondiaux.

À quinze kilomètres de l'arrivée, j'étais en tête. Boogerd ne décollait pas de ma roue. Il se faisait tirer. Je savais, ou du moins je croyais savoir, que j'allais le battre au sprint final. J'en étais tellement certain que j'en aurais parié ma santé.

J'ai attaqué le sprint, et tout d'un coup Boogerd a surgi comme le diable hors de sa boîte. Il est monté à ma hauteur ; on a fait les quelques dernières centaines de mètres à pleine bourre... et j'ai perdu. J'ai perdu d'un centimètre. D'un demi-boyau.

J'étais dévasté. Ma déception était grande, certes — j'avais été si sûr de gagner —, mais ce qui me rongeait le plus c'était que Boogerd était grand favori du Tour de France. Debout à côté de lui sur le podium, je ne pensais qu'à ce que cette défaite signifiait pour mes propres espoirs. Tout d'un coup, je me penche vers Michael et je lui dis : « Tu me revaudras ça en juillet. »

Il me regarde sans comprendre : « Qu'est-ce que tu racontes ? On est en avril. »

J'ai repris l'entraînement. Je roulais, roulais, roulais, comme je n'avais jamais roulé. Je m'infligeais tous les cols des environs. Il doit y en avoir au moins cinquante bien pénibles autour de Nice, des raidillons de quinze kilomètres et plus. L'astuce c'était de grimper non pas de temps en temps, mais régulièrement. Dans une sortie de six ou sept heures, je casais trois ascensions de quinze à vingt-cinq kilomètres. Il me fallait une heure pour grimper vingt kilomètres, ce qui vous donne une idée de ce à quoi ressemblaient mes journées.

Je roulais quand tout le monde déclarait forfait, y compris mes équipiers. Je me souviens d'un jour, le 3 mai, où il faisait un temps glacial comme seuls les printemps européens en ont le secret. Je me suis enfoncé dans les Alpes, Johan derrière moi dans la voiture. Bientôt, il s'est mis à tomber de la neige fondue et le thermomètre est descendu à zéro. On s'est arrêtés. Debout sur le bas-côté, on regardait le paysage dans ce temps de chien ; Johan m'a suggéré d'annuler. Moi, la neige ne me dérangeait pas. J'ai dit : « Non, on y va », et j'ai fait mes sept heures sur la selle, tout seul. Si je voulais gagner le Tour, il fallait que je sois prêt à rouler quand tout le monde préférait rester au chaud.

Le col le plus difficile était le col de la Madone, qui surplombait la ville et était réputé pour ses douze kilomètres particulièrement raides. On l'apercevait depuis la maison, derrière les collines de l'arrière-pays niçois. La Madone, trop pénible pour être tentée tous les jours, était parfaite pour tester sa condition. La plupart des coureurs la faisaient une ou deux fois par saison. Je l'ai faite une fois par mois.

Tony Reminger, qui s'est maintenu pendant des années parmi les meilleurs mondiaux, établissait ses records d'entraînement sur la Madone quand il vivait à Monaco ; il détenait le record officieux de 31 minutes 30 secondes. Kevin Livingstone, considéré à juste titre comme le meilleur grimpeur de l'équipe US Postal, a réalisé une fois 32 minutes. Au début de mon retour, pendant la saison 1998, je l'avais faite en 36 minutes. Mais pour gagner le Tour, il me fallait réduire considérablement ce temps.

Un jour, j'annonce à Kevin : « Je te parie que je fais 31. »

Pour quelqu'un qui n'arrivait même pas à 35, c'était de la vantardise.

« T'es fou », me dit Kevin.

Mais je suis descendu à 34, puis 33. Un après-midi, j'ai réalisé 32 : 30. Juste avant le Tour, Kevin m'a accompagné sur la Madone une dernière fois.

La brise, imperceptible, n'arrivait pas à alléger l'atmosphère humide, chaude, étouffante. On se propulse à l'assaut du pic, qui dresse à mille mètres au-dessus de la mer son sommet emmailloté de nuages. À un kilomètre de l'arrivée, Kevin a une crevaison. Il répare, je continue. En arrivant en haut, je jette un œil sur mon chrono.

J'attends Kevin. Il arrive essoufflé et furieux du retard. Je lui montre mon temps. « Oh, là là, dit Kevin. Ça va faire mal. »

Kik savait que les jours de la Madone, c'était sérieux. Au petit déjeuner, ce matin-là, je n'avais pas desserré les dents tant je me concentrais. En rentrant, je l'ai trouvée qui m'attendait sur le pas de la porte, essayant de deviner à ma mine, joyeuse ou sombre, les résultats de la journée. Och, qui passait quelques jours chez nous, était inquiet lui aussi.

J'entre en trombe dans la maison, la mine lugubre.

« Alors ? me demande Kik.

— Il faisait un temps épouvantable.

— Oh.

— Ouais. J'ai pas pu faire mieux que 30 : 47. »

Elle s'est jetée à mon cou. Och m'a donné une claque dans le dos et je lui ai dit :

« Jimmy, je suis prêt. »

Quelques jours plus tard, Och retournait aux États-Unis et racontait à qui voulait l'entendre que j'allais gagner le Tour de France.

J'ai fait mes bagages avec un souci maniaque du détail. Kik m'a aidé : on a commencé par étaler toutes mes affaires, ensuite on les a disposées soigneusement dans la valise, mais pas n'importe comment. Je voulais mes cuissards roulés ensemble et alignés bien droit. Mes boîtes à chaussures avaient leur coin réservé. Les gants devaient aller dans un coin spécial, les manchettes dans un autre. Tout devait être à sa place pour qu'au premier coup d'œil je puisse vérifier que j'avais la tenue appropriée à chaque type de temps.

Nous sommes arrivés à Paris pour les préliminaires du Tour, qui comprenaient des examens médicaux et des contrôles antidopage, sans oublier les obligatoires sermons délivrés par les dirigeants du Tour. Chaque participant a reçu la bible du Tour, une sorte de guide qui décrivait les étapes, les profils de la route, l'emplacement des points de ravitaillement. On vérifiait nos vélos, on changeait les guidons, on s'assurait que les chaussures automatiques s'adaptaient parfaitement à la pédale. Tous les coureurs n'étaient pas aussi maniaques avec leur matériel, mais moi, on m'avait surnommé Monsieur Millimètre.

Dans tout le battage publicitaire qui entoure les préparatifs de la course, l'US Postal était considérée comme une équipe minable, qui n'avait aucune chance. On parlait d'Abraham Olano, le champion du monde en titre. On parlait de Michael Boogerd, qui m'avait battu sur l'Amstel. On parlait d'Alexandre Zülle, le Suisse, de Fernando Escartin, l'Espagnol. On parlait des absents, des victimes de la chasse au dopage. J'étais une note en bas de page, l'Américain qui avait vaincu son cancer et faisait chaud au cœur. Mais au milieu de tout ça, il s'est trouvé une personne, une seule, pour miser sur moi. Peu avant le départ, un journaliste a demandé à Miguel Indurain qui il pressentait comme favori. Peut-être s'est il souvenu de notre bref échange dans cet ascenseur, peut-être avait-il entendu parler de la manière dont je m'étais entraîné. Toujours est-il qu'il a répondu : « Armstrong. »

Le Tour a débuté par un bref prologue, un contre-la-montre de huit kilomètres au Puy-du-Fou, une jolie ville qui abrite un château couleur parchemin et un parc d'attractions sur le thème du Moyen Âge. Le prologue est une épreuve de sélection qui sert à séparer les coureurs rapides des plus lents et attribue les places dans le peloton. Il a beau ne faire que huit kilomètres, c'est une épreuve très sérieuse qui n'autorise aucune marge d'erreur. Elle exige de se donner à fond, avec une efficacité maximale, si on ne veut pas être disqualifié dès le départ. Les concurrents qui briguent le podium doivent finir dans les trois ou quatre premiers.

Après un sprint de cinq kilomètres, venait un long raidillon, sept cents mètres éprouvants qu'on ne pouvait se permettre d'attaquer autrement qu'à fond. Après un virage serré, on finissait par un dernier faux plat. C'était le genre de course favorable à un fonceur comme moi ; elle avait déjà porté chance au grand Indurain, qui y avait réalisé un temps record de 8 : 12.

Tout compris, elle devrait être pliée en moins de neuf minutes. La plus grosse difficulté était la côte. Il ne fallait pas se dépouiller dans le sprint initial pour coincer dans la bosse. De plus, il était crucial de prendre la bonne décision tactique : fallait-il aborder la côte des Fossés sur le grand ou le petit plateau ? Cette question nous a occupés pendant deux jours.

Johan peaufinait notre tactique avec calme et précision. Il décomposait la course en watts et en centièmes de seconde, et donnait des instructions claires et concises. Il savait qu'au bout du premier sprint, mon cœur devrait battre exactement à cent quatre-vingt-dix.

Les départs s'échelonnaient toutes les trois minutes. Les premiers concurrents nous envoyaient déjà des retours d'expérience : Frankie Andreu s'est sacrifié en essayant d'aborder la côte sur le grand plateau. Il est arrivé en haut cuit, mort. Il ne s'en est pas remis.

Avec 8 : 11, Olano a battu le record. Zülle l'a coiffé avec 8 : 07.

C'était mon tour. Quand je suis en forme, je ne bouge presque pas sur le vélo ; le mouvement de piston de mes jambes paraît isolé du reste de mon corps. Johan, qui me suivait dans la voiture, percevait à peine un léger balancement de mes épaules, ce qui voulait dire que je ne gaspillais pas d'énergie, que tout allait dans le pédalier.

Dans l'oreillette, Johan me communiquait temps intermédiaires et instructions.

« Assieds-toi, Lance. Assieds-toi. »

Sans m'en rendre compte, je poussais trop gros. Je me suis assis et me suis concentré sur mes mouvements, sur ma technique. Depuis mon dernier pointage, je n'avais aucune idée de mon temps. Je me contentais d'appuyer sur les pédales.

Je franchis la ligne, je jette un coup d'œil à mon chrono et je lis : 8 : 02.

Je me dis, il y a une erreur.

Je regarde une deuxième fois : 8 : 02.

J'étais leader du Tour de France. Pour la première fois de ma carrière, j'allais porter le maillot jaune.

J'ai rejoint l'équipe dans de grandes embrassades. Johan a été particulièrement démonstratif. Une équipe de cameramen est arrivée pour une interview et ç'a été une véritable torture pour moi : j'arrivais à peine à desserrer les dents et j'avais une trouille bleue de craquer en direct. Les mots ne sortaient pas. Je répétais, la voix rauque : « J'y crois pas, j'y crois pas. »

Dans la foule, j'ai aperçu Indurain. Il s'est frayé un chemin vers moi, il m'a serré la main et il m'a donné une accolade affectueuse.

Pendant le Tour, on n'a vraiment pas le temps de fêter une victoire d'étape. On commence par vous presser d'aller subir les contrôles antidopage, et ensuite c'est le protocole qui prend le relais. On m'a conduit vers un camping-car où j'ai pu me doucher et me changer pour monter sur le podium : à ce moment-là, on m'a présenté le maillot jaune. Dans ma préparation minutieuse du Tour, s'il y avait une chose que j'avais oubliée c'était ça. Je n'avais pas anticipé ce que j'éprouverais en sentant l'étoffe glisser sur mes épaules.

Chez moi, à Nice, Kik était scotchée devant son téléviseur. C'est là qu'elle m'a vu monter sur le podium dans mon maillot jaune. Elle s'est mise à sauter à pieds joints en criant et en secouant le bébé dans tous les sens, déchaînant les aboiements du chien. À peine descendu du podium, je suis allé lui téléphoner depuis le camping-car de l'équipe : « Chérie ? »

À l'autre bout du fil, une explosion de « Oh mon Dieu, oh mon Dieu, oh mon Dieu », et la voilà qui éclate en sanglots. Une fois calmée, elle me dit : « Bon sang, chéri, t'as réussi. »

Ce jour-là j'ai connu une deuxième victoire, extrêmement douce je l'avoue. En traversant l'aire d'arrivée, je passe devant un petit groupe d'organisateurs de Cofidis, ces mêmes hommes qui m'avaient laissé pour mort dans ma chambre d'hôpital.

Je leur lance : « Autant pour vous, messieurs », et je m'éloigne.

Alors, a commencé la longue traversée des plaines du nord de la France. J'étais le premier Américain à défendre les couleurs américaines sur un vélo américain, le premier Américain à porter le maillot jaune. J'ai regardé ma montre : nous étions le 4 juillet, jour de la fête nationale américaine.

Tout d'un coup, je panique. Ce maillot jaune, c'est une sacrée responsabilité. D'attaquant, je passe en position d'attaqué. C'est la première fois que je dois défendre ma place.

Les premières étapes du Tour sont le domaine privilégié des sprinters. Nous nous bousculions sur les longues routes plates et monotones, rivalisant de vitesse sur nos machines. Les nerfs étaient à vif ; dans le peloton, ce n'était que magouilles et vacheries, dangers évités de justesse et chutes collectives comme il s'en produit régulièrement.

Les guidons se heurtaient, les hanches se touchaient, les boyaux se frottaient. Comme la bagarre était moins violente en tête du peloton, nous avons essayé de monopoliser la place ; mais nous n'étions pas les seuls à avoir eu cette idée et la route n'était pas à largeur variable. Avec près de deux cents coureurs qui se battent pour garder ou prendre une roue, c'était dur d'éviter les collisions. Pendant ces premiers jours, la tactique principale a consisté à éviter les problèmes. Plus vite dit que fait. Dans la guerre de position, avec ces mouvements constants dans le peloton, on pouvait se faire chasser en queue avant d'avoir eu le temps de dire ouf. L'année précédente, Kevin était tombé deux fois en plaine et avait abordé les montagnes avec quinze minutes de retard.

L'intendance suivait, répartie dans deux voitures et un camion. Dans l'une des voitures, vélos de rechange sur le toit, Johan veillait à la radio, accompagné par du personnel de l'équipe. Dans l'autre, les managers et les sponsors suivaient la course. Le camion transportait les vélos, nos bagages personnels et des équipements de toute sorte. En cas de crevaison, nous avions un mécanicien ; si nous avions besoin de manger ou de boire, il y avait toujours quelqu'un pour nous passer ce qu'il nous fallait.

Depuis sa voiture, Johan assurait la direction tactique de la course. Grâce à un système sophistiqué d'émetteurs-récepteurs, il nous communiquait les temps intermédiaires et le classement général, et nous donnait les ordres d'attaque. Chaque membre de l'US Postal communiquait avec ses coéquipiers et avec le directeur par oreillette ; grâce à nos moniteurs cardiaques, Johan pouvait suivre nos réactions physiologiques à l'effort.

À longueur de journée, tous les jours, mes équipiers se déployaient devant moi pour me protéger du vent, des chutes, des concurrents et des autres dangers de la course. Nous passions notre temps à éviter les spectateurs et photographes un peu trop zélés, inséparables de leurs panoplies diverses, voitures d'enfants, glacières, et que sais-je encore.

La deuxième étape comprenait le passage du Gois, un goulot de quatre kilomètres dans un paysage quasi surréaliste. Une étroite bande de bitume traverse un marécage inondable à marée haute. Même quand elle est praticable, la route est traîtreusement glissante et ses bords sont recouverts d'algues et de coquillages.

Le peloton avance, toujours groupé, toujours occupé à ses coups de guidon et ses intrigues. La traversée va être coton, un peu moins dangereuse tout de même pour les coureurs de tête. Mon équipe vient me cher-

cher et me remonte aux premières places. À la suite
d'une cassure, certains équipiers terminent dans le
second groupe. Frankie et George m'accompagnent
sans encombre jusqu'au bout, mais la traversée fait
froid dans le dos. La route est si glissante qu'on hésite
à tourner le guidon ; de plus, il faut contrer un vent de
travers dans lequel on a du mal à garder l'équilibre.

Derrière, les autres coureurs ont moins de chance :
ils terminent dans un carambolage gigantesque.

L'un d'eux a freiné brusquement, et tout d'un coup
ce sont des dizaines de corps qui jonchent l'asphalte.
Les vélos volent, les roues tournent dans le vide, les
cyclistes viennent s'abattre les uns sur les autres. Le
reste du peloton débouche à toute allure, et vient gros-
sir le tas des accidentés. Jonathan Vaughers s'est cogné
la tête et ouvert le menton, et doit abandonner. La
veille, dans une autre chute, il avait réussi à éviter la
catastrophe : il avait fait un soleil par-dessus son guidon et atterri sur ses pieds. Cet exploit lui avait valu
de la part du peloton le surnom d'« *El Gato* », le chat.
Hélas, il faudrait désormais faire sans lui. Tyler Hamilton s'en est sorti avec un genou abîmé.

Le passage du Gois s'est révélé l'un des points les
plus critiques de la course. En le franchissant tôt, j'ai
gagné un temps précieux au détriment des favoris du
Tour qui se sont éparpillés sur la route. Michael Boogerd et Alex Zülle ont ainsi perdu plus de six minutes,
écart qui s'est creusé au fil des jours.

Le seul but de ces dix premiers jours avait été de
rester en tête et de limiter la casse. Je recherchais
l'équilibre entre attaquer et ménager mes forces pour
une étape capitale à venir, le contre-la-montre de Metz,
où j'espérais bien reconquérir le maillot jaune.

Ces journées, sur des routes et dans des paysages

toujours identiques, ont été les plus longues du Tour. De Nantes à Laval, puis à Amiens, nous avions l'impression de rouler sans fin et sans but. Mario Cippolini a gagné quatre étapes consécutives, un record que nous lui avons concédé sans coup férir. Cippolini était un bon coureur, mais nous savions tous que les cols auraient sa peau et qu'il n'interviendrait pas dans la victoire finale.

Tous les soirs, la même routine se répétait : massages des jambes, dîner, puis zapping sur les six chaînes télévisées disponibles à l'hôtel. Johan m'avait interdit d'apporter mon ordinateur parce que je passais tellement de temps sur le web que je me couchais trop tard.

Nous filions à travers plaine vers Metz.

Je roulais tranquille, je m'économisais.

Le Tour s'appelle aussi la Course de la Vérité. Les premières étapes séparent les coureurs puissants des faibles, et les faibles se font éliminer définitivement.

Nous sommes arrivés à Metz pour le chrono. Contrairement au bref prologue, cette fois les coureurs auraient l'occasion de gagner ou de perdre des temps considérables. Une épreuve de cinquante-six kilomètres, ça voulait dire tirer la bourre pendant plus d'une heure. Les coureurs qui ne réussiraient pas à respecter les temps maximaux impartis seraient hors course. D'où l'expression « Course de la Vérité ».

Kik est venue de Nice. Elle nous avait suivis à la télé pendant le plus gros de la première semaine, mais pour chasser l'ennui et évacuer la tension, elle projetait de passer le reste de la course à voyager en Europe avec ses parents tout en me rendant de temps en temps des visites éclairs. Séquestré comme je l'étais avec mon équipe, je n'étais pas dans les conditions idéales pour une rencontre conjugale. Mais la voir un jour c'était mieux que pas du tout, et ça m'a donné l'occasion de vérifier que sa grossesse évoluait bien. La savoir près de moi à Metz, c'était aussi une manière de me remémorer ma préparation à cette épreuve.

Le matin de la course, je suis sorti de bonne heure reconnaître le parcours. En fait je connaissais déjà le circuit pour en avoir effectué deux tours pendant mes entraînements. Il comportait deux bosses très raides, une d'un kilomètre et demi et une autre de quatre kilomètres. Le début de l'étape se ferait dans le vent, ensuite on entrerait en terrain vallonné ; sur le plat final, il faudrait compter avec un fort vent de face. Ce genre d'étape avantageait la puissance, les coureurs capables de mordre dans le vent. Il ne suffisait pas d'être rapide, il fallait pouvoir le rester pendant plus d'une heure.

Tandis que je m'échauffais sur le vélo d'appartement, les premiers résultats arrivaient. Les départs s'étaient échelonnés toutes les deux minutes. Alex Zülle, le Suisse qui avait subi cette malheureuse chute collective au passage du Gois, avait pris la tête avec un temps d'une heure neuf minutes et des poussières. Cela n'avait rien de surprenant. Zülle était un grand gaillard blond qui, comme je devais continuer de le constater tout au long de la course, n'avait pas une once de défaitisme en lui.

Le favori, Abraham Olano, est parti juste avant moi. Tandis que j'attends dans l'aire de départ, j'apprends qu'il est tombé dans un petit virage et a perdu trente secondes. Il est remonté sur son vélo, mais n'est plus dans le rythme.

À moi. J'attaque fort. Trop fort, peut-être. Dans

l'oreillette, comme d'habitude, Johan me distille en continu ses conseils et ses informations. Aux deux premiers pointages, m'apprend-il, j'ai les meilleurs temps intermédiaires.

Au troisième, j'ai une minute quarante secondes d'avance sur Zülle.

Devant moi, j'aperçois Olano sur la route.

Olano, qui ne s'est jamais fait rattraper sur un contre-la-montre, commence à jeter des coups d'œil par-dessus son épaule. Je pilonne mon pédalier.

Je remonte sur lui. L'incrédulité, la stupeur se peignent sur son visage. Je me colle à sa roue, je le dépasse. Il disparaît derrière moi.

Johan me parle dans l'oreillette. Ma cadence de pédalage est de cent par minute. « C'est trop », me prévient-il. Et je lève le pied.

J'aborde un grand virage en descente, avec des boules de foin alignées le long de la route, et je vois un autre coureur devant moi, étendu sur le bas-côté. Il est blessé et attend les secours. Je reconnais les couleurs de l'équipe Cofidis.

C'est Bobby Julich.

Il a perdu le contrôle de sa machine en dérapant dans le virage. J'ai appris plus tard qu'il s'était gravement blessé à la poitrine et qu'il avait des côtes cassées. Pour lui la course est terminée.

Dans le tournant, je me rassemble sur mon vélo.

Un enfant s'échappe de la foule.

Le cœur battant, je fais un écart pour l'éviter.

Vite, je reprends mes esprits et j'arrive à ne pas casser le rythme. Devant moi, encore un coureur. Je plisse les paupières pour essayer de le reconnaître, et j'aperçois un éclair vert. C'est le maillot de Tom Steels, un superbe sprinter belge qui a remporté deux des étapes plates du début, et qui prétend au titre.

Mais Steels est parti six minutes avant moi. J'ai couru si vite ?

Johan, d'habitude si maître de lui, si impassible, vérifie mes temps et se met à hurler dans la radio :

« T'es en train d'exploser le Tour ! T'es en train d'exploser le Tour de France ! »

Je dépasse Steels.

Je sens l'acide lactique contracter les muscles de mes jambes. Mon visage se tord dans une grimace de douleur. Je suis parti trop vite et maintenant je le paie. J'entame la dernière partie, vent de face, avec l'impression de ne plus avancer. À chaque tour de roue, je concède du temps à Zülle. Je peine vers l'arrivée en sentant s'égrener les secondes.

Enfin je franchis la ligne.

Je regarde mon chrono : 1 : 08 : 36. J'ai gagné. J'ai battu Zülle de cinquante-huit secondes.

Je tombe de vélo, louchant de fatigue. Jamais je n'ai été aussi crevé. Mais j'ai repris le maillot jaune. En l'enfilant, en sentant le tissu soyeux glisser sur mon dos, je me dis que décidément sa place est là et pas autre part.

Je descends du podium et je tends les fleurs à Kik. Je la prends dans mes bras et je l'embrasse. Ce soir-là, je lui dis : « Je vais gagner. »

De retour à l'hôtel, à l'US Postal, on débouche le champagne. On se contente d'y tremper les lèvres parce que, après une journée aussi exténuante, un verre nous ferait l'effet d'une boutcille. Johan se lève sitôt le toast porté :

« Bon, fini, le champagne. On arrête d'en boire, parce que tels qu'on est partis, on ne fera plus que ça jusqu'à Paris. »

L'équipe l'acclame.

C'est le début des étapes de montagne.

À partir de maintenant, tout va se jouer en montée, même les arrivées. La première étape, 132,7 kilomètres, nous conduira à Sestrières, un village qui saupoudre la frontière franco-italienne de ses dizaines de chalets. Je sais ce qu'on pense dans le peloton : je vais flancher. On n'a aucun respect pour mon maillot jaune.

J'ai deux minutes vingt secondes d'avance, mais une étape de montagne peut suffire à me faire retomber irrémédiablement en queue du classement. Je ne suis pas réputé pour mes qualités de grimpeur ; or nous nous embarquons pour les étapes les plus éprouvantes, les plus commentées aussi, à l'assaut de pics sur lesquels les coureurs tombent comme des mouches. Je suis sûr de pouvoir m'attendre à des attaques sévères de la part de mes adversaires, mais eux ne savent pas avec quel acharnement je me suis entraîné pour cette partie de la course. Il est temps de leur montrer ce que je sais faire.

Il faudra courir tactique autant que physique. Je devrai m'appuyer lourdement sur mes grimpeurs, Kevin Livingstone et Tyler Hamilton. Se laisser encadrer est primordial en montagne : Kevin et Tyler seront de corvée, et m'emmèneront dans les ascensions. Ainsi, je pourrai m'économiser pour la dernière montée vers Sestrières, où les autres ne manqueront pas d'essayer de m'arracher le maillot jaune.

Le principe d'une attaque est le suivant : certains coureurs, tels le Suisse Alex Zülle ou l'Espagnol Fernando Escartin, sont plus menaçants que les autres. De toute la course, ils ne décolleraient pas de ma roue. Si l'un d'eux, disons Zülle, tentait une échappée, l'un des équipiers de l'US Postal, Kevin par exemple, devrait aussitôt aller le chercher : un coureur de la classe de

Zülle pouvait nous prendre deux minutes en un clin d'œil et compromettre mon avance au classement.

Le boulot de Kevin c'était de se caler dans la roue de Zülle et de se faire tirer par lui ; par cette manœuvre, il augmentait son travail en montée. On appelle ça « lui sucer la roue ». Pendant que Kevin sucerait la roue de Zülle et le ralentirait, le reste de l'équipe m'emmènerait, c'est-à-dire roulerait devant moi pour me permettre de conserver mes forces, de récupérer. Quand on arrivait à la fin de la journée sans avoir subi d'attaques majeures, on « contrôlait le peloton ».

Nous ne tentions pas de prévenir toutes les échappées. Certains coureurs ne mettaient pas le titre en péril, et il était inutile de gaspiller son énergie à leur prendre la roue. Dans ces moments-là, mes équipiers s'occupaient de moi. Ils m'entouraient et s'assuraient que ma position me protégeait des attaques. Si j'avais besoin d'un nouveau bidon, ils allaient me le chercher auprès de la voiture d'équipe.

Nous avions trois grands cols à franchir. D'abord le col du Télégraphe, ensuite le monstrueux Galibier, la plus haute montagne du Tour, et enfin le col de Montgenèvre. La montée vers Sestrières couronnerait le tout.

Pendant la presque totalité des deux cent quarante kilomètres, l'US Postal a fonctionné comme une machine bien huilée, effectuant des transitions sans à-coups et contrôlant la course.

Les Espagnols ont attaqué dès le départ. Escartin a lancé une échappée sur le col du Télégraphe pour le plaisir de nous empoisonner, mais nous sommes restés calmes et nous avons refusé de nous dépenser trop et trop tôt. Sur le Galibier, Kevin Livingstone a superbement assuré le train. Il m'a emmené régulièrement jusqu'en haut, où nous attendaient grêle et neige fondue. Moi, calé dans sa roue, je ne cessais de l'encourager. « Tu fais un boulot superbe, mon vieux. On les a tous flingués ! »

Nous avons amorcé la longue descente du Galibier et ses grands virages entre les pins. Pour vous donner une idée de ce que c'est, on se couche sur le guidon, on file à cent dix kilomètres à l'heure sur des boyaux pas plus larges que le doigt, en frissonnant de froid dans les virages en épingle à cheveux, sur un parcours de montagnes russes, dans le brouillard. L'eau dévalait le flanc de la montagne et il fallait rouler dessus. Derrière, Kevin est tombé. Il avait voulu enfiler un imperméable et la manche s'était prise dans sa roue. Il s'en est remis, mais non sans fièvre et douleurs pendant plusieurs jours.

Nous arrivions sur Montgenèvre, notre troisième col en l'espace de six heures ; au menu, pour changer, brouillard et pluie glaciale. Nous avons pris une bonne douche dans une averse. Au sommet, il faisait si froid que la pluie gelait sur mon maillot. Dans la descente, nous avons essuyé de la grêle. Désormais coupé de mon équipe, je subissais toutes les attaques. Par leur comportement, mes adversaires semblaient me dire qu'ils ne me croyaient pas capable de grimper et s'attendaient à me voir craquer à tout moment. Ça m'a fichu en rogne. Les concurrents s'éliminaient peu à peu, incapables de tenir le rythme, et je me suis retrouvé seul en tête avec les meilleurs grimpeurs mondiaux. J'avais bien l'intention de leur faire cracher leurs poumons.

Pour toute compagnie, j'avais la voix de Johan dans l'oreillette. Tom Weisel, le patron de l'équipe, était à côté de lui dans la voiture suiveuse.

Dans la descente sur Montgenèvre, Ivan Gotti et Fernando Escartin parient sur les virages en épingle à cheveux et les nappes de brouillard, se dégagent et me prennent vingt-cinq secondes. Dans un deuxième groupe de cinq, je me fais tirer par eux.

Enfin, c'est la longue, la pénible ascension, les trente kilomètres qui nous mèneront à Sestrières. Nous avons cinq heures et demie de vélo dans les jambes et nous souffrons tous. Désormais, ce sera à qui craquera et à qui tiendra.

À huit kilomètres de l'arrivée, j'ai encore trente-deux secondes de retard sur les premiers, et je suis piégé dans ce groupe de cinq coureurs qui, comme moi, peinent dans l'ascension. Les autres sont tous des grimpeurs reconnus, de nationalités diverses ; le meilleur est sans conteste Zülle, ce Suisse costaud, infatigable... ma hantise.

Il est temps.

Profitant d'un léger virage, je me place à la corde, je me lève de la selle et j'accélère. Mon vélo semble faire un bond en avant. Un peu plus et je montais sur le dos des motards de l'escorte.

De la voiture suiveuse, me parvient la voix surprise de Johan : « Lance, ça y est, tu creuses l'écart. » Puis : « Trois mètres. »

En vérifiant mon rythme cardiaque sur l'ordinateur, Johan connaît l'effort que je fournis et la réaction de mon corps. Je suis à cent quatre-vingts. Je ne me dépouille pas. Moi, j'ai l'impression de rouler sur le plat, tranquille et confortable.

« Lance, l'écart grossit. »

Je pars comme une fusée.

En un kilomètre, j'ai repris vingt et une secondes aux premiers. Je suis à onze secondes derrière eux.

Bizarrement, je ne ressens toujours rien. Ça se fait...
dans un fauteuil.

Escartin et Gotti, le duo de tête, commencent à
regarder par-dessus leur épaule. Je me rapproche rapidement.

Je reviens sur Escartin. Il me regarde, les yeux écarquillés. Gotti tente de suivre. Je le double en accélérant
toujours, et je me place à la hauteur d'Escartin.

Je force l'allure. Je les provoque, j'essaie de savoir
dans quel état mental et physique ils sont, s'ils vont
réagir et comment.

J'ai creusé un petit écart. Je suis curieux. Seraient-
ils fatigués, par hasard ?

Pas de réaction.

« Une longueur », m'annonce Johan.

J'accélère.

« Trois longueurs. Quatre, cinq. »

Johan marque une pause, puis, d'un air détaché :
« T'en gardes sous la pédale ou quoi ? »

J'accélère encore.

« Douze mètres. »

Quand on creuse un écart et que les adversaires ne
réagissent pas, c'est significatif. Ça veut dire qu'ils
sont au taquet. Et quand ils sont au taquet, c'est là
qu'on les flingue.

Nous sommes à six kilomètres de la ligne. Je pousse
encore plus gros.

« Trente secondes ! » me dit Johan, dont la voix
s'anime.

À l'oreille, il continue de commenter ma course. Il
m'annonce que Zülle tente un retour. Zülle. Toujours
Zülle. Il est revenu à trente secondes de moi.

Dans ma radio, je me décide : « Écoute, Johan, j'y
vais. Cette étape, je la boucle et on n'en parle plus. »

Dans une chambre d'hôtel, quelque part en Italie, Kik est clouée sur place devant son écran de télévision. Quand elle me voit me lever de la selle et charger, elle bondit de son fauteuil en hurlant :

« Bouge ton cul ! »

À Plano, quelques heures plus tard, ma mère verra une retransmission de l'étape en différé. À cause du décalage horaire, elle ne sait pas encore. Elle hurlera elle aussi :

« Attention ! C'est parti ! il va gagner ! »

Le vélo tangue sous moi, mes épaules commencent à accuser la fatigue, une fatigue sournoise qui me gagne tout entier et qui m'oblige à me placer très haut au-dessus de la machine. Les narines dilatées, j'ai du mal à respirer, je cherche l'air. Je découvre les dents tel un chien prêt à mordre.

On est encore loin de l'arrivée, et j'ai peur d'un retour de Zülle. Mais je conserve mon rythme.

Je regarde derrière moi, prêt à découvrir Zülle dans ma roue.

Personne.

Je regarde devant moi, et je vois la ligne d'arrivée, tout là-haut. Je continue de grimper.

Ai-je pensé au cancer pendant ces quelques centaines de mètres ? Non. Je mentirais si je prétendais le contraire. Mais je crois que, directement ou indirectement, tout ce que j'avais vécu ces deux dernières années m'accompagnait. Toutes mes épreuves étaient enfouies en moi, la maladie, l'incrédulité du monde du cyclisme envers mes possibilités de retour. Ça m'a donné des ailes, ou ça leur a coupé les leurs, je ne sais pas.

Dans ces derniers mètres, j'ai souffert, mais j'exultais de voir tout ce que je pouvais demander à mon corps. Courir, souffrir, c'est dur. Mais c'est toujours mieux que d'être au fond d'un lit d'hôpital, la poitrine trouée par un cathéter, les veines brûlées par le platine, à vomir vingt-quatre heures sur vingt-quatre, cinq jours sur sept.

Je pensais à quoi ? À quelque chose de drôle. Je revoyais une scène de *Will Hunting*, un film dans lequel Matt Damon joue le rôle d'un jeune prodige en mathématiques qui vient des quartiers pauvres de Boston — un peu comme moi. Dans un bar, il essaie de rencontrer des étudiants chic de Harvard et gagne une joute verbale contre un intellectuel suffisant ; cette victoire lui vaut les faveurs d'une jeune fille.

Ensuite, Damon vient se vanter auprès de son ancien rival : « Hé, t'aimes les pommes ?

— Oui, dit le gars. J'aime les pommes.

— Eh bien ! figure-toi qu'elle m'a donné son numéro de téléphone, annonce Damon, triomphant. Alors, elle te plaît toujours, ma pomme ? »

J'ai grimpé ces dernières centaines de mètres essoufflé par l'air raréfié de l'altitude, le sourire aux lèvres en pensant à ce film.

En approchant de la ligne, je contacte Johan et Tom par radio.

« Hé, Tom, Johan, vous aimez les pommes ? »

Leurs voix étonnées me parviennent dans l'oreillette.

« Oui, pourquoi ? »

Je hurle dans le micro :

« Eh bien, moi je peux vous dire que je suis plutôt content de ma pomme ! Et vous ? »

J'ai franchi la ligne les bras et les yeux levés au ciel.

Ensuite, j'ai caché mon visage dans mes mains. C'était trop beau.

Dans sa chambre d'hôtel italien, ma femme pleure devant son petit écran.

Plus tard, à Indianapolis, LaTrice Haney, le personnel de l'hôpital et tous les malades du service s'interrompront dans leurs occupations pour regarder la retransmission de l'étape. De là-bas, ils suivront mon ascension. « Il a réussi, dira LaTrice. Il a gagné. Il a gagné. »

La côte de Sestrières me plaçait en tête du classement général avec six minutes trois secondes d'avance.

À vélo, on n'a pas vraiment le temps d'admirer les montagnes, les vues, les à-pics majestueux, les précipices et les corniches qui se dressent tout autour de soi, les rochers en surplomb, les glaciers, les pics et les pâturages verdoyants dans les vallées. On ne voit que la route devant soi, les coureurs derrière, parce qu'en montagne il n'y a rien de plus facile que de perdre son maillot jaune.

Le lendemain matin, je me suis levé de bonne heure et j'ai pris mon petit déjeuner avec l'équipe. On descendait vingt-cinq boîtes de céréales par semaine, et des douzaines et des douzaines d'œufs. Je commençais par du muesli, suivi par une assiette de trois ou quatre œufs, suivis par des pâtes. Pour cette deuxième longue journée de montagne, je n'aurais jamais trop d'hydrates de carbone. L'étape du jour nous conduirait à L'Alpe-d'Huez. Ni plus ni moins auréolée de mystère que les autres, elle nous réservait un dénivelé de mille mètres sur quatorze kilomètres, avec une pente de 9 %, vingt et un virages en épingle à cheveux en montée — un vrai calvaire — et une série infinie de montagnes russes jusqu'en haut. Il ferait chaud dans les ascensions et froid dans les descentes, et à certains endroits la route ne serait pas plus large que mon guidon. Au début des années 1900, quand on avait ajouté les premières étapes de montagne au programme du Tour, l'un des concurrents avait terminé son étape sur sa vieille machine qui pesait bien le double de la mienne, puis il s'était tourné vers les organisateurs et leur avait crié : « Vous n'êtes qu'une bande d'assassins ! »

Sur L'Alpe-d'Huez, je préférais éviter les exploits. Je n'avais plus besoin d'attaquer comme à Sestrières, je pouvais me contenter de barrer la route à mes principaux adversaires. Abraham Olano avait six minutes trois secondes de retard sur moi, et Alex Zülle se traînait à la quatrième place avec sept minutes quarante-sept secondes. Quant à Fernando Escartin, il occupait la huitième place avec neuf minutes de retard. Le but de la journée c'était d'assurer un train régulier et de ne pas se laisser reprendre les secondes gagnées à Sestrières.

Nous sommes arrivés au pied de L'Alpe-d'Huez. Je voulais faire savoir à mes équipiers que j'étais en forme, parce que, dans une ascension particulièrement difficile, le moral est essentiel. Grâce à nos oreillettes, nous avions tous accès à la radio émettrice et je savais donc qu'ils m'entendaient. J'attaque :

« Hé, Johan ?

— Oui, Lance, me répond-il de son ton monocorde.

— On pourrait faire ce truc-là sur un tricycle, et les doigts dans le nez, encore. »

J'entends glousser dans l'appareil.

On roulait vite, de façon à limiter les attaques et à semer les adversaires dangereux. Tyler Hamilton a commencé par me tirer dans l'ascension. Calé dans sa roue, je lui ai parlé tout le long. On dépasse Olano. Johan annonce à la radio : « Olano largué. Bon boulot. » Ensuite, on revient sur Manuel Beltran, l'un des équipiers de Zülle. Je hurle dans l'oreille de Tyler : « Tu vas pas laisser Beltran te faire ça ? »

Il restait encore dix kilomètres, soit trente minutes de boulot sur une côte raide. Tout d'un coup voilà Escartin et son équipier, Carlos Contreras, qui accélèrent. Puis c'est au tour de Pavel Tonkov, de l'équipe de Tom Steels, de lancer une attaque. Tyler n'a plus rien à donner. Je dois aller chercher Tonkov moi-même. Ensuite arrive Zülle, emmené par Beltran, pendant que Richard Virenque, bon grimpeur, me suce la roue. Décidément, ils veulent tous m'envoyer dans les cordes.

Mais je ne fatiguais pas. Toutes leurs manœuvres m'allaient parfaitement : tant que je restais avec eux, ils ne pouvaient pas me prendre du temps. J'ai continué comme ça à la quatrième place, tout en ouvrant l'œil. Il restait quatre kilomètres, soit environ six minutes trente de torture. Giuseppe Guerini, un Italien qui avait eu sa part de médailles puisqu'il avait terminé deux fois troisième du Giro, a attaqué. Mais il avait quinze minutes de retard au classement général et je n'avais pas besoin de le contrer. Je l'ai laissé partir. Entre-temps, Zülle a fini par craquer. La panne sèche.

Guerini a creusé un écart de vingt secondes et puis tout d'un coup, il est arrivé une chose incroyable : il a heurté un spectateur. Il y avait plusieurs jours que les spectateurs traversaient la chaussée devant le peloton et flirtaient avec la catastrophe, et voilà : il avait fallu que cet abruti de fan vienne se planter au milieu de la route avec son Instamatic pour prendre ses photos. Guerini a essayé de l'éviter d'un côté, de l'autre, mais il l'a cogné de plein fouet et il est parti en soleil par-dessus son guidon. Une mésaventure classique, qui prouve que, sur le Tour, on n'est jamais à l'abri d'un pépin qui peut nous faire perdre le maillot jaune. Guerini a fait un superbe rétablissement sur ses pieds ; il a continué, mais maintenant il avait Tonkov dans sa roue. Heureusement, il a franchi la ligne en tête, s'adjugeant la victoire d'étape.

J'ai terminé cinquième, avec sept minutes quarante-deux secondes d'avance sur Olano au classement général. Malgré tous ses efforts, Zülle ne m'avait repris qu'une poignée de secondes et se traînait à sept minutes quarante-sept derrière moi.

Une journée typique de la Grande Boucle.

Je me faisais des ennemis dans les Alpes. Mes nouveaux talents de grimpeur suscitaient des soupçons dans la presse française, qui flairait le sang depuis le scandale de l'année précédente. La rumeur se propageait : « Armstrong se dope, ce n'est pas possible autrement. » *L'Équipe* et *Le Monde* insinuaient, sans le dire ouvertement, que mon come-back était un peu trop miraculeux.

Je savais que ma victoire à Sestrières ne serait pas sans conséquences. C'était presque une tradition : tous les maillots jaunes étaient soupçonnés de dopage. Mais j'étais accablé par les accusations ahurissantes que la presse française portait contre moi : certains journalistes allaient jusqu'à suggérer que la chimiothérapie m'avait été bénéfique, qu'on m'avait donné pendant mon traitement des substances mystérieuses qui amélioraient mes performances athlétiques. N'importe quel oncologiste, de n'importe quel pays au monde, serait mort de rire en entendant une ânerie pareille.

Je ne comprenais pas. Comment pouvait-on penser une seule seconde que mon traitement anticancer me hissait physiquement au-dessus des autres ? Seul un cancéreux peut avoir conscience du danger que représente la chimio. Pendant trois mois d'affilée, on m'avait injecté les substances les plus toxiques connues de l'homme, des poisons qui, jour après jour, causaient des ravages dans mon corps. Je me sentais toujours intoxiqué par ces poisons et aujourd'hui, trois ans après, j'ai toujours l'impression de ne pas en être complètement débarrassé.

Je n'avais absolument rien à cacher, et les contrôles antidopage l'ont prouvé. Ce n'est pas par hasard que, chaque fois que les dirigeants du Tour jetaient leur dévolu sur un coureur de l'US Postal pour un contrôle inopiné, c'était mon échantillon qu'on réclamait. Ces contrôles étaient l'aspect le plus avilissant du Tour. J'avais à peine terminé une étape qu'on me kidnappait dans une tente où on me faisait asseoir pendant qu'un médecin me garrottait, me piquait et me pompait le sang. Pendant ce temps, une tripotée de photographes m'aveuglaient de leurs flashes. Nous avions surnommé les médecins contrôleurs les vampires : « Eh, voilà les vampires. » Mais ces contrôles sont devenus mes alliés, parce que l'un après l'autre, ils ont prouvé que j'étais propre. J'avais été contrôlé et recontrôlé et contre-contrôlé.

J'ai déclaré devant la presse : « Ma vie, mon état de santé et ma carrière sont transparents. » Pour moi, ç'aurait dû leur suffire. Mon ascension vers Sestrières n'avait rien de mystérieux : je l'avais longuement travaillée. Je l'avais abordée aminci, motivé, préparé. Elle m'avait été favorable, à la fois par sa pente et par ses conditions climatiques : le froid, la pluie et l'humidité me convenaient. S'il y avait quelque chose d'anormal dans ma prestation, ce jour-là, c'était cette illusion de facilité, cette impression de ne pas sentir mon corps. Et ça, je l'attribuais à l'exultation d'être en vie et de pouvoir courir, avec mon équipe. Mais la presse ne me lâchait pas ; j'ai donc décidé de ne plus répondre aux attaques pendant quelques jours.

Entre-temps, l'US Postal filait comme un train express dans les étapes de transition à travers le Massif central. C'était un terrain étrange, pas montagneux à proprement parler mais pas plat non plus, avec des vallonnements à l'infini qui n'offraient jamais l'occasion de se reposer les jambes. Bientôt, nous bifurquions vers le sud pour rejoindre les Pyrénées entre des champs de tournesol qui ondulaient au vent.

C'était très éprouvant. Nous passions notre temps à monter et descendre, sous des attaques constantes. Sur cette route, il n'y avait jamais de répit, jamais un endroit où récupérer quelques secondes en roue libre, et les coureurs nous tombaient dessus tous azimuts. Dans l'ensemble nous arrivions à leur barrer la route et à contrôler le peloton, mais nous courions dans la fournaise, et la tension était extrême. Il faisait si chaud que le goudron fondait sous les boyaux.

Frankie, George, Christian, Kevin et Peter étaient ceux qui bossaient le plus. Frankie attaquait la série de côtes et imposait un rythme soutenu qui laissait les autres sur place. Quand il se fatiguait, George prenait le relais, et semait régulièrement sur le bas-côté des coureurs épuisés. Ensuite c'était au tour de Tyler d'éliminer quelques concurrents de plus. Enfin, je restais avec Kevin, qui m'emmenait dans les cols. C'est ainsi qu'on éclaircissait le terrain.

Chaque jour, les attaques reprenaient. Les autres coureurs, toujours persuadés de notre vulnérabilité, étaient bien décidés à nous avoir à l'usure. Nous sommes arrivés à un endroit appelé l'Homme mort, une série de dénivelés qui s'étendait sur des dizaines de kilomètres. Les échappées se succédaient sans arrêt, et nous commencions à souffrir. Les gars partaient en morceaux : Peter Meinert-Nielsen avait mal au genou, Kevin avait attrapé la crève à cause des variations de température dans les Alpes, Frankie et George étaient sur les rotules à force d'être de corvée. Tout le monde avait les pieds enflés et douloureux à cause de la chaleur.

Tout d'un coup, voilà trente types qui sprintent, et il faut aller les chercher. Le Lance des débuts se réveille. Je n'attends pas Tyler, Frankie ou les autres, je pars. Je les rejoins et je me positionne en tête, tout seul. À ce moment, j'entends de la friture dans la radio, et Kevin me hurle dans les oreilles : « Nom de Dieu, qu'est-ce que tu fous ? » J'étais retombé dans mes sales habitudes, je chargeais sans réfléchir et je gaspillais mon énergie. « Temporise, poursuit Kevin. T'as pas besoin de te tuer comme ça. »

Je me redresse en disant : « D'accord » et je me retiens, je m'économise, laissant à mes équipiers le soin de leur prendre la roue.

À quoi est-ce que je pensais sur mon vélo pendant six ou sept heures ? Cette question, tout le monde me la pose et la réponse n'a rien de passionnant. Je pensais au cyclisme. Je ne laissais pas mon esprit vagabonder, je ne rêvassais pas. Je réfléchissais à la technique à employer sur les diverses étapes. Je me répétais que le Tour était le genre de course où il faudrait que je me donne à fond et en continu si je voulais rester en tête. Je me tracassais pour mon maillot jaune. Je surveillais les concurrents de près, au cas où l'un d'eux tenterait une échappée. J'ouvrais l'œil en permanence, de peur d'une chute.

Pendant cinq jours et cinq nuits monotones, nous avons traversé le centre de la France vers les Pyrénées, de Saint-Étienne à Saint-Gaudens en passant par Saint-Galmier, Saint-Flour, Albi, Castres. La treizième étape a été la plus longue, la plus chaude, avec ses sept ascensions et pas un seul plat. Frankie comparait le profil de la route à une lame de scie, et en effet c'était bien ça. Peter Meinert-Nielsen a dû abandonner à cause de son genou. Les hôtels étaient parfois si petits que Frankie se plaignait de ne pas pouvoir aller aux toilettes sans se cogner les genoux dans la porte. George prétendait ne pas pouvoir ouvrir sa valise en même temps que Frankie, dont il partageait la chambre.

Sur le vélo, nous avions sans arrêt faim et soif. Nous nous nourrissions de cookies, de tartes, de gâteaux aux amandes, de biscuits aux céréales et aux raisins secs, de friandises en barre, nous avalions tout ce qui pouvait nous apporter des hydrates de carbone. Nous buvions des boissons rafraîchissantes sucrées, Cytomax pendant la journée et Metabol le soir.

Le soir, autour de la table, nous racontions n'importe quoi, des bêtises de préférence, nous embellissions les histoires anciennes et nous nous vantions de nos conquêtes : autant dire que nous racontions 99 % de mensonges. Nous adorions écouter notre chef cuistot, Willy Balmet, qui était un conteur-né. À soixante-cinq ans, ce Suisse qui, sur la route, m'avait toujours nourri de ses petits plats était devenu un ami cher à nos cœurs. Il paraissait beaucoup plus jeune que son âge, parlait six langues, c'est-à-dire pratiquement toutes à part le swahili. La cuisine était son domaine. Je le connais depuis des années, et pas une seule fois je ne lui ai vu refuser l'accès aux cuisines des hôtels. Il débarquait, et il s'arrangeait pour que le personnel se sente partie intégrante de notre équipe. C'était toujours lui et personne d'autre qui nous préparait nos pâtes.

Pendant que je courais, Kristin allumait des cierges dans toutes les églises d'Europe. Village ou grande ville, elle trouvait toujours un lieu saint où en faire brûler un pour moi. J'ai eu ma petite flamme au Vatican.

Enfin les Pyrénées.

Nous arrivons à Saint-Gaudens dans l'ombre des montagnes, après avoir traversé un paysage à la Van Gogh. Les Pyrénées offriraient aux grimpeurs la dernière occasion de me détrôner. S'ils arrivaient à me mener la vie dure une seule journée, je pouvais dire adieu au titre. Je devrais attendre d'avoir toutes les étapes de montagne derrière moi pour être enfin sûr de pouvoir prétendre au podium.

La tension montait progressivement. Je savais déjà combien il est dur de rouler à la 55e place dans le peloton et de terminer le Tour de France, mais le maillot jaune c'était une expérience nouvelle et une pression différente. Quand on porte le maillot jaune, comme je devais le découvrir, on prend tout le vent dans la figure. Jour après jour, les concurrents me mettaient à l'épreuve sur la selle. Et l'épreuve continuait une fois descendu de vélo, car désormais la presse m'observait à la loupe.

Ayant décidé de répondre avec la plus grande franchise, j'ai donné une conférence de presse dès Saint-Gaudens : « J'ai vu la mort en face et je ne suis pas stupide. » Chacun sait que la prise d'EPO et de stéroïdes expose un sujet sain à des troubles sanguins et des risques d'embolie. De plus, leur ai-je dit, ma victoire à Sestrières n'avait rien d'extraordinaire. Je leur ai rappelé que j'avais été champion du monde.

« Je le dis, je l'affirme, je ne me dope pas. Vu mon passé et mon état de santé, je ne vois pas en quoi je suis un phénomène. J'ai des résultats sportifs à mon actif. Je sais que vous fouinez, que vous grattez, que vous fourrez votre nez partout, mais vous ne trouverez rien parce qu'il n'y a rien à trouver. Le jour où les journalistes sauront rester honnêtes et professionnels et auront compris qu'on ne peut pas publier n'importe quelles saletés, ils se rendront compte qu'ils ont affaire à un coureur propre. »

Que faire de plus, sinon continuer de courir, de me soumettre aux contrôles antidopage et de clamer mon innocence ? La première étape pyrénéenne nous conduit de Saint-Gaudens à Piau-Engaly, avec sept cols à franchir. C'est sur ce même terrain que je me suis entraîné quand il faisait si froid, mais aujourd'hui la montagne est nue, la poussière vole, il fait chaud et les coureurs se passent les bidons d'eau. Les descentes sont tortueuses et des précipices menaçants s'ouvrent comme des gouffres.

L'étape se termine sur la frontière espagnole, ce qui veut dire que les Espagnols sont bien décidés à la remporter ; parmi eux, nul n'est plus motivé qu'Escartin, le coureur efflanqué, au profil d'aigle, qui colle à ma roue depuis le début de la course. Dans le feu de l'action, l'US Postal éclate et je suis livré à moi-même derrière Escartin. Il roule comme une bête. Je n'ai plus qu'un espoir : ne pas le laisser me reprendre trop de temps.

Il reste encore deux ascensions avant le soir. Le paysage s'ouvre devant moi et je réussis à me débarrasser de Zülle et à m'emparer de la seconde place. Mais impossible de revenir sur Escartin, qui a deux minutes d'avance. À la dernière ascension, je suis mort, je n'ai plus rien. Je n'ai rien mangé de consistant depuis le petit déjeuner et je me fais larguer par les coureurs de tête. Je termine quatrième. Escartin, vainqueur de l'étape, se retrouve propulsé à la deuxième place du classement général, à six minutes dix-neuf derrière moi. Zülle est à sept minutes vingt-six.

J'ai à peine franchi la ligne qu'un journaliste de la télévision française braque sa caméra sur moi : d'après un certain reportage, on aurait décelé des substances prohibées dans mes urines. C'est faux, bien entendu. Je retourne à l'hôtel, je me fraie difficilement un passage au milieu d'une meute hurlante de reporters et je donne une conférence de presse, une de plus. Chaque fois que j'affirmais mon innocence, une nouvelle vague de soupçons balayait la presse — et ça se reproduisait tous les trois ou quatre jours.

Le Monde avait publié un article prétendant qu'on aurait décelé d'infimes traces de corticostéroïdes dans mes urines. Ma selle me blessait, et je me soignais avec une pommade à la cortisone que j'avais d'ailleurs fait accepter par les autorités avant le départ de la course. Aussitôt, les responsables du Tour ont démenti ces rumeurs. J'ai répondu aux journalistes : « *Le Monde* voulait son scoop sur le dopage, il devra se contenter d'un scoop sur une crème dermatologique. »

Ces barrages constants de la part de la presse me blessaient et me démoralisaient. Moi qui avais fourni un tel effort, qui avais payé un prix aussi élevé pour remonter sur le vélo, je me sentais dévalorisé. J'ai essayé de répondre aux accusations avec honnêteté et franchise, mais sans aucun succès.

J'ai commencé à remarquer quelque chose. Les gens

qui faisaient circuler sur moi des rumeurs de dopage
étaient les mêmes qui, pendant mon cancer, avaient
déclaré : « Il est foutu. Il ne se remettra jamais en
selle. » Les mêmes qui, quand j'avais voulu revenir à
la compétition, avaient dit : « Non, nous ne sommes
pas disposés à lui donner sa chance. Il n'arrivera
jamais à rien. »

Maintenant que je courais avec le maillot jaune et
que mes chances de remporter le Tour se concréti-
saient, ces gens-là enfonçaient le clou : « C'est impossible. Infaisable. Pour lui en tout cas. Qu'est-ce qui se
passe, qu'est-ce qu'on nous cache ? Il y a forcément
anguille sous roche, c'est louche. » Ah, les démolis-
seurs avaient la dent dure.

Heureusement que je ne les avais pas écoutés quand
j'étais malade.

J'étais particulièrement atteint par les soupçons des
journalistes français. Je vivais en France, j'adorais ce
pays. Après les problèmes du Tour 98, beaucoup de
cyclistes de haut niveau avaient évité la France en
1999. Moi pas. Contrairement à eux, qui craignaient
de se faire harceler par la police ou les autorités gou-
vernementales, je me suis entraîné tous les jours dans
le pays qui est le plus sévère au monde en ce qui
concerne la réglementation antidopage. J'y ai fait toute
ma préparation et couru toutes mes courses de printemps. La loi française autorise la police locale à per-
quisitionner chez moi à tout moment, sans demander
ma permission ni même frapper à ma porte. Les poli-
ciers auraient pu retourner mes tiroirs, me fouiller les
poches, démonter ma voiture, ils auraient pu faire tout
ce qu'ils voulaient sans mandat, sans aucune forme de
préavis.

J'ai dit à la presse : « Je vis en France. Tout mon

entraînement, toutes les compétitions des mois de mai et de juin, c'est ici que je les ai faits. Si j'avais quelque chose à cacher, j'aurais changé de pays. »

Mais ces paroles, je ne les ai jamais vues reproduites nulle part.

Le lendemain, l'étape nous emmenait à l'assaut de l'un des cols les plus célèbres du Tour, le col du Tourmalet. C'était une ascension de près de vingt kilomètres, la dernière, le grand test, dont nous savions qu'elle ne nous épargnerait aucune attaque. Nous en avions plus qu'assez de rouler en tête, dans le vent, avec tous les autres qui essayaient de nous coincer. Mais si nous arrivions à contrôler la course un jour de plus, un seul, la concurrence aurait du mal à nous barrer l'accès à la plus haute marche du podium sur les Champs.

Sitôt arrivés au pied du Tourmalet, les attaques commencent. L'allure est bonne, on tente d'affaiblir les poursuivants. À huit kilomètres de l'arrivée, on accélère. Virenque, le grimpeur français, se place à la hauteur de Kevin et lui fait, agressif : « C'est quoi ton problème ? » Kevin lui répond que tout va bien, pas de problème. Virenque lui demande alors s'il est « à bloc », c'est-à-dire à fond. « Non, lui répond Kevin. Et toi ? t'es à bloc ? » Sur ce, il passe sur le grand plateau et le flingue. Tout le reste de la journée, Virenque nous a poursuivis, vert de rage.

Escartin et moi on s'offre des relais. Je le surveille de près. Dans la portion la plus raide, il attaque. Je pars avec lui, Zülle suit. Pour le franchissement du col on est tous les trois, enfermés dans notre course. Au sommet, on découvre, étalé sous nos pieds, un tapis de nuages. À mesure qu'on descend, le brouillard se referme autour de nous et nous empêche de distinguer quoi que ce soit à plus de trois mètres. Cette course à fond de cale dans la nappe, sur ces routes taillées à flanc de roc, sans garde-fou, a quelque chose d'effrayant.

Je n'ai plus qu'une idée en tête : conserver mes principaux rivaux soit avec moi, soit derrière. Devant nous, se dessine une autre côte, le col du Soulor. De nouveau Escartin attaque, de nouveau je pars dans sa roue. De nouveau on débouche sur un sommet ennuagé. Il ne reste plus qu'une seule ascension dans toute la course : le col d'Aubisque, sept kilomètres et demi pénibles. Après ça, finies les grimpettes, on terminera sur une descente vertigineuse jusqu'au finish, à des vitesses pouvant atteindre 115 km/h.

Désormais se dessinent deux groupes principaux : trois coureurs qui se battent en tête pour la victoire d'étape, et un groupe de neuf à une minute derrière, parmi lesquels moi-même, Escartin et Zülle, qui n'avons pas abandonné toute prétention à cette étape. Mais cette victoire, je m'en moque. À quatre kilomètres de l'arrivée, je décide de jouer la prudence, d'éviter les chutes tout en laissant les autres s'affronter au sprint. Mon seul souci est de préserver le maillot jaune.

Je franchis la ligne et je mets pied à terre, heureux d'avoir su conserver l'avantage et le maillot. Mais après cinq heures sur le vélo, une énième conférence de presse, qui durera deux heures, m'attend. Je commence à me dire que la presse essaye de réussir sur le plan moral ce que mes concurrents ont loupé sur le plan physique : me faire craquer. Les médias représentent un obstacle aussi puissant que le terrain.

Ce jour-là, l'Union cycliste internationale avait publié les résultats de mes contrôles, et j'étais blanchi.

De plus, je venais de recevoir une grande preuve de confiance de la part de l'organisateur de la course, Jean-Marie Leblanc, qui avait dit : « Si Armstrong a réussi à vaincre sa maladie, c'est signe que le Tour peut lui aussi vaincre la sienne. »

Bon an mal an, nous avions réussi à repousser toutes les attaques, sur le vélo et ailleurs. Oui, nous avions contrôlé la course dans les montagnes et, au bout de trois semaines et 3 250 kilomètres, j'occupais la tête du classement avec un temps total de 86 : 46 : 20. À la seconde placc, six minutes quinze secondes derrière moi, venait Escartin. Alex Zülle était troisième, à sept minutes vingt-huit secondes.

J'avais conservé le maillot jaune.

Étrangement, ma nervosité augmentait à mesure qu'on approchait de Paris. Chaque nuit, je m'éveillais baigné de sueurs froides ; j'ai commencé à me demander si je n'étais pas en train de rechuter. Ces suées nocturnes étaient pires que tout ce que j'avais connu pendant ma maladie. J'essayais de me dire que ma lutte pour la vie était beaucoup plus importante que ma lutte pour le podium, mais désormais elles m'apparaissaient inséparables.

Dans l'équipe, je n'étais pas le seul à être nerveux. Notre mécanicien-chef était tellement à cran qu'il enfermait mon vélo dans sa chambre tous les soirs. Il ne voulait pas le laisser dans le camion, où n'importe qui pouvait venir le saboter. Qui sait quelles vacheries on pourrait inventer pour m'empêcher de gagner ? À la fin de la dix-septième étape, une longue étape plate qui nous conduisait à Bordeaux, un dingue asperge le peloton de gaz lacrymogène et une poignée de coureurs sont obligés de s'arrêter, pris de vomissements.

Une menace bien réelle pesait sur ma victoire : la chute. Sinon, il restait un dernier obstacle, le chrono du Futuroscope. Dans un contre-la-montre (celui-ci faisait 56,7 kilomètres), il peut arriver toutes sortes de catastrophes. Il suffisait d'une chute pour que je me retrouve avec une clavicule ou une jambe cassée.

Je voulais gagner ce chrono. Je voulais prouver quelque chose, montrer à la presse et aux mauvaises langues que je me moquais de ce qu'on racontait sur moi. J'en avais terminé avec les conférences de presse — mais pas avec les contrôles : j'ai subi un nouveau prélèvement surprise après la dix-septième étape. Viser la victoire au chrono, cependant, c'était prendre des risques : un coureur qui cherche à gagner des secondes va tenter l'impossible et aller au-devant d'une chute — parfois une chute assez grave pour compromettre son retour sur le vélo.

Je pourrais citer des centaines d'exemples. Prenez Bobby Julich à Metz, par exemple, qui était tombé à 88 km/h et s'était fait des hématomes importants au thorax. Moi-même, j'avais failli heurter de plein fouet cet enfant qui s'était échappé de la foule juste après un virage. Et L'Alpe-d'Huez, où ce photographe amateur avait surgi devant Guerini, qui n'avait pu l'éviter. Quant à Zülle, il n'aurait eu qu'une minute de retard sur moi s'il ne s'était pas fait piéger dans l'hécatombe du passage du Gois.

La veille du chrono, Bill Stapleton est venu me trouver dans ma chambre d'hôtel. « Lance, je ne suis pas entraîneur, mais à mon avis tu ne devrais pas forcer demain. Tu as trop à perdre. L'important c'est d'assurer le minimum. Pas de folies, hein ? Vas-y mollo. »

La tactique la plus futée consistait à limiter la casse : ne pas tomber, ne pas se blesser, ne pas perdre bêtement dix minutes à cause d'une chute.

Je n'en avais rien à cirer.

« Dis donc, Bill, tu te fous de ma gueule ou quoi ?
Tu m'as pas regardé ?

— Hein ?

— Demain, je leur fiche la dérouillée du siècle. Ce
Tour, je vais y apposer ma signature, moi.

— Bon, a fait Bill, résigné. J'imagine qu'il est inutile de discuter ? »

Je détenais le maillot depuis Metz, et je n'avais pas
l'intention de le céder. Notre équipe avait fonctionné à
la perfection, mais maintenant je voulais gagner indivi-
duellement. Seuls trois coureurs avaient réussi à remporter tous les chronos du Tour ; comme par hasard,
c'étaient les plus grands de tous les temps : Bernard
Hinault, Eddy Merckx et Miguel Indurain. Je voulais
ajouter mon nom à cette liste. Je voulais prouver que
j'étais le plus fort.

J'avais perdu le sommeil. Scott MacEachern, le
délégué de Nike, est venu nous retrouver, Bill et moi.
À un moment, Johan a passé la tête par la porte, il a
vu Scott affalé sur mon lit et moi debout. Il a regardé
sa montre : onze heures et demie. « Allez, fiche-les
dehors et couche-toi. »

Ma mère a pris l'avion pour me rejoindre au Futuroscope, et je lui ai trouvé une place dans la voiture du
directeur de course. Son instinct protecteur se réveillant, elle voulait assister au chrono ; si elle était avec
moi, il ne m'arriverait rien. Mais les épreuves contre
la montre la terrorisaient parce qu'elle s'y connaissait
maintenant assez bien en cyclisme pour savoir combien
elles étaient dangereuses. Elle savait aussi que cette
journée, l'avant-avant-dernière du Tour, signerait ma
victoire ou ma défaite définitive : sa présence s'imposait.

Dans un contre-la-montre, comme son nom l'indique, le coureur se bat seul contre le chrono. L'épreuve de Poitiers consistait en une grande boucle de 57 kilomètres ; elle se courait grosso modo en une heure et quart à bloc sur des routes bordées de maisons aux toits de tuile rouge et de champs dorés par le soleil, le long desquelles les spectateurs se prélassaient sur des chaises longues et des lits de camp. Moi, je ne profiterais pas beaucoup du paysage vu que je filerais la plupart du temps ramassé dans la position la plus aérodynamique possible.

Le départ étant donné dans l'ordre inverse du classement, je partirais le dernier. Pour me préparer, j'ai mis mon vélo sur le home-trainer et j'ai essayé tous les plateaux que j'avais l'intention d'utiliser.

Pendant que je m'échauffais, Tyler Hamilton se frottait à l'épreuve. Son boulot consistait à rouler aussi vite que possible en prenant des risques, puis à me passer les informations utiles. Tyler a non seulement roulé vite, il s'est maintenu en tête presque toute la journée. Zülle a fini par lui voler la première place avec un temps d'une heure, huit minutes, vingt-six secondes.

À mon tour. Dès le départ, j'y suis allé à bloc dans les rues étroites. Escartin était parti trois minutes avant moi.

Tête baissée, je l'ai dépassé sur une route bordée d'arbres et de hautes herbes, trop concentré sur ma course pour lui jeter un seul coup d'œil.

Aux deux premiers pointages, j'avais les meilleurs temps. J'allais si vite que, dans la voiture suiveuse, ma mère se laissait déporter dans les virages.

Au troisième tour, je détenais toujours la première place avec un temps de passage de 50 : 55. La question était de savoir si je tiendrais le rythme dans la dernière partie de la course.

J'ai abordé les six derniers kilomètres avec vingt secondes d'avance sur Zülle. Mais je commençais à payer mon effort. Je payais pour les montagnes, pour les dénivelés, pour les plats et les faux plats. Je me laissais reprendre des secondes, et je le sentais. Si jamais je battais Zülle, l'écart serait faible. Je me suis levé de la selle dans les deux derniers virages ; j'ai accéléré, et je les ai pris serrés tout en veillant à ne pas tomber — j'ai pourtant failli monter sur un trottoir.

Le sprint final avait lieu sur une nationale. J'ai retroussé les lèvres, j'ai compté, j'ai poussé. Une fois la ligne franchie, j'ai regardé mon chrono : 1 : 08 : 17.

Premier, avec neuf secondes d'avance.

J'ai roulé tout doucement vers l'aire d'arrivée, j'ai freiné, et là, je suis tombé de vélo et je me suis plié en deux.

J'avais remporté non seulement l'étape mais le Tour de France. C'était maintenant une certitude. Mon concurrent le plus proche, Zülle, accusait sur moi un retard de sept minutes trente-sept secondes au classement général, qu'il n'aurait jamais le temps de combler avant Paris.

La fin du voyage approchait. En fait, il y avait eu deux voyages. Celui qui avait mené au Tour, et celui du Tour lui-même. Au début, il y avait eu le prologue et l'excitation, et cette première semaine monotone mais sans mauvaises surprises. Ensuite, les étranges expériences de Metz et de Sestrières, où mon corps ne semblait plus m'appartenir, et enfin, l'entreprise de démolition systématique de la part de la presse. Finir sur une victoire me procurait le plaisir de savourer ma revanche et de me justifier. J'entrerais dans Paris le maillot jaune sur le dos.

Je suis monté sur le podium sous les applaudissements de ma mère, qui agitait un drapeau en s'essuyant
les yeux. Je ne l'avais pas vue au départ du chrono. À
peine descendu du podium, je la prends dans mes bras
et je l'emmène déjeuner. « Tu ne devineras jamais ce
qui se passe aux États-Unis, me dit-elle. Je sais que
pour l'instant tu as du mal à le comprendre, et même
à l'imaginer, mais c'est la folie. Je n'ai jamais rien vu
de pareil. »

Dans le hall de l'hôtel, je suis attendu par une foule
de journalistes. Nous nous frayons un passage tant bien
que mal, et l'un d'eux veut interroger ma mère :
« Vous m'accordez deux minutes ? »

Je me retourne et je lui dis : « Elle ne répond pas
aux questions de la presse française. » Mais le type ne
lâche pas le morceau.

Je m'interpose : « Laissez-la tranquille. » Je passe
un bras autour des épaules de ma mère et nous gagnons
ma chambre.

Ce soir-là, j'ai commencé à entrevoir l'ampleur de
la réaction aux États-Unis. Un journaliste du magazine
People m'a réclamé une interview. Les sponsors défilaient à l'hôtel pour me serrer la main. Les amis ont
commencé à arriver ; ils avaient pris le premier avion
pour la France. Bill Stapleton m'a invité à dîner, en
m'expliquant que tous les plateaux de télé, ceux du
matin comme du soir, rivalisaient pour me recevoir. Il
me conseillait, dès que le Tour serait terminé, de faire
l'aller et retour aux États-Unis dans la journée pour
donner une série d'interviews télévisées.

Mais la tradition du Tour de France voulait que le
vainqueur fasse la tournée des critériums européens
pour montrer son maillot jaune. Je voulais honorer

cette coutume. « Pas question d'aller aux US. Je reste ici et je fais ces critériums.

— Bon, bon. Très bien, parfait.

— Euh... qu'est-ce que t'en penses ?

— J'en pense que tu te conduis comme un imbécile.

— Pourquoi ça ?

— Parce que tu n'as aucune idée de ce qui se passe là-bas. Tu crées l'événement, mais tu es tellement dedans que tu ne t'en rends pas compte. Mais tu verras : le jour où cette course sera terminée, tu ne pourras plus jouer à cache-cache. En Amérique, tous les yeux sont braqués sur toi. »

Nike voulait que je donne une conférence de presse dans leur grand magasin de New York, le maire voulait me serrer la main, Donald Trump voulait me rencontrer. À Austin, la population voulait un défilé. Nike a offert de mettre un jet privé à ma disposition pour me permettre de faire l'aller-retour dans la journée. J'étais ahuri. Depuis le temps que je gagnais des courses cyclistes et que, là-bas, personne n'avait jamais rien remarqué...

Maintenant tout le monde me remarquait.

Mais, quelque part, je refusais encore d'accepter que la victoire soit à portée de main. Je ne cessais de me répéter qu'il restait encore une étape. Après le dîner, je me suis enfermé dans ma chambre, je me suis hydraté et, après un massage, je me suis mis au lit.

L'étape finale, Arpajon-Paris, est une étape pour la galerie. Par tradition, le peloton couvre les 142,7 derniers kilomètres à un rythme de promenade, jusqu'au moment où on aperçoit la tour Eiffel et où on arrive à l'Arc de Triomphe. L'US Postal en tête, nous débouche-rions donc sur les Champs-Élysées pour le sprint final, dix tours sur un circuit aménagé dans le centre-ville. La course serait couronnée d'un dernier tour d'honneur, le tour de la victoire.

Tout en roulant, je donnais des interviews, je bavardais avec mes équipiers et avec mes amis dans le peloton, j'ai même mangé un cône glacé. Comme d'habitude, l'US Postal faisait preuve d'une organisation exemplaire. J'ai confié à une équipe de télé : « Je n'ai rien à faire, moi. Ce sont mes gars qui bossent. »

Au bout d'un moment, je profite de ce qu'une autre équipe veut m'interviewer : « Je voudrais dire bonjour à Kelly Davidson, qui est à Fort Worth, Texas. Kelly, je te dédie cette étape. » Kelly est cette jeune fille cancéreuse que j'avais rencontrée à l'occasion de la Course des Roses. Elle et sa famille me sont devenues très proches.

Enfin Paris. C'est avec une grande émotion que je sens mes roues mordre pour la première fois les pavés des Champs-Élysées. Dans l'avenue fermée à la circulation, la vue de ces centaines de milliers de spectateurs est un grand moment. Les gens soufflent dans des cornes de brume, lancent des confettis, font pendre des banderoles aux fenêtres. Je suis abasourdi de voir autant de drapeaux américains dans la foule.

Quelqu'un arbore un grand panneau de carton : TEXAS.

Au fil de cette parade sur les Champs, je me rends compte peu à peu que ces drapeaux qu'on agite ne sont pas tous la bannière étoilée ; je vois avec délices que certains de ces fanions arborent les couleurs du Texas, l'Étoile solitaire.

Après toute cette tension, les dix tours de circuit du sprint final retombent un peu comme un soufflé. C'est une formalité au cours de laquelle je me contente d'éviter le pire. Enfin, la victoire est tangible, réelle. Et le vainqueur, c'est moi.

J'ai mis pied à terre dans un chaos épouvantable. Il y avait des photographes partout, des forces de sécurité, des représentants du protocole, des amis qui me donnaient des bourrades dans le dos. Il devait bien y avoir cinquante personnes d'Austin, dont Bart Knaggs, mon ami Jeff Garvey, et, incroyable mais vrai, Jim Hoyt. Eh oui, ce vieux Jim avait réussi à soudoyer les autorités pour parvenir jusque dans l'aire d'arrivée.

On me fait monter sur le podium. On me présente le trophée et je le lève devant la foule. Après la cérémonie, je n'y tiens plus : je saute à terre et je cours vers les tribunes, où je prends ma femme dans mes bras. Les photographes essaiment autour de nous. Je dis : « Où est ma mère ? » La foule s'écarte et je l'aperçois. Je la serre contre mon cœur. La presse l'entoure. Un journaliste lui demande si elle pense que j'ai gagné envers et contre tout.

Elle lui répond : « Lance a vécu sa vie entière envers et contre tout. »

Nous avions gardé le meilleur pour la fin : le tour de la victoire, je l'ai fait entouré de mon équipe pour la dernière fois, nous tout seuls sur les Champs-Élysées. Nous qui venions de passer trois semaines ensemble, nous avons roulé très, très doucement, pour savourer ces instants jusqu'au bout. Tout d'un coup, un inconnu déboule en courant sur la chaussée, et me tend un immense drapeau américain. Je ne sais pas comment il a réussi à surgir ainsi devant moi et à me fourrer ce drapeau entre les mains. Je le lève à bout de bras, la gorge serrée.

Je retourne dans l'aire d'arrivée ; c'est d'une voix étranglée par les larmes que je réponds aux questions de la presse. Je répète : « J'y crois pas, j'y crois pas, j'y crois pas. » Puis : « Je voudrais juste dire une chose : si jamais la vie vous donne une seconde chance, saisissez-la et vivez-la jusqu'au bout. »

L'équipe se fait embarquer ; il est temps de se préparer pour le banquet qui va réunir deux cent cinquante personnes au musée d'Orsay, dans un décor de splendides tableaux de maîtres. Bien qu'épuisés, éreintés par ces trois semaines d'épreuves, nous sommes impatients de trinquer.

Arrivés au Musée, nous découvrons des tables somptueuses... et nous trouvons plutôt originales les décorations qui accompagnent chaque couvert.

C'est Tom Weisel qui a eu l'idée de ces compositions à base de pommes.

Nous levons nos flûtes, les premières depuis Metz, et je me mets debout pour porter un toast à mes équipiers : « C'est moi qui ai couru avec le maillot jaune sur le dos, mais la seule partie qui m'appartienne c'est, disons, la fermeture. Tout le reste, les manches, le devant, le dos, c'est mon équipe qui le mérite. »

Comme un seul homme, ils lèvent la main.

Dans chaque main, une belle pomme bien rouge et bien brillante.

Ce soir-là, j'ai réservé une suite au Ritz. Enfin seuls, Kristin et moi, nous enfilons des peignoirs confortables, nous débouchons une deuxième bouteille de champagne et nous célébrons la victoire tous les deux. Nous nous extasions en gloussant de l'immensité de la suite et nous nous faisons monter à dîner. Puis nous sombrons dans un sommeil profond.

En me réveillant le lendemain, je m'enfonce dans l'oreiller le temps de me familiariser avec cette chambre qui m'est étrangère. Kristin ouvre les yeux.

Peu à peu, nous nous réveillons tout à fait. Nous nous regardons, et chacun devine les pensées de l'autre.

Moi : « Dire que j'ai gagné le Tour de France ! »

Elle : « Tu parles ! »

Et nous éclatons de rire.

10.

La boîte de céréales

Honnêtement, si on me demandait de quoi je suis le plus fier, avoir gagné contre le cancer ou gagné le Tour de France, je dirais le cancer. Aussi bizarre que ça puisse paraître, je préfère le titre de vainqueur du cancer à celui de vainqueur du Tour, à cause de tout ce que cette expérience m'a apporté en tant qu'être humain, en tant qu'homme, mari, fils et père.

Pendant quelques jours, juste après l'arrivée sur les Champs-Élysées, j'ai été porté par une vague de gloire, et, tout en essayant de garder la tête froide, je me suis demandé pourquoi mon triomphe avait un tel retentissement. Peut-être parce que la maladie est universelle — elle n'épargne personne, nous sommes tous passés par là —, ma victoire sur le Tour prenait une dimension symbolique, devenait la preuve qu'il est possible non seulement de survivre au cancer mais de vivre bien. Peut-être, comme le dit mon ami Phil Knight, suis-je l'espoir.

Bill Stapleton a fini par me convaincre d'aller passer une journée à New York. « L'Oncle Sam a envie de te voir », me répétait-il. Nike a fourni le jet, comme promis, et Kik m'a accompagné. Ce n'est qu'à New York que nous avons compris la portée et l'impact de la victoire. J'ai donné une conférence de presse au siège de l'empire Nike, j'ai rencontré le maire et Donald Trump, je suis passé à la télé, sur *Today Show* et chez David Letterman. J'ai sonné la cloche d'ouverture de séance à Wall Street. Quand je me suis avancé sur le parquet, les applaudissements ont éclaté autour de moi. En sortant, j'ai vu une foule immense massée sur le trottoir. J'ai dit à Bill : « Qu'est-ce qu'ils font tous ici ?

— Ils sont là pour toi, Lance, m'a dit Bill. Tu commences à comprendre ? »

Ensuite, je suis allé chez Babies'R'Us avec Kik. Les gens venaient vers moi, ils me serraient la main et me demandaient des autographes. J'étais complètement éberlué, mais Kik restait imperturbable. Toute guillerette, elle disait : « Voyons... il nous faut des grenouillères et un paquet de couches. »

Il nous restait une manière — plus ordinaire — d'affirmer que nous étions bien en vie : en la donnant.

Au début, je m'inquiétais : n'ayant pas eu de relation avec mon père, j'avais peur de ne pas être un bon père moi-même.

Je me suis entraîné. J'ai acheté un porte-bébé et je me suis baladé avec dans la maison. Je me préparais mon petit déjeuner avec ce truc ficelé sur le dos. Je répondais à mon courrier et je passais mes coups de fil avec ce truc ficelé sur le dos. Je me promenais dans le jardin en m'imaginant promener mon bébé sur mon dos. J'ai accompagné Kik à l'hôpital pour visiter le service de maternité. Une infirmière nous explique le déroulement de l'accouchement :

« Dès que le bébé sera né, nous le poserons sur la poitrine de Kristin. Ensuite, nous couperons le cordon ombilical.

— *Je* couperai le cordon ombilical.

— D'accord, dit l'infirmière, très arrangeante. Ensuite, nous lui ferons sa toilette...

— *Je* lui ferai sa toilette.

— Pas de problème, acquiesce l'infirmière. Ensuite, nous emmènerons le bébé à...

— *J'*emmènerai le bébé. C'est mon bébé. »

Un après-midi, vers la fin de la grossesse, alors que nous faisions des courses chacun dans sa voiture, je me suis retrouvé juste derrière elle sur le chemin du retour. Je trouvais qu'elle conduisait trop vite. Je l'appelle sur son portable. « Ralentis, c'est mon gosse que tu portes. »

Pendant ces dernières semaines de grossesse, elle disait volontiers : « J'attends mon deuxième enfant. »

Au début d'octobre, environ quinze jours avant la date prévue de l'accouchement, j'ai accompagné Bill Stapleton à Las Vegas pour affaires et relations publiques. Quand j'ai appelé chez moi, Kik m'a dit qu'elle était en nage et se sentait bizarre. Je n'y ai guère prêté attention. J'ai conclu tranquillement mes rendez-vous et j'ai repris aussitôt l'avion pour Dallas, avec correspondance le soir même pour Austin.

Nous débarquons à Dallas. J'appelle Kik d'un salon privé ; elle m'apprend qu'elle est toujours en sueur et qu'elle commence à avoir des contractions.

« Allons, allons. Ce n'cst pas possible. C'est sans doute une fausse alerte. »

À l'autre bout du fil, Kik me dit : « Lance, ce n'est pas drôle. »

Et elle s'arrête, le souffle coupé par une contraction.

« Bon, bon, d'accord. J'arrive. »

Nous sommes montés dans l'avion. Nous nous installions à nos places quand Bill m'a dit : « Écoute, permets-moi de te donner un petit conseil d'ami. Je ne sais pas si ta femme est en train d'accoucher ou pas, mais il faut absolument que tu la rappelles dès qu'on est en l'air. »

L'avion commence à rouler, mais je suis trop impatient pour attendre le décollage. Je l'appelle alors que nous sommes encore sur le taxiway.

« Alors ? Où en es-tu ?

— J'ai des contractions toutes les cinq minutes. Elles durent une minute mais elles commencent à s'allonger.

— Kik, tu crois que c'est pour ce soir ?

— Oui, je crois que c'est pour ce soir.

— Je te rappelle dès l'atterrissage. »

J'ai commandé deux bières à l'hôtesse et j'ai trinqué avec Bill à la naissance du bébé. Le vol Dallas-Austin ne durait que quarante minutes, quarante minutes pendant lesquelles ma jambe n'a pas cessé de tressauter. Sitôt sur le plancher des vaches, je rappelle chez moi. D'habitude, Kik décroche en lançant un Allô enthousiaste. Là, c'est un Allô épuisé qui m'accueille.

« Comment te sens-tu, chérie ? » J'essaye de contrôler ma voix.

« Pas bien.

— Qu'est-ce qu'on fait ?

— Quitte pas. »

Elle se tait pendant une minute, le temps d'une contraction.

« Tu as appelé le médecin ?

— Oui.

— Qu'est-ce qu'il dit ?

— Il m'a dit de venir dès que tu arrives.

— Bon. C'est comme si j'étais là. »

J'ai conduit pied au plancher, à 170 à l'heure dans une zone limitée à 60. Je déboule dans l'allée en faisant hurler les pneus, j'aide Kik à monter dans la voiture et, plus prudemment cette fois, je reprends le chemin de Saint David Hospital, l'hôpital où j'avais subi ma première opération.

Oubliez tout ce qu'on raconte sur le miracle de la naissance, l'expérience extraordinaire que ça représente. Pour moi, ç'a été la nuit la plus horrible, la plus terrifiante de ma vie, tant j'ai eu peur pour Kik, pour le bébé, pour nous tous.

Kik était en travail depuis trois heures. Quand l'équipe de sages-femmes l'a examinée et m'a dit de combien son col était dilaté, je lui ai dit : « T'es une championne. » Malheureusement, c'était un siège ; le bébé se présentait le visage collé contre le sternum de sa mère, ce qui donnait à Kik des douleurs épouvantables dans les reins.

Ç'a été un accouchement difficile. Kik a été déchirée et a perdu beaucoup de sang. À un moment, le médecin dit : « Il va falloir utiliser la pompe » et on apporte un truc qui ressemble à un débouche-évier. L'équipe médicale applique l'engin, le manie et *pop*, voilà le bébé qui sort. Un garçon. Luke David Armstrong était né.

À la sortie, il était minuscule, tout bleu et couvert de liquides. On l'a déposé dans les bras de Kik et la petite famille Armstrong s'est réunie autour de lui. Mais il ne pleurait pas. Il poussait de petits vagissements. Les médecins et les infirmières trouvaient qu'il ne faisait pas beaucoup de bruit. Moi, je me disais, *pleure*. Nous avons attendu quelques instants encore, mais Luke ne pleurait toujours pas. *Allez, pleure !* La tension montait.

Quelqu'un a dit : « Il va falloir qu'on l'aide un peu. »

Une infirmière l'a arraché aux bras de Kik et l'a emporté dans une autre salle pleine d'appareils compliqués.

Tout d'un coup, ça courait de partout.

« Qu'est-ce qu'il y a ? demande Kik. Qu'est-ce qui ne va pas ?

— Je ne sais pas. »

Le personnel entrait et sortait précipitamment de la salle de travail, comme en pleine urgence. Je ne voyais pas le bébé. Je ne savais pas quoi faire. Je tenais la main de Kik tout en me tordant le cou pour essayer de voir ce qui se passait à côté. Je ne voyais rien, je ne savais pas quoi faire. Il y avait d'un côté mon fils, de l'autre ma femme, que je ne voulais pas quitter parce qu'elle était terrifiée. Elle me répétait sans arrêt : « Qu'est-ce qui se passe ? Qu'est-ce qu'ils lui font ? » Finalement, je l'ai laissée le temps d'aller jeter un coup d'œil dans l'autre salle.

Il avait un petit masque sur le visage : on l'avait mis sous oxygène.

Pleure, je t'en prie, pleure, pleure.

J'étais pétrifié. J'aurais fait n'importe quoi pour l'entendre se déchirer les poumons, absolument n'importe quoi. Toutes les peurs que j'avais connues se sont totalement éclipsées dans cette salle de travail. Mon diagnostic m'avait fait peur, mon traitement m'avait fait peur, mais ce n'était rien à côté de ce que j'ai ressenti quand on nous a enlevé notre bébé. J'étais totalement désemparé parce que cette fois, ce n'était pas moi qui étais malade, mais un être cher. Mon propre fils.

On lui a enlevé le masque. Il a ouvert la bouche, il a plissé son petit visage et, tout d'un coup, il a émis un énorme « Whaaaaaa ! ! ! » sonore, puissant. Il hurlait comme un champion international en hurlement. Il a changé de couleur, et tout le monde s'est détendu. On nous l'a rapporté. Je l'ai pris dans mes bras et je l'ai embrassé.

Je lui ai fait sa toilette et l'infirmière m'a montré comment le langer. Ensuite, on nous a transférés tous les trois dans une grande chambre. On se serait crus au Ritz. En plus du lit et de l'équipement réglementaires, il y avait un canapé et une table basse pour les visiteurs. Nous avons dormi quelques heures, avant l'arrivée de la famille et des amis, ma mère, les parents de Kik, Bill et sa femme Laura. Nous avons fait monter une pizza. Les gens passaient la tête par la porte, et voyaient Kik assise dans son lit en train de boire sa Shiner Bock en mordant dans sa part de pizza.

Je suis sorti faire quelques pas avec ma mère dans le couloir. J'étais encore sous le choc de ce que je venais de vivre, et je comprenais pleinement ce qu'elle avait dû ressentir les jours où elle avait cru devoir survivre à son enfant.

En passant devant la chambre que j'avais occupée, je lui ai demandé : « Tu te souviens ? »

Nous nous sommes souri.

Une question subsiste : quelle part ai-je pris à ma propre survie ? quelle est celle de la science ou du miracle ?

Je ne connais pas la réponse, même si je sais que beaucoup de gens l'attendent de ma bouche. Si je la possédais, nous saurions soigner le cancer ; nous pourrions même embrasser la signification profonde de notre existence. Au hasard, je dirais : motivation, inspiration, espoir, courage, bons conseils. Mais les mystères restent insondables, et je vis très bien sans chercher à les dévoiler.

D'une certaine manière, nous sommes tous comme cet homme surpris par une inondation. L'eau monte, et il grimpe sur son toit en attendant les secours. Un type passe en canot à moteur et lui dit : « Sautez à bord, c'est votre seul salut !

— Non merci, lui répond le gars sur son toit. Mon salut viendra du Seigneur. »

Les eaux montent toujours. Un hélicoptère survole la zone et on déroule le câble.

« Non merci, crie le type sur le toit. Mon salut viendra du Seigneur. »

Mais la crue augmente encore, le toit est submergé et le gars se noie.

En arrivant au ciel, il comparaît devant Dieu.

« Seigneur, pourquoi m'avez-vous abandonné ?

— Espèce d'idiot. Je t'ai envoyé un bateau, je t'ai même envoyé un hélicoptère. »

Nous vivons des coïncidences et des concours de circonstances dont nous ne connaissons pas toujours la finalité, si tant est qu'il y en ait une. Mais nous avons toujours la possibilité de prendre notre sort en main, d'assumer nos responsabilités avec courage.

Nous n'avons pas tous la même attitude face à la mort. Certaines personnes la nient. D'autres prient. D'autres s'abrutissent à la tequila. J'ai goûté un peu des trois. Mais je pense que le mieux est encore de la regarder en face, armés de notre seul courage. Le courage, que je définis comme la qualité mentale qui nous permet d'affronter le danger avec fermeté, sans peur.

C'est un fait : les enfants atteints du cancer ont un taux de guérison meilleur que les adultes. Je me demande si c'est à cause de leur bravoure si naturelle, si irréfléchie. Parfois les gosses semblent mieux armés que les adultes. Ils sont beaucoup plus déterminés. Ils n'ont pas besoin qu'on leur remonte sans cesse le moral. Les adultes connaissent trop bien l'échec, ils sont plus cyniques, plus résignés, plus craintifs. Les gosses disent : « J'ai envie de jouer. Qu'est-ce que vous attendez pour me guérir ? » et n'en demandent pas davantage.

Quand la marque de céréales Wheaties a décidé de mettre ma photo sur sa boîte, après le Tour de France, je leur ai demandé si nous pouvions donner la conférence de presse dans le service de cancérologie pédiatrique de l'hôpital où est né mon fils. Pendant que je signais des autographes pour les gamins, un petit garçon qui m'arrivait aux genoux est venu se planter devant moi ; il avait attrapé une boîte de Wheaties et la serrait contre sa poitrine.

« Tu me la donnes ?

— Oui, je te la donne. Elle est à toi. »

Il ne bougeait pas, il regardait sa boîte, et puis tout d'un coup il lève les yeux vers moi. Je me dis, *il est impressionné*.

Il me dit : « Elles ont quelle forme ?

— Hein ?

— Les céréales, elles ont *quelle forme* ?

— Euh, c'est des céréales. Ça a plein de formes différentes.

— Ah. D'accord. »

Pour lui, l'important ce n'est pas le cancer, ce sont les céréales.

Puisque les enfants sont capables de vivre sans connaître leurs chances de survie et leurs numérations globulaires, ne pouvons-nous pas prendre exemple sur eux ? Quand on y pense, peut-on choisir autre chose que l'espoir ? Médicalement et moralement, nous n'avons qu'une alternative : baisser les bras, ou se battre bec et ongles.

Une fois guéri, j'ai demandé au Dr Nichols quelles avaient été mes chances, en réalité. « Vous étiez mal en point. » Il m'apprend que j'étais l'un des pires cas qu'il ait jamais vus. « Mais j'avais combien de chances de m'en tirer ? cinquante pour cent ? » Il fait non de la tête. « Vingt pour cent ? » Il fait toujours non. « Dix pour cent ? » Toujours non.

Quand je suis arrivé à trois pour cent, il a fait oui.

Tout est possible. Qu'on vous annonce quatre-vingt-dix pour cent, cinquante pour cent ou un pour cent, il faut croire, et il faut se battre. Par se battre j'entends s'armer de toutes les informations disponibles, consulter deux, trois, quatre médecins. Il faut comprendre ce qui a envahi votre corps et quels sont les divers traitements proposés. Mieux on est informé, plus on a d'atouts entre les mains et meilleures sont les chances de survie à long terme.

Et si j'avais perdu ? Si j'avais rechuté et que le cancer soit revenu ? Je crois néanmoins que j'aurais gagné quelque chose dans la bataille, parce que j'aurais vécu ce qu'il me restait à vivre plus complet, plus compatissant et plus intelligent, donc plus vivant. S'il y a une chose dont la maladie m'a fermement convaincu — plus que mon expérience d'athlète —, c'est que nous sommes meilleurs que nous le croyons. Nous recelons des trésors insoupçonnés qui, parfois, ne se révèlent qu'en cas de crise.

Si le cancer nous fait souffrir pour une chose, c'est sans doute pour nous rendre meilleurs.

Je suis fermement convaincu que le cancer n'est pas une forme de mort. Je le définirais plutôt comme une partie de la vie. Un après-midi, pendant ma rémission, à l'époque où je vasouillais en attendant de savoir si le cancer reviendrait ou me ficherait la paix, j'ai imaginé ce mot comme un acronyme de Courage, Attitude, Ne jamais baisser les bras, Curable, Éclairer, Rappelle-toi toujours les autres malades.

Un jour, j'ai demandé au Dr Nichols pourquoi il avait choisi la cancérologie, spécialité difficile et pénible entre toutes. « Peut-être pour les mêmes raisons qui font que vous faites ce que vous faites », m'a-t-il répondu. C'était sa manière de me dire que le cancer était le Tour de France de la maladie.

Il a poursuivi : « Le cancer, oui, c'est difficile à gérer. Mais existe-t-il plus beau défi ? Certes, c'est triste, c'est décourageant, mais même quand on ne guérit pas les gens, on les aide. Même en cas de traitement infructueux, on les aide à vivre avec leur maladie. On établit des liens avec eux. Il y a des moments très forts en cancérologie. Plus forts que dans n'importe quelle autre discipline. On ne se blase jamais, mais peu à peu on se rend compte à quel point les malades sont forts et persévérants. »

« *Tu ne le sais pas encore, mais nous avons de la chance* », m'avait écrit le militaire stationné en Asie.

Je n'oublierai jamais la leçon que m'a apprise le cancer, et je ferai toujours partie de la communauté des cancéreux. Je me sens l'obligation de réussir ma vie mieux qu'auparavant, d'aider les hommes et les femmes qui se battent contre la maladie. Nous partageons une certaine expérience. Tous ceux qui, un jour, ont entendu ces mots : « Vous avez le cancer » et qui se sont dit : « Je vais mourir » sont membres de notre communauté. Et quand on en a été membre, on le reste toute la vie.

Alors, quand le monde me paraît plein de grisaille et de désespoir, quand la nature humaine m'apparaît vile, je sors mon permis de conduire et je regarde ma photo, et je pense à LaTrice Haney, à Scott Shapiro, à Craig Nichols, à Lawrence Einhorn, et au petit garçon qui choisit ses céréales en fonction de leur forme. Je pense à mon fils, qui incarne ma deuxième vie, qui me donne un but en dehors de ma propre vie.

Parfois, je me réveille au milieu de la nuit, et il me manque. Je vais le prendre dans son berceau, je l'apporte dans le lit, je l'allonge sur ma poitrine. Je me délecte de chacun de ses cris. Il renverse sa petite tête en arrière, son menton se met à trembler, ses mains griffent l'air, et il hurle. Il pousse le hurlement de la vie. Je l'encourage : « Oui, oui, allez, vas-y. »

Plus il pleure fort, plus je souris.

Remerciements

Les auteurs tiennent à remercier Bill Stapleton de Capitol Sports Management et Esther Newberg d'ICM, pour avoir pressenti que nous nous entendrions si bien et pour nous avoir réunis autour de ce livre. Chez Putnam, Stacy Creamer s'est avérée une directrice de collection méthodique et attentive ; quant à Stuart Calderwood, il nous a prodigué des conseils précieux tout en assurant la bonne marche des choses. Nous remercions la chaîne de télévision ABC Sports pour leurs vidéos commentées du Tour de France, et Stacey Rodrigues et David Mider de Blue Plate Design pour leur aide et leurs recherches. À Austin, Robin Rather et David Murray ont été des hôtes pleins de générosité et de musicalité. Merci également aux rédactrices en chef du magazine *Women's Sports and Fitness*, pour leur patience et leur soutien, et à Jeff Garvey pour ce voyage mémorable dans son avion privé.

Table

Composition réalisée par NORD COMPO

Imprimé en France sur Presse Offset par

BRODARD & TAUPIN

GROUPE CPI

La Flèche (Sarthe).
N° d'imprimeur : 29250 – Dépôt légal Éditeur : 58636-04/2005
Édition 03
LIBRAIRIE GÉNÉRALE FRANÇAISE – 31, rue de Fleurus – 75278 Paris cedex 06.
ISBN : 2 - 253 - 15484 - 9